Guyer / Saladin / Lendenmann

Die Strassennamen der Stadt Zürich

Erläutert von
Dr. Paul Guyer
alt Stadtarchivar von Zürich

und
Dr. Guntram Saladin †
ehem. Redaktor am Schweizerdeutschen Wörterbuch

3. Auflage

durchgesehen und nachgeführt von
Dr. Fritz Lendenmann
Stadtarchivar von Zürich

Kommissionsverlag Hans Rohr

Zürich 1999

Die Publikation erscheint als Ko-Produktion
des Stadtarchivs Zürich und des Verlags Hans Rohr.

Stand der Information: 30. Juni 1999

Durch Beiträge
der Dr. Adolf Streuli-Stiftung, Zürich
der Ernst Göhner-Stiftung, Zürich
der Familien Vontobel Stiftung, Zürich
konnte die Herausgabe gefördert und der Preis niedrig gehalten werden.

Die Deutsche Bibliothek – CIP-Einheitsaufnahme

Guyer, Paul:
Die Strassennamen der Stadt Zürich/erl. von Paul Guyer
und Guntram Saladin. – 3. Aufl. durchges. und nachgeführt von Fritz Lendenmann. – Zürich: Rohr, 1999

ISBN: 3-908060-11-7 (Selbstverlag Stadtarchiv Zürich)
3-85865-420-5 (Verlag Hans Rohr, Zürich)

Stadtplan 1:20 000 mit Kreis- und Quartiergrenzen
und à-jour-Haltung des offiziellen Verzeichnisses: Vermessungsamt der Stadt Zürich
Plan mit freundlicher Genehmigung des Orell-Füssli Kartographie AG Zürich

Einrichtung der Datenbank im Stadtarchiv:	Dr. Roger Peter
Texterfassung:	Erika Nussbaum
Illustrationen:	Esther Fuchs
Typographische Beratung:	Jörg Kellenberger, Digi Serv AG
Druck:	Fotorotar AG, Zürich und Egg
Bindung:	Buchbinderei Burkhardt, Mönchaltorf
Auflage:	3000 Exemplare
Preis:	Sfr. 25.–

Titelbild: Messe Zürich (Foto: Giorgio Hoch)

Inhaltsverzeichnis

Vorwort von Stadtpräsident Josef Estermann	5
Einleitung zur 1. und 2. Auflage von Paul Guyer	6
Einleitung zur 3. Auflage von Fritz Lendenmann	7
Gliederung der Strassennamen von Paul Guyer	8
Die mit Personennamen gebildeten Strassenbezeichnungen von Paul Guyer	8
Flurbezeichnungen und verwandte Namen von Paul Guyer	11
Sachbezeichnungen im weitesten Sinne von Paul Guyer	14
Die Namenwahl von Paul Guyer	15
Der Aufbau des Strassennamenverzeichnisses von Paul Guyer	19
Abkürzungsverzeichnis	22
Quartierbezeichnungen	22
Strassennamenverzeichnis von A – Z kommentiert von Paul Guyer, Guntram Saladin und Fritz Lendenmann	23
Abbildungsverzeichnis	282
Firmen, die zum Gelingen der Publikation beigetragen haben	284
Dank von Fritz Lendenmann	291
Neuere Publikationen des Stadtarchivs Zürich	293

Vorwort

Liebe Leserinnen und Leser

«Gefühl ist alles, Name Schall und Rauch», lässt Goethe Faust zu Gretchen sagen, und wir bekunden wenig Mühe, dem zuzustimmen. Und wenn Shakespeare Julia die Worte in den Mund legt: «Was ist ein Name? Was uns Rose heisst, wie es auch hiesse, würde lieblich duften», so pflichten wir ihr widerspruchslos bei. Nur: Jeder Schall hat einen Nachklang, und Rauch kann ein Zeichen sein. So ist denn auch ein Strassenname mehr als nur eine flüchtige Benennung, die sich mühelos austauschen liesse. Zwar meint ein albanisches Sprichwort, dass ein Dorf, das man sehe, kein Ortsschild brauche.

Im «Landschaftsbild» unserer Stadt aber bleiben viele Strassenzüge dem Auge verborgen, und wir würden uns verlieren, gäbe es keinen Stadtplan und keine Strassennamen, nach denen wir uns richten können. Wer allerdings nicht nur von A nach B gelangen will, sondern zudem wissen möchte, was sich hinter dem jeweiligen Strassennamen verbirgt, hält mit der vorliegenden dritten Auflage der «Strassennamen der Stadt Zürich» eine wahre Fundgrube in Händen. Das Buch liest sich wie ein Stadtführer, der uns über die Strassennamen das Gesicht unserer Stadt näherbringt und uns an ihrer historischen Entwicklung und dem sich verändernden Zeitgeist teilhaben lässt. Und wir können zum ersten Mal – Strasse um Strasse – die Entstehung neuer Quartiere in den Industriebrachen Escher-Wyss oder Oerlikon miterleben. Bald werden Zürcherinnen und Zürcher sich auf dem Max-Frisch-Platz verabreden oder zu einem Abendspaziergang durch die Margrit-Rainer-Strasse aufbrechen.

Ich danke allen, die an der Realisierung dieser dritten, stark erweiterten Auflage mitgewirkt haben, namentlich Stadtarchivar Dr. Fritz Lendenmann, dem die Federführung oblag, und wünsche Ihnen, liebe Leserinnen und Leser, einen aufschlussreichen und spannenden Stadtrundgang durch die Seiten dieses Buches.

Zürich, im Sommer 1999

Josef Estermann, Stadtpräsident von Zürich

Einleitung zur 1. und 2. Auflage

Immer wieder wurde es als ein Bedürfnis empfunden, die Namen unserer Strassen erklären zu lassen. Es sind vor allem die mit Personennamen gebildeten Strassenbezeichnungen, welche die Frage weckten, wer der damit Geehrte sei. Aber auch viele andere Strassennamen – besonders diejenigen mit altüberlieferten Flurbezeichnungen – sind bei weitem nicht immer ohne weiteres verständlich, denn diese «gewachsenen» Namen entstammen einer Zeit, deren Zustände, aber auch deren Sprache und Wörter uns fremd geworden sind und die oft nur der geschichtlich und sprachlich Geschulte deuten kann.

Die städtischen Behörden und Ämter haben die häufig an sie gerichteten Anfragen bereitwillig beantwortet, denn diese Wissbegierde ist durchaus berechtigt und zeugt von einem gesunden Empfinden, das auch hinter den Strassennamen einen Sinn und eine Beziehung zur Umwelt und zur Vergangenheit suchen will.

Seit Jahrzehnten wurden die Behörden unserer Stadt wiederholt darauf aufmerksam gemacht, dass in einigen anderen Städten des In- und Auslandes auf den Strassentafeln erläuternde Zusätze beigefügt worden sind, die manchmal recht umfangreich sind, sich aber meist auf biographische Angaben bei den aus Personennamen gebildeten Strassenbezeichnungen beschränken.

Der Stadtrat und die zuständige Strassenbenennungskommission haben sich schon mehrfach mit dieser Frage beschäftigt. Nach längeren Vorberatungen entschieden sie sich für den Mittelweg, nur diejenigen «persönlichen» Strassenbezeichnungen zu erläutern, bei deren Wahl die Absicht der Ehrung festgestellt oder doch angenommen werden kann. Gleichzeitig wurde aber das Stadtarchiv beauftragt, ein Strassenverzeichnis vorzubereiten, in welchem alle Strassennamen, für die eine Erläuterung notwendig erscheint, erklärt werden sollten.

Der Ausführung dieses Auftrages stellten sich einige kleinere oder grössere Schwierigkeiten in den Weg, die uns veranlassten, unsere Untersuchung auf alle Strassennamen auszudehnen und wenn immer möglich auch das Motiv der Namengebung zu erfassen, denn nur auf diese Weise liess sich ermitteln, ob bei den aus Personennamen gebildeten Strassenbezeichnungen eine Ehrung beabsichtigt war oder nicht. Ganz allgemein zeigte die Ergründung der Motive, dass die wirklich frei gewählten Strassenbezeichnungen verhältnismässig wenig zahlreich sind und bis gegen 1888/1890 überhaupt nicht vorkamen. Doch wollen wir uns an dieser Stelle nicht weiter mit diesen Fragen befassen, auf die wir im Zusammenhang mit der Sichtung unseres Strassennamengutes nochmals zurückkommen werden.

Zürich, im Herbst 1969

Paul Guyer

Einleitung zur 3. Auflage

Mehrere Gründe sprachen in jüngster Zeit für eine Neuauflage des Buches «Die Strassennamen der Stadt Zürich». Unter der Federführung des Vermessungsamtes wurde es möglich, *ein einheitliches, für die gesamte Stadtverwaltung verbindliches Strassennamenverzeichnis* einzurichten (Stadtratsbeschluss Nr. 2286 vom 17. Dezember 1997). Zudem waren über hundert Waldwege und -strassen noch nicht offiziell durch den Stadtrat benannt, was sich bei dieser Gelegenheit nachholen liess.

In jüngster Zeit hatte die Kommission für Strassenbenennung in den grossen Industriebrachen des Escher-Wyss-Areals sowie im Industriegebiet Oerlikon («Planungsgebiet 2011») eine ganze Anzahl neuer Strassennamen zu vergeben. Einem alten Anliegen konnte dabei Rechnung getragen werden: Dutzende neuer Strassen und Wege erhielten Namen von Frauen, um Künstlerinnen, Schriftstellerinnen und Politikerinnen zu ehren.

Die einführenden Bemerkungen, die Stadtarchivar Paul Guyer 1957 verfasst und 1969 ergänzt hat, werden von der vorliegenden Ausgabe übernommen. Nach wie vor gültig sind die Erläuterungen der Strassennamen von Guntram Saladin und Paul Guyer. Seit dem letzten Erscheinen des Strassennamenbuches im Jahr 1970 (mit einem Nachtrag von 1984) hat sich die Zahl der Strassennamen allerdings um rund 300 auf gegenwärtig 2311 erhöht.

Nach knapp dreissig Jahren war es angebracht, den Band «Die Strassennamen der Stadt Zürich» in zeitgemässer Form – versehen mit Illustrationen – wieder aufzulegen. Ich bin deshalb der Aufforderung der Präsidentin der Strassenbenennungskommission, Frau Stadträtin Esther Maurer, gerne nachgekommen, die Neuausgabe an die Hand zu nehmen.

Zürich, im Sommer 1999

Fritz Lendenmann

Gliederung der Strassennamen

Da bei der Namengebung entweder ein an der Umgebung haftender Name übernommen oder willkürlich eine Bezeichnung gewählt werden kann, die keinerlei Beziehung zu dieser bestimmten Örtlichkeit aufweist, lassen sich rein äusserlich «gewachsene» und «willkürlich gewählte» Namen unterscheiden. Aber diese Unterscheidung befriedigt nicht vollständig, denn bei einer sinnvollen Aufgliederung des Strassennamengutes müssen wir zwei Gesichtspunkte auseinanderhalten: die äussere Form des Namens und das Motiv der Namenwahl.

Ausgehend von der Form der Strassennamen lassen sich – wenn man von einer weitergehenden Systematisierung absehen will – folgende Gruppen unterscheiden: Personennamen, Flurbezeichnungen und Sachbezeichnungen im weiteren Sinne.

Gliedern wir aber das Namengut nach dem Motiv der Namengebung, so unterscheiden wir: «ehrende Namen», die gewählt werden, um eine bestimmte Person oder ein bestimmtes Ereignis in Erinnerung zu rufen und zu ehren, «gewachsene Namen», die einfach übernommen werden, und «frei gewählte Namen», die meist keine Beziehung zur Umgebung haben und oft nur deshalb ausgewählt wurden, weil sich keine andere Strassenbezeichnung aufdrängte.

Diese beiden Gruppierungen decken sich nun nicht ohne weiteres. Die Verwendung eines Personennamens z.B. muss nicht unbedingt im Sinne einer Ehrung erfolgen; die gewählte Bezeichnung kann sehr wohl – wenn wir nach dem Motiv der Namengebung fragen – zu den «gewachsenen» Namen gezählt werden. In unserer kurzen Übersicht wollen wir nun aber nicht mehr länger bei Systematisierungsfragen verweilen, sondern die nach ihrer äussern Namensform unterschiedenen Gruppen kurz besprechen, wobei wir selbstverständlich die auf einer andern Ebene liegende Frage nach dem Motiv der Namengebung berücksichtigen wollen.

Die mit Personennamen gebildeten Strassenbezeichnungen

Häufig wird vermutet, dass mit allen «persönlichen» Strassennamen die Absicht einer Ehrung verbunden sei. Dies ist aber durchaus nicht immer der Fall, denn recht zahlreich sind Flur-, Haus- und Strassennamen, die nach einem Grundbesitzer oder Anwohner bezeichnet wurden, wobei keinerlei Absicht der Ehrung mitspricht. Oft lebt der Name eines längst vergessenen Anwohners in einer Flurbezeichnung oder in einem Gassennamen weiter, wobei heute kaum noch jemand daran denkt, dass sich hinter dem altüberlieferten Flur- oder Strassennamen ein Personenname verbirgt. Wer hat je daran gedacht, dass in den Namen Schoffel- oder Scheitergasse Familiennamen ehrenwerter Bürger des 14. und 15. Jahrhunderts stecken? Oder wer dachte bei den Strassenbezeichnungen «Im Sydefädeli» oder «Im Schilf» an den Armbruster Hans Sydenfaden oder an den Ritter Johann Bilgeri, genannt «Schülff», die vor mehr als 500 Jahren in jenen Gegenden Rebgüter besassen? Auch in späteren Jahrhunderten – und in den ländlichen Vororten bis zur Schwelle der Gegenwart – traten solche «persönliche» Flur- und

Strassennamen als «gewachsene» Sachbezeichnungen auf. Die volkstümlichen Bezeichnungen Escher-, Otten- oder Scheuchzergut waren so landläufige Begriffe, dass sie auch in privaten und offiziellen Plänen Aufnahme fanden. Es war daher naheliegend und bequem, einen Zugangsweg oder die Strassen, die mitten durch diese Güter erbaut wurden, nach ihnen zu benennen. Niemand hatte die Absicht – oder auch nur die Nebenabsicht – einen Herrn Ott zu ehren, wenn er den bei seinem Gut vorbeiführenden Weg «Ottenweg» nannte.

Der Gedanke, mit der Wahl eines Strassennamens eine Ehrung auszusprechen, dürfte in Zürich kaum vor 1880/90 entstanden sein. Aber noch bei der grossen Flut neuer Strassennamen, welche die erste Stadtvereinigung von 1893 mit sich brachte, spielte die Absicht der Ehrung eine recht untergeordnete Rolle. Sie lässt sich erkennen bei den damals verhältnismässig häufigen frei gewählten Namen von Helden und angesehenen Gestalten der Schweizergeschichte, wie z.B. Bubenberg, Hallwyl, Waldmann u.a., und bei den Namen verdienter Behördenmitglieder der Vororte. Doch die überaus zahlreichen Benennungen nach Grundeigentümern, Anstössern und Bauherren können nur dann zu den «ehrenden» Strassennamen gezählt werden, wenn die Absicht der Ehrung ausdrücklich hervorgehoben wurde. Bei unseren Nachforschungen haben wir wenn immer möglich die Namen dieser Anwohner oder Grundeigentümer festgestellt [1] und in der vom Stadtarchiv angelegten Strassennamenkartei festgehalten, jedoch darauf verzichtet, sie in unserem Strassenverzeichnis wiederzugeben, denn die namentliche Erwähnung sollte jenen Leuten vorbehalten bleiben, bei welchen die Absicht der öffentlichen Ehrung bezeugt ist oder doch angenommen werden kann.

Mit dieser Lösung wollen wir durchaus niemanden verletzen, und wir glauben, dass auch diejenigen sie billigen werden, die bisher angenommen haben, dass mit jedem «persönlichen» Strassennamen eine Ehrung verbunden sei.

Gleichzeitig mit den «ehrenden» Strassennamen kam auch die Gewohnheit auf, Strassen nach altansässigen Familien zu benennen. Diese Namenwahl scheint uns durchaus sinnvoll, denn sie weckt Erinnerungen an die Vergangenheit unserer Quartiere und ihrer Bewohner.

Zusammenfassend können wir feststellen, dass bei den «persönlichen» Strassennamen die Mehrheit zu den «gewachsenen» Namen gehört, die z.T. altüberliefert sind, z.T. lediglich deshalb gewählt wurden, weil der Namensträger in einer engern Beziehung zu der betreffenden Örtlichkeit stand.

Die von uns rein begrifflich erfolgte Unterscheidung stiess in der Praxis auf einige Schwierigkeiten, die besonders dadurch verursacht wurden, dass die Benennungsbeschlüsse meist sehr wortkarg waren und nur verhältnismässig selten begründet wurden. In mehreren Fällen erforderte es – selbst bei «ehrenden» Strassennamen – einige Mühe, die Persönlichkeit fest-

---

[1] Wir konnten uns dabei zum Teil auf die Vorarbeiten stützen, die a. Pfarrer Walter Gimmi und Eugen Meili vom Stadtarchiv in den 40er Jahren geleistet haben.

zustellen, nach welcher die Strasse benannt worden war. Uns scheint es, dass, wenn die Erinnerung an die Leistungen des Geehrten so rasch verlorenging, die Ehrung fehl am Platze war. Jedoch sind wir durchaus nicht der Ansicht, dass eine Ehrung durch eine Strassnbezeichnung nur den grössten Heroen der Menschheitsgeschichte vorbehalten bleiben sollte; denn wir finden es durchaus sinnvoll, eine Strasse nach einem Behördenmitglied, einem Lehrer oder sonst einem Mann oder einer Frau, die sich auf irgendeinem Gebiet ausgezeichnet haben, zu benennen, sofern eine öffentliche Anerkennung gerechtfertigt erscheint. Eine gewisse Sicherung gegen eine allzu zeitbedingte Überschätzung der Verdienste liegt im gesunden Grundsatz unserer Behörden, keine Strassenbenennung zu Ehren einer lebenden Persönlichkeit vorzunehmen. Hätte man sich beim Tod einiger Leute nur einige Jahre länger geduldet, so wären zweifellos manche Ehrungen unterblieben, die uns bei der Erläuterung Kopfzerbrechen und Verlegenheiten verursachten.

Wir halten es für richtig, dass in Zürich in erster Linie jene Persönlichkeiten geehrt werden, die mit unserer Stadt oder unserem Land in Berührung kamen. Die Ehrung von Goethe, Mozart, Klopstock u.a. ist daher in unserer Stadt durchaus sinnvoll, während z.B. die Verwendung der Namen Dostojewski, Shakespeare oder Cervantes von diesem Gesichtspunkt aus weniger befriedigen würde, obschon ihre literarische Bedeutung von niemandem angezweifelt wird.

Gerade bei der Wahl von ehrenden Strassenbezeichnungen scheint uns das Einhalten des goldenen Mittelweges ratsam und eine gewisse Zurückhaltung gegenüber allzu populären Erscheinungen empfehlenswert, denn ohne zwingende Notwendigkeit sollte man eine einmal gewählte Strassenbezeichnung nicht mehr verschwinden lassen.

Da bei der Wahl von Strassennamen auch darauf geachtet werden muss, dass der gewählte Name zu keinerlei Verwechslungen Anlass gibt, können nicht alle Persönlichkeiten, deren Ehrung allgemein wünschbar wäre, mit einem Strassennamen geehrt werden. Ein Blick ins Strassennamenverzeichnis wird zeigen, dass gerade die Träger der häufigsten Zürcher Familiennamen in dieser Hinsicht besonders schlechtgestellt sind. Wir haben z.B. schon zwei Huber- und zwei Meyer-Strassennamen, so dass es unmöglich sein dürfte, zu Ehren des 1950 verstorbenen, hochverdienten Historikers Professor Karl Meyer eine Strasse zu benennen. Andere Personennamen sind identisch mit Berufsbezeichnungen, die bereits zu Strassennamen verwendet wurden; erinnert sei hier nur an Fischer, Hirt und Müller.

Beifügen wollen wir hier noch, dass früher auch Vornamen zu ehrenden Strassenbenennungen beigezogen wurden.[2] Die Ottilienstrasse wurde zu Ehren der Jugendschriftstellerin Ottilie Wildermuth gewählt. Die Johannastrasse war als Huldigung an Johanna Spyri gedacht. Im

---

[2] Die zahlreichen mit Vornamen gebildeten Strassenbezeichnungen werden gewiss meist nicht ohne besonderen Grund gewählt worden sein. Leider liess sich in recht zahlreichen Fällen das Motiv der Namenwahl nicht mehr erkennen, so dass wir uns mit der lakonischen «Erläuterung»: weiblicher bzw. männlicher Vorname begnügen mussten.

Gebiet der Fierzgasse erinnern auch die Johannesgasse und die Heinrichstrasse an Nationalrat Heinrich Fierz, den Gründer des Aktienbauvereins Zürich.

Zum Abschluss ein Hinweis auf die Schreibweise von Strassen, die mit Personennamen gebildet werden: Der Stadtrat beschloss am 29. Juni 1951, die Schreibweise zur Zeichnung von Strassen, Gassen, Plätzen, Quais usw. für die Stadtverwaltung dahingegend verbindlich zu regeln, indem unter anderem bestimmt wurde, dass bei Strassen, die nach Personen benannt sind und bei denen dem Eigennamen der Vorname beigefügt ist, Name und Vorname ohne Bindestrich geschrieben, dagegen der Geschlechtsname mit dem Bestandteil «Strasse» usw. durch Bindestrich verbunden ist. Sinngemäss ist bei Strassenbezeichnungen zu verfahren, die mit Titel, Adjektiven oder Sankt verbundene Namen enthalten. Bei Eigennamen ist die von der Trägerin oder vom Träger verwendete Schreibweise zu befolgen. Im weiteren wurde festgelegt, dass Namen von Strassen, die nicht nach Personen mit Vor- und Geschlechtsnamen benannt sind und nicht in anderer Weise (mit Titeln, Adjektiven oder Sankt) verbundene Namen enthalten, in einem Wort zusammengeschrieben werden sollen. [3]

Flurbezeichnungen und verwandte Namen

Flurnamen, alteingebürgerte Strassenbezeichnungen und überlieferte Namen von Häusern und Landgütern gehören zu den Musterbeispielen gewachsener Namen. Doch gibt es flurnamenähnliche Strassenbezeichnungen, die zuweilen aus diesem oder jenem Grund frei geschaffen wurden, wie z.b. der Name «Guggenberg» in Witikon oder die Namen einiger Waldstrassen im Käferberg: «Dachsschleife», «Fuchspass» und «Steigholzstrasse». Zuweilen wird auch ein vorgefundener Flurname – nicht selten etwas gewaltsam – verändert oder abgewandelt. Die «Hegenmatt» in Wollishofen ist z.B. eine recht willkürliche Abwandlung der Flurbezeichnung «Hegestürli»; «Brunegg» erinnert an die nahe Brunau. Da der Flurname «Steinhauser» in Albisrieden als Strassenbezeichnung nicht mehr verwendet werden konnte, weil bereits in Unterstrass ein «Steinhausweg» bestand, wählte man die Bezeichnung «Steinacker».

Auf diese Weise wurden allerorts flurnamenähnliche Strassenbezeichnungen geschaffen, die nicht – oder wenigstens nicht in dieser Form – althergebrachtes Flurnamengut überliefern. Diese Namen müssen von den auf echten Flurnamen beruhenden Strassenbezeichnungen geschieden werden, denn nur die altbodenständigen Flurnamen sind sprachliche Denkmäler, die Aufschluss geben über topographische, wirtschaftliche und ähnliche Zustände der Vergangenheit.

---

[3] Aus Kostengründen beschloss die Strassenbenennungskommission am 21. Juni 1999, dass einer sukzessiven Vereinheitlichung und der bisher gehandhabten Regelung an der bestehenden Praxis bezüglich Schreibweise der Strassennamen festgehalten wird und demzufolge auf die Sprachreform nach der neuesten Duden-Ausgabe vorläufig nicht zu verzichten.

Verschiedene Umstände erschweren eine zuverlässige Erklärung der Flurnamen ganz beträchtlich. Im Lauf der Jahrhunderte sind zahlreiche namenbildende Wörter untergegangen. Durch den sprachlichen Lautwandel wurden viele Namen abgeschliffen, verkürzt, verdunkelt. Unverstandene Wörter sind vielfach von den Schreibern verdorben und umgedeutet worden. Dazu kommt noch, dass sich die mannigfaltigen topographischen, wirtschaftlichen und sozialen Verhältnisse, aus denen die Flurbezeichnungen einst erwachsen waren, umgestaltet haben oder verschwunden sind, so dass wir von der Sache, der Realität her keinen Zugang zum Wort finden.

Zuweilen wandelten sich zwar auch Flurbezeichnungen, die noch nicht völlig erstarrt waren, sondern noch eine Erinnerung an die ursprüngliche sinnvolle Sachbezeichnung beibehalten hatten. So nahmen manche der mit einem Personennamen zusammengesetzten Haus- und Flurbezeichnungen den Namen des neuen Eigentümers auf; das Werdmüllergut in der Enge wurde zum Muraltengut, welche Bezeichnung dann blieb, obschon das Gut seit Jahrzehnten nicht mehr der Familie von Muralt gehört. Aber auch reine Sachbezeichnungen konnten sich wandeln. Der heutige «Buschberg» trägt seinen heutigen Namen seit etwa 1800. Ursprünglich war es ein «Buechberg», welcher Name seinem tatsächlichen Baumbestand entsprach. Im 18. Jahrhundert muss dieses Waldrevier sehr heruntergekommen sein; es wird berichtet, dass es vorwiegend geringes Gehölz aufweise. Von dieser «Wüste» war niemand erbaut, denn selbst in den Akten des zuständigen Bergamtes finden wir damals häufig den Namen «Wuesch(t)berg», welcher dann um 1800 durch die heutige Bezeichnung abgelöst wurde.

Diese Namensänderungen sind aber verhältnismässig selten. In der Regel blieben die alten Bezeichnungen trotz aller Wandlungen in der Bewirtschaftung des Landes erhalten: Acker- und Wiesland, das vor Jahrhunderten wieder aufgeforstet wurde, behielt den Namen, so heisst z.B. eine Waldpartie am Zürichberg «Weibelacker». Dieses zähe Fortleben alter Bezeichnungen finden wir aber auch in der Altstadt; erinnert sei nur an die Marktgasse, den Rinder- und Neumarkt, wo seit vielen Jahrhunderten kein Markt mehr stattfand, oder an die «Neustadt», die vor sechshundert Jahren «neu» war. Auch in unserer Zeit können wir feststellen, dass die Namen bleiben, wenn auch der namengebende Anlass verschwindet. Der Name Börsenstrasse blieb, obschon die Wertschriften- und Warenbörse schon um 1930 in einen Neubau am Bleicherweg umsiedelte. Die Zahl dieser «sinnlos» gewordenen Bezeichnungen ist in jeder Stadt recht gross, obschon zuweilen dagegen geeifert wird.

Wir glauben nicht, dass eine jeweilige Anpassung der Namen wirklich notwendig ist, denn wir sind der Ansicht, dass die Strassennamen wie die Personennamen als «erstarrte» Bezeichnungen betrachtet werden müssen, die wohl im Zeitpunkt der Namengebung sinnvoll waren, aber nicht als Sachbezeichnungen aufgefasst werden dürfen, die immer der jeweiligen Wirklichkeit entsprechen müssen. Wollte tatsächlich jemand die Strassennamen in allen Fällen den neuen Verhältnissen angleichen, so müsste heute der grössere Teil der Namen geändert und immer wieder geändert werden. Das Ergebnis wäre ein unbeschreibliches Chaos. Es lässt sich daher durchas verantworten, eine Anpassung der Strassennamen nur dann vorzunehmen, wenn wirklich unangenehme Verwechslungen zu befürchten sind.

Doch kehren wir nach dieser Abschweifung zu den Flurnamen zurück. Da deren befriedigende Deutung nur möglich ist, wenn die sprachliche Erforschung und die Ermittlung der ursprünglichen Umwelt zusammenwirken, wurde als sprachlich geschulter Mitarbeiter Dr. Guntram Saladin, Redakor am Schweizerischen Wörterbuch, beigezogen, der die Freundlichkeit hatte, sich der sprachlichen Erläuterungen der zahlreichen Flurnamen zu unterziehen. Dies ist auf Stadtgebiet besonders mühsam, weil der ursprüngliche Zustand des Geländes, der für das Verständnis meist von grosser Bedeutung ist, heute nur noch in wenigen Fällen erkannt werden kann.

Da leider nur für vereinzelte Teile unseres Stadtgebietes Flurnamen-Sammlungen vorliegen, konnten wir nicht in allen Fällen die älteren Namensformen berücksichtigen. Wir mussten uns vielmehr darauf beschränken, die heutigen Formen zu erläutern, ausser in jenen Fällen, wo sich diese als derart verdorben und missdeutet erwiesen, dass die Nachforschung nach ältern, bessern Formen unumgänglich war.[4]

Wir wissen, dass diese Lösung den wissenschaftlichen Flurnamenforscher nicht befriedigen wird, doch schien uns dieser Mittelweg für den vorliegenden Zweck gangbar und zulässig, denn unsere erste Aufgabe war nicht das Sammeln des Flurnamengutes, sondern die Deutung der in den Strassennamen erscheinenden Formen. Es ist uns bewusst, dass an dieser oder jener Stelle unsere Arbeit ergänzt, korrigiert oder verbessert werden wird; das Stadtarchiv nimmt daher jede Korrektur und Verbesserung mit Dank entgegen.

An einigen wenigen Beispielen wollen wir zeigen, auf welche Weise irrtümliche Auslegungen möglich wären. Das Beispiel «Im Schilf» haben wir bereits berührt. Der Name ist jedermann verständlich, seltsam berührte es nur, dass dort ein alter Rebberg lag. Erst die Ermittlung der alten Form «Schülff» öffnete den Weg zur Deutung. In Seebach gibt es eine Frohbühlstrasse, die sich an den Flurnamen «Frohloch» anlehnt. Dieser Name ist sprachlich «verständlich», doch wird sich niemand etwas Vernünftiges darunter vorstellen können. Den Schlüssel zur Erklärung gab erst die alte Form «Fohloch» (Fuchsloch), die später nicht mehr verstanden und umgedeutet wurde. Ein anderes Beispiel führt uns nach Altstetten, wo wir die Flurbezeichnung «Herrlig» finden, die nach volkstümlicher Auffassung wohl irgendwie an «herrlich» erinnert. Der Sprachforscher lehnte aber den Namen als unverständlich ab. Dann kam aber aus alten Schriftquellen die ursprüngliche Form «Heerweg» zum Vorschein, eine durchaus sinnvolle Bezeichnung, denn das Grundstück lag am «Heerweg», der alten Landstrasse nach Baden. Ein sonderbarer Lautwandel!

Zahlreiche Strassen wurden nach einem anstossenden Haus – vielfach nach dem Eckhaus, bei welchem sie ihren Anfang nehmen – benannt. Diese Gewohnheit ist schon sehr alt, wie manche Strassen in der Altstadt bezeugen; sie ist auch durchaus gerechtfertigt, denn es ist sehr naheliegend, eine Strasse nach ihrem Ausgangspunkt zu bezeichnen.

---

[4] Abweichende Formen haben wir der Erläuterung beigegeben und das Jahr ihrer Erwähnung in Klammern beigefügt.

Sachbezeichnungen im weitesten Sinne

Nicht nur der Name eines anstossenden Hauses oder eines Anwohners konnte namenbildend wirken, sondern auch das dort ausgeübte Gewerbe. Recht zahlreich sind die Gewerbe-Strassenbezeichnungen in der Altstadt, aber auch in einigen Vororten, wie in Aussersihl und Riesbach. Am verbreitetsten sind die Strassennamen, die mit einer Berufsbezeichnung gebildet wurden; sie nennen fast alle Handwerker vom Kaminfeger bis zum Glasmaler. Manchmal knüpft der Strassenname an die Bezeichnung einer Werkstatt, eines bezeichnenden Werkzeuges oder einer besonderen Einrichtung an. An längst verschwunde Gewerbebetriebe erinnern Namen wie Drahtschmidlisteg, Drahtzugstrasse oder Walchestrasse. Die Hammerstrasse weist auf eine ehemalige Hammerschmiede am Wehrenbach hin und die Gasometerstrasse auf das frühere Gaswerk an der Limmatstrasse. In den Namen einer weiteren Gruppe stecken Hinweise auf den verarbeiteten Rohstoff, wie bei der Hopfenstrasse und der Malzstrasse in der Nähe der ehemaligen Brauerei am Uetliberg. Andere Strassen schliesslich nennen sich nach einem Erzeugnis des dort ausgeübten Gewerbes, wie Brotgasse für ein Strässchen, an dem sich eine Bäckerei befand, oder Turbinenstrasse und Dynamoweg in der Nähe bedeutender Unternehmen des Maschinenbaus.

Die meisten dieser Namen knüpfen an das tatsächliche Vorhandensein dieser Gewerbe in der Nähe der betreffenden Strasse an. Andere sind «gewachsene» Bezeichnungen, die einen frühern Zustand widerspiegeln: An der Badergasse befanden sich vor Jahrhunderten mehrere Badstuben, und an den vor wenigen Jahren verschwundenen Mühlestegen reihte sich Mühle an Mühle.

Die meisten übrigen Strassenbezeichnungen sind völlig frei gewählt. Pflanzen- und auch vereinzelt Tiernamen können allerdings insofern als aus dem Ort erwachsen betrachtet werden, als sie z.B. über die Bepflanzung der Strasse – Lindenstrasse u.a. – oder über das häufige Vorkommen in jener Gegend etwas aussagen. Auch geographische Namen können ortsgebunden sein, wenn sie nach dem Endpunkt der Strassenzüge benannt werden, wie z.B. die Strassen nach den Nachbargemeinden oder die alten Landstrassen nach Winterthur, Schaffhausen, Baden oder nach dem Albis. Seit einigen Jahrzehnten werden zuweilen auch Namen von Städten und Kantonen in der Absicht gewählt, diese, unsere Miteidgenossen, zu ehren. Andere erdkundliche Namen verdanken ihre Berücksichtigung irgendeiner Beziehung zu unserer Stadt, wie die zahlreichen Namen von Bergen, die von Zürich aus sichtbar sind. Es bleiben aber immer noch eine grössere Reihe «geographischer» Namen, die man ebenso zu den freigewählten Namen zählen muss wie die Sternnamen oder jene Gruppe von Strassennamen in Hottingen und Hirslanden, welche uns die Götter Griechenlands, Roms und des alten Germanien in Erinnerung rufen.

Diese letzte Gruppe der freigewählten Sachbezeichnungen setzte der freien Phantasie keinerlei Grenzen,[5] und gerade in jenen Zeiten, wo eine grosse Zahl neuer Strassennamen notwendig wurde, wie bei den beiden Eingemeindungen, berücksichtigte man Namen, in welchen wohl nur der Vorschlagende einen Sinn erkannte, der aber so verborgen ist, dass wir ihn nicht enträtseln konnten.

Die Namenwahl

Vielleicht ist es erwünscht, wenn in diesem Zusammenhang in einem kurzen Überblick nochmals geschildert wird, wie die Strassennamen entstanden und auf welche Weise sie heute gewählt werden.

Bis weit ins 19. Jahrhundert war eine Namengebung durch die Behörden unbekannt. Die Strassennamen «wuchsen» wie die Flurnamen und die andern Bezeichnungen, die der Mensch seiner Umwelt gab, um sich und die Mitmenschen in der räumlichen Umwelt orientieren zu können. Die Strassen und Gassen in der Stadt wurden nach irgendeinem Kennzeichen benannt, nach einem bekannten Anwohner, nach einem markanten Haus oder nach dem Beruf von Anstössern. Auf dem freien Land war es selbstverständlich, dass man die Wege, die nach einer Ackerflur oder einer Weide führten, nach einem Flurnamen benannte, zuweilen auch nach einem Grundeigentümer. Doch erfolgte diese Bezeichnung meist indirekt über eine Flurbezeichnung; der Ottenweg erhielt seinen Namen nicht direkt von der Familie Ott, sondern von ihrem «Ottengut». Die grossen Landstrassen wurden an Ort und Stelle nur als «Landstrasse» oder «Heerweg» bezeichnet. So finden wir heute noch in den Gemeinden beider Seeufer die Bezeichnung (alte) Landstrasse. Nur in der Stadt, wo alle diese Überlandstrassen zusammenliefen, entstand das Bedürfnis, diese Strassen zu unterscheiden. Die Bezeichnung «Obere» und «Untere» Strasse waren so allbekannt, dass die Siedlungen an diesen Strassen darnach benannt wurden.

In andern Städten wurden die Haupttore nach den Nachbarstädten benannt, von welchen her die Strasse einmündete; durch das Baslertor in Solothurn führte die Strasse nach Basel. Wenn wir auch diese Sitte der Torbenennungen kaum kannten, so wurden auch bei uns die Strassen zuweilen nach ihrem Endpunkt benannt. Die Bezeichnung Badenerstrasse ist ziemlich alt, während diejenigen der Winterthurer- und Schaffhauserstrasse erst im 19. Jahrhundert allgemeiner verwendet wurden.

---

[5] Gerade weil diese Namen vielfach an keine äussern Anhaltspunkte anknüpfen, sondern meist persönlichen Überlegungen oder Einfällen des Vorschlagenden entspringen, liess sich nur in wenigen Fällen das Motiv der Namenwahl erkennen. Oberrichter Dr. Hermann Balsiger, der als Mitglied der Strassenbenennungskommission wiederholt reizvolle Namen vorgeschlagen hatte, gibt in einem im Jahrbuch vom Zürichsee 1946/47 veröffentlichten Bericht darüber Aufschluss, auf welch rein persönlichen Erlebnissen der Einfall des poesievollen Namens «Himmelsleiterli» beruht.

Die «offizielle» Bezeichnung von Strassen erfolgte in der Regel erst mit der Anbringung von Strassentafeln, der Publikation eines Strassen- und Häuserverzeichnisses oder schliesslich mit der Einführung der Polizeinummern, d.h. der heute üblichen Hausnumerierung innerhalb eines Strassenzuges. Diese Polizeinummern wurden in der Altstadt erst 1863/1865, in den damaligen Ausgemeinden in den 1870er und 1880er Jahren und in den 1934 eingemeindeten Vororten zum Teil erst mit der Eingemeindung eingeführt.[6] Solange die Besiedlung noch locker war, genügten für die Orientierung die Quartierbezeichnungen und die Hausnamen oder die «Assekuranznummern» die Nummern der Gebäudeversicherung.

In der Regel erfolgte die Namengebung durch Beschluss des Gemeinde- bzw. Stadtrates, wobei man sich zuweilen auf eine vorberatende Kommission, z.B. Baukommission, stützte. In der Stadt wurde die Vorbereitung der Strassenbenennungen 1892 ebenfalls einer Kommission übertragen, die nun seit 1907 als ständige «Kommission für Strassenbenennungen» amtet, die sich aus Vertretern der beteiligten Ämter und aus Privatleuten zusammensetzt und vom Polizeivorstand präsidiert wird.

Vielleicht mag es für diesen oder jenen Leser von Interesse sein, zu erfahren, auf welche Weise heute die Wahl eines neuen Strassennamens erfolgt.

Nehmen wir an, es werde irgendwo eine neue Siedlung erstellt, für welche der Bau einer neuen Erschliessungsstrasse erforderlich ist. Das Stadtplanungsamt, das zuerst mit diesem Projekt in Berührung kommt, fordert in der Regel die beteiligten Grundeigentümer und in wichtigen Fällen auch die zuständigen Quartiervereine auf, Namen für diese neue Strasse vorzuschlagen. Vielfach verzichten die Anstösser darauf, doch zuweilen werden Vorschläge eingereicht. Das Stadtplanungsamt leitet diese an den Polizeivorstand weiter mit einer Vernehmlassung, in der es dazu Stellung nimmt und unter Umständen andere geeignete Namen vorschlägt. Das Geschäft zirkuliert weiter beim Strasseninspektorat, bei verschiedenen Abteilungen des Polizeiamtes und beim Stadtarchiv. Jedes dieser Ämter äussert sich dazu und vermehrt, wenn es notwendig erscheint, die Vorschläge.

Die Gesichtspunkte, nach welchen die vorgeschlagenen Namen gesichtet und geprüft werden, können sehr verschiedenartig sein. Im Gegensatz zu andern Städten – wie z.B. London – wird in Zürich, um die Orientierung zu erleichtern und Verwechslungen nach Möglichkeit auszuschliessen, der gleiche Strassennamen nicht mehrfach an verschiedenen Stellen verwendet. Aus dem gleichen Grund achten die Organe des Polizeiamtes sehr darauf, ob die neuen Namen nicht irgendwie mit bereits bestehenden Strassennamen kollidieren, denn Namen, deren schriftliches oder lautliches Wortbild zu Verwechslungen führen könnten, sollen unberücksichtigt bleiben. Der Name Forelstrasse wurde in Briefadressen häufig als Forchstrasse gelesen, weshalb man den ersten Namen durch Beifügung des Vornamens August veränderte.

---

[6] In der Altstadt beantragte die Polizeikommission schon 1835, die Strassen zu bezeichnen. In der Folge übernahm man die von der Feuerversicherung verwendeten Bezeichnungen. 1852 wurden Strassentafeln angebracht und 1863/65 die fortlaufende Numerierung der Häuser durchgeführt.

Der frühere Name der Toblerstrasse wurde abgeändert, weil Fremde den Namen «Kueser» häufig als «Küser» lasen, was zu Verwechslungen mit der damals bestehenden Kieselstrasse führte. Vom Stadtarchiv erwartet man weniger diese «praktische» Prüfung als eine Abklärung, ob der vorgeschlagen Namen aus ortskundlichen und «kulturellen» Gründen geeignet sei. Auf Grund dieser Vernehmlassungen der Ämter fasst die Strassenbenennungskommission Beschluss. Dieser erfolgt meistens auf dem Zirkulationswege, nur wenn die Kommissionsmitglieder sich nicht einigen können oder eine mündliche Aussprache als erwünscht erscheint, wird das Geschäft in einer Sitzung besprochen, worauf der Antrag der Kommission dem Stadtrat zur Beschlussfassung unterbreitet wird.

Nach welchen Grundsätzen werden die Namen gewählt? Die Vorschläge der Anstösser und anderer Privatleute werden ernsthaft geprüft und die verwendbaren Namen nach Möglichkeit berücksichtigt. Zuweilen müssen sie aber abgelehnt werden, weil der Antragsteller zu wenig darauf achtete, dass seine Vorschläge zu Verwechslungen Anlass geben könnten. Abgelehnt werden auch die Benennung nach Persönlichkeiten, die noch am Leben sind, und die Verwendung von Firmennamen.

Bei der Eingemeindung 1934 wurden in einzelnen Vororten, die einen grossen Teil ihrer Strassenbezeichnungen ändern mussten, öffentliche Umfragen gemacht, deren Ergebnisse aber nicht gerade ermutigend waren. Die meisten eingegangenen Vorschläge waren reine Phantasienamen, die weder zur Öffentlichkeit selbst, noch zur Geschichte und Kultur unseres Landes die geringste Beziehung hatten. Ein eifriger Antragsteller sandte ein seitenlanges Verzeichnis von Blumennamen ein, die er dem Register eines grossen Botanikwerkes entnommen habe, womit er unsere Stadt mit Namen wie Männertreu, Vergissmeinnicht, Massliebchen oder wie Estragon und Heliotrop beglücken wollte. Die meisten Vorschläge mochten übrigens nach dem gleichen Rezept ausgewählt worden sein, das ein Einsender von 1907 anwandte. Er schlug 65 Namen vor, die er dem Münchner Strassenverzeichnis entnommen hatte. Wohl zu seinem grossen Verdruss blieben aber «Bavaria» und ähnliche schöne Namen unberücksichtigt!

Bei der Namenwahl ist auch darauf zu achten, dass nicht jeder Name sich für jede Strasse eignet. Es würde doch komisch wirken, wenn eine grosse Verkehrsstrasse Maierislistrasse oder umgekehrt eine kleine Sackgasse zu Ehren einer bedeutenden Persönlichkeit benannt würde. Es soll der Name irgendwie der Bedeutung der Strasse angepasst werden, was aber doch nicht bedeuten soll, dass jedes Strässchen einen «wertvolleren» Namen erhalten muss, wenn es etwas verbreitert oder um einige Meter verlängert wird.

Um nun auf die oben gestellte Frage zurückzukommen, darf als erster Grundsatz die Forderung bezeichnet werden, dass Namen, die irgendeine Beziehung zur engern oder weitern Heimat haben, den Vorzug geniessen sollen. Aus diesem Grund werden immer wieder in starkem Masse bodenständige Flur- oder Wegbezeichnungen berücksichtigt. Aus jener Zeit, als unsere Vororte noch vorwiegend Bauerndörfer waren – diese Zeit liegt in einigen Quartieren noch gar nicht so weit zurück! –, hatte z.B. ein bestimmter Weg einen althergebrachten

Namen. Nach unserem Dafürhalten steht nun der Offiziellerklärung dieser Bezeichnung als Strassennamen nichts entgegen. Auch halten wir die Verwendung alter Flurnamen durchaus für sinnvoll, denn darin lebt die Erinnerung an die frühere Dorfgemeinschaft weiter. Die mit Flurbezeichnungen gebildeten Strassennamen zeigen jedem, der sehen und lernen will, dass unsere Stadt nicht in einer namenlosen Steppe gegründet wurde, sondern dass sie aus einem uralten städtischen Kern und der Angliederung von vorwiegend bäuerlichen Siedlungen entstanden ist.

Diese Verwendung von Flurbezeichnungen wird vielfach angegriffen. Bei den Akten liegt eine anonyme Eingabe eines «vortschrittlich gesinnten Einwohners» (!) von 1912, worin er gegen derlei Namen wettert: «Strassennamen wie Hutten, Heuel, Klus, Aegerten, Schimmel, Rumpump, Mutschellen, Balgrist, Giesshübel etc. sind Namen aus der <Zopf- oder Schildbürgerzeit>, wo das Volk mangels Schulbildung nichts besseres fand.» Eine solche Kritik wird auch heute niemanden beeindrucken, sowenig als sie die Kommissionsmitglieder von 1912 zu einer Änderung ihrer Grundsätze bewogen hat.

Wir glauben, dass wir mit der Erläuterung der Strassennamen nun jedermann die Möglichkeit geben, sich über den verborgenen Sinn einer nicht ohne weiteres verständlichen Strassenbezeichnung belehren zu lassen.[7] Auch dürfen wir vielleicht daran erinnern, dass solche Bezeichnungen für den Altansässigen vielfach ihren Sinn bewahrt und vor allem heimatlichen Gefühlswert haben. Sollen nun diese bodenständigen «unverständlichen» Namen getilgt und dafür ein beziehungsloser Phantasiename gewählt werden, der ebensogut in einer Berliner Vorstadt am Platz wäre?

Die Strassenbenennungskommission nimmt übrigens in dieser Frage keine extreme Stellung ein. Schon oft wurden Flurnamen abgelehnt, weil sie von empfindsamen Leuten als anstössig empfunden wurden. Der Name «Storennest» (Storchennest) wurde nicht angenommen, weil man Spötteleien befürchtete. Ferner schlagen zuweilen eifrige Geschichtsforscher Namen vor, die wohl urkundlich belegt, aber heute nicht mehr lebendig sind, In diesen Fällen werden die Vorschläge nur dann gutgeheissen, wenn sie ansprechend sind und sich gut eignen. Als weiterer Gesichtspunkt darf hier noch erwähnt werden, dass gewisse Flurbezeichnungen allgemeiner Natur, wie z.B. Mühlehalde oder häufige Ackernamen, auf unserem Stadtgebiet mit seinen 19 ehemaligen Bauerngemeinden natürlich mehrfach vorkommen, aber nur einmal verwendet werden können.

[7] Mancher Leser und manche Leserin wird uns – vielleicht mit einem gewissen Recht – vorwerfen, dass wir mit der Erläuterung «selbstverständlicher» Namen zu weit gegangen seien. Auf diesen Einwand möchten wir zunächst entgegnen, dass selbst einfache Strassenbezeichnungen wie Nussbaumstrasse, Breitweg oder Langstrasse durchaus nicht eindeutig sind. Es könnte nämlich eines Tages die Frage aufgeworfen werden, ob diese Strassen nicht doch nach prominenten Mitbürgern benannt worden seien. Wir haben daher grundsätzlich jeden Namen zu erklären versucht, um eine spätere nochmalige Überprüfung zu ersparen. Schliesslich möchten wir aber auch daran erinnern, dass für manche Erläuterungen nicht nur die Gesichtspunkte der Bearbeiter massgebend waren.

In neuerer Zeit setzt sich immer mehr der berechtigte Grundsatz durch, nur noch solche Persönlichkeiten mit Strassennamen zu ehren, die eine Beziehung zu unserer Stadt oder wenigstens zu unserem Land hatten. Wünschbar wäre, dass bei diesen Ehrungen ein Zusammenhang zwischen der zu benennenden Strasse oder deren nächster Umgebung mit dem Geehrten bestehen würde. Doch ist dies nur in den allerwenigsten Fällen möglich, da die neuen Strassen meist nicht in den alten Wohnquartieren, sondern an der bisher unbewohnten Peripherie entstehen.

Es hätte sich wohl empfohlen, dass man in Zürich diese ehrenden Namen in vermehrtem Masse in Gruppen gegliedert hätte. Trotz einiger Ansätze ist es aber leider nie zu einer richtigen Gruppenbildung gekommen, wie wir sie in andern Städten kennen, wo z.B. in einem Quartier alle Strassen nach Dichtern, in einem andern nach Musikern usw. benannt wurden, was das Auffinden der Strassen wesentlich erleichtert. Auch bei den Sachbezeichnungen ist diese Gruppenbildung möglich, und wir kennen auch in Zürich einzelne kleine Gruppen, wie die Blumennamen in Oerlikon, die Passstrassennamen in Altstetten oder die Götternamen in Hottingen und Hirslanden. Doch wurde diese Gruppierung nirgends so strikte durchgeführt, dass man z.B. mit Bestimmtheit annehmen dürfte, dass jede «Götterstrasse» im siebenten Stadtkreis liege.

In dieser Systemlosigkeit spiegelt sich aber das Zusammenwachsen von «Gross-Zürich» aus zwanzig selbständigen Gemeinden, die früher ihre Namen selbst auswählten. Da bei den Eingemeindungen nur diejenigen Namen verändert wurden, die zu Verwechslungen hätten Anlass geben können, entstand ein zuweilen etwas buntscheckiges Strassennamenbild, das die Gruppenbildung erschwerte oder verunmöglichte, selbst wenn die zuständigen Behörden schon früher dieser Möglichkeit, die Orientierung zu erleichtern, eine grössere Aufmerksamkeit geschenkt hätten.

Der Aufbau unseres Strassennamenverzeichnisses

Das Strassennamenverzeichnis glich sich im Aufbau nach Möglichkeit dem offiziellen, vom Vermessungsamt herausgegebenen Strassenverzeichnis an. Doch mussten zur Erfüllung seines besonderen Zwecks einige Abweichungen vorgenommen werden. Weggelassen wurden die Postleitzahl, ferner alle andern Beilagen, die nicht unmittelbar mit dem Verzeichnis zusammenhängen.

Dagegen bietet unser Verzeichnis neben der Erläuterung der Namen zusätzlich einen Hinweis auf diejenigen Quartiere bzw. ehemaligen Gemeinden, die von einer Strasse berührt werden, sowie das Jahr der Benennung.[8] Im beigelegten Plan [9] haben wir – unter Weglassung der

---

[8] Nicht in allen Fällen konnte der Zeitpunkt der offiziellen Benennung ermittelt werden, da man allerorts althergebrachte Strassenbezeichnungen stillschweigend sanktionierte. In diesen Fällen bedeutet die von einer Klammer umschlossene Jahreszahl den Zeitpunkt der frühesten Erwähnung des heutigen Namens.

[9] Dieser Faltplan mit Kreis und Quartier- (= ehem. Vororts-)Grenzen ist speziell vom Vermessungsamt als Beilage bzw. von Orell Füssli Kartografischer Verlag zum Strassennamenbuch produziert worden.

innerstädtischen Verkehrslinien – die ehemaligen Gemeindegrenzen der neunzehn mit der Stadt Zürich vereinigten Vororte eintragen lassen, denn wir glauben, dass mancher Leser und manche Leserin sich gerne diese alten Marchen vergegenwärtigen wird. Sie sind zwar heute vielerorts völlig verwischt, lassen sich aber an einigen wenigen Stellen noch in der Besiedlung erkennen.

Mancher hätte es wohl begrüsst, wenn wir zugleich einige Angaben über die Geschichte der Strassen selbst gegeben hätten. So gerne wir diesem Wunsche hätten Folge leisten wollen, mussten wir uns bei der grossen Zahl der Namen – Zürich zählt über 2000 Strassennamen *(Ende Juni 1999 genau 2308)* – auf die Hauptaufgabe, die Erläuterung der Strassennamen, beschränken.

Das in unserem Verzeichnis erwähnte Jahr der Benennung darf nicht in allen Fällen als Zeitpunkt der Erbauung der Strasse aufgefasst werden, denn zahlreiche Strassen tragen – besonders in den Vororten – nicht mehr den Namen, den sie bei der Erbauung erhalten hatten. Wenn somit unsere Zeitangaben nur in wenigen Fällen etwas über den Zeitpunkt der Erstellung der Strasse aussagen,[10] so erfüllen sie doch eine gewisse Aufgabe. Erstens lassen sie uns erkennen, wer den Namen gewählt hat. Ein Strassenname in Oerlikon, der vor 1934 gegeben wurde, ist ein «Produkt» des Gemeinderates der damals noch selbständigen Gemeinde Oerlikon. In der chronologischen Gruppierung spiegelten sich aber auch zeitbedingte Namen-Moden: Die patriotischen Strassennamen, die an die Helden der Schweizergeschichte oder an die ruhmreichen Schlachten unserer Vorfahren erinnern, stammen meist aus der Zeit der Stadtvereinigung von 1893, die auch eine besondere Vorliebe für die Verwendung von Vornamen zur Strassenbezeichnung hatte.

Aus einer gleichzeitigen Betrachtung der zeitlichen und örtlichen Angaben ergeben sich Rückschlüsse auf den ehemaligen Charakter unserer Vororte. Das Überwiegen der Flurbezeichnungen in Witikon, Höngg, Affoltern und Albisrieden und ihr fast völliges Fehlen in den Stadtkreisen 4 und 5 kommt nicht von ungefähr. Jene Gemeinden waren ursprünglich rein bäuerliche Siedlungen, während das Gebiet der Kreise 4 und 5 gewissermassen «Neusiedelland» war. Die 1787 von Wiedikon abgetrennte Gemeinde Aussersihl – die das Gebiet der erwähnten zwei Stadtkreise umfasste – war kein altes Bauerndorf, sondern eine typische Vorstadtsiedlung mit zahlreichen «Hintersässen» (fremden Niedergelassenen), die in Stadtnähe, ausserhalb der Sihlbrücke, wohnten. Wohl bestanden auch in Aussersihl Bauerngüter und einzelne Landsitze wohlhabender Stadtbürger. Der grösste Teil der ausgedehnten Kornfluren im «Sihlfeld» gehörte aber den Bauern der Nachbargemeinden, vor allem der Muttergemeinde Wiedikon. Andere Teile des Gemeindegebietes von Aussersihl waren Weideland, das vorwie-

---

[10] Aus dem Zeitpunkt der offiziellen Namengebung kann nicht in allen Fällen geschlossen werden, dass die Strasse erst – oder schon – damals erstellt worden wäre. Eine seit langem bestehende Flurstrasse kann z.B. erst im Zeitpunkt eines Ausbaus offiziell benannt werden. Auch kann umgekehrt die Benennung zuweilen dem Strassenbau vorauseilen, da früher Strassen häufig im Zeitpunkt der Genehmigung des Bebauungsplanes benannt wurden.

gend im Besitz städtischer Ämter und von Stadtbürgern stand. Die Fluren waren hier verhältnismässig «grossräumig», und dementsprechend waren die Flurbezeichnungen weniger zahlreich als in den kleineren Bauerngemeinden, wo der Grundbesitz – vor allem in den Weinbaugebieten – stark zerteilt war, was die Bildung zahlreicher kleinräumiger Flurnamen förderte.[11]

---

[11] Dieser Einleitung von 1957 hatte Paul Guyer 1969 sachlich nicht viel beizufügen Auch der Bearbeiter der dritten Auflage konnte darauf verzichten. Notwendiges findet sich im Vorwort zur dritten Auflage, Weglassungen aus der Einleitung von Paul Guyer sind mit drei Punkten ... kenntlich gemacht.

Abkürzungsverzeichnis und verkürzte Angaben

altd.	altdeutsch, d.h. in der Sprache, die unsere Vorfahren im Mittelalter gesprochen haben
ehem.	ehemalig
ETH	Eidgenössische Technische Hochschule, früher: Eidgenössisches Polytechnikum
«Jahr»	als Überschrift in den Tabellen = Zeitpunkt der Benennung oder der ersten Erwähnung
mlat.	mittellateinisch, d.h. in der lateinischen Sprache, die von den Gelehrten des Mittelalters verwendet wurde
röm.	römisch
Universität	Universität Zürich
urspr.	ursprünglich

Quartierbezeichnungen

		Stadtkreis	Zeitpunkt der Vereinigung mit Zürich
AF	Affoltern	11	1934
AR	Albisrieden	9/3	1934
AS	Aussersihl	4/3	1893
AT	Altstetten	9	1934
EN	Enge	2	1893
FL	Fluntern	7/6	1893
HG	Höngg	10	1934
HI	Hirslanden	7/8	1893
HO	Hottingen	7	1893
IN	Industriequartier[12]	5/9	1893
LB	Leimbach	2	1893
LL	Altstadt links der Limmat	1	–
OE	Oerlikon	11	1934
OS	Oberstrass	6/7	1893
RB	Riesbach	8	1893
RL	Altstadt rechts der Limmat	1	–
SB	Seebach	11	1934
SW	Schwamendingen	12 [seit 1971 Kreis 12]	1934
US	Unterstrass	6/11	1893
WD	Wiedikon	3/9	1893
WO	Wollishofen	2	1893
WP	Wipkingen	10/6	1893
WT	Witikon	7	1934

[12] Leimbach und Industriequartier waren im Gegensatz zu den andern Stadtquartieren vor der Eingemeindung keine selbständigen Gemeinden. (Unter-)Leimbach gehörte zur Gemeinde Enge und das Industriequartier zu Aussersihl.

Planfeld	Kreis	Quartier	Jahr	Erläuterung

Aargauerstrasse — *von Pfingstweidstrasse 105 bis Max Högger-Strasse 81*
G9　9　IN/AT　1969　Zu Ehren des Nachbarkantons

Abeggweg — *von Laubiweg 12 bis Fürstweg 11*
M9　6　WP　1928　Alte Wipkinger Familie

Abendweg — *von Bellariastrasse 56 bis Mutschellenstrasse 83*
L17　2　WO　1908　Ein gegen «Abend» (Westen) führender Weg

Achermannweg — *von Regensbergstrasse 120 bis Baumackerstrasse 8*
N6/7　11　OE　1971　Arnold Achermann (1890–1970)
Erster Präsident des Schulkreises Glattal

Ackermannstrasse — *von Toblerstrasse 107 bis nördl. Neuhausstrasse (Sackgasse)*
Q12　7　FL　1912　Angehörige der Familie Ackermann wirkten von 1726 bis 1839 als Schulmeister in Fluntern.

Ackersteinstrasse — *von Im Sydefädeli 43 bis Limmattalstrasse 181*
H/J8　10　HG　1932　Haus zum «Rothen Ackerstein», Limmattalstrasse 9. Über seine Erbauung aus einem Findling meldet die Hausinschrift von 1674: «Ein grosser rother Ackerstein / In manches Stück zerbrochen klein / Durch Menschenhänd und Pulversgwalt / Macht jetzo dieses Hauses Gstalt. Vor Unglück und Zerbrüchlichkeit / Bewahr es Gottes Gütigkeit.»

Ackerstrasse — *von Zollstrasse 111 bis Sihlquai 115*
M11　5　IN　1879　In dieser Gegend war früher Ackerland.

Adlisbergbachweg — *von Tobelhofstrasse bis Köhlerstrasse*
S11/12　7　HO　1997　Weg entlang des Adlisbergbaches

Adlisbergstrasse — *von Tobelhofstrasse bis Dreiwiesen- / Katzenschwanzstrasse*
S12–T13　7　HO　1894　Führt zum Adlisberg, der nach einer Höhensiedlung eines Alemannen Adilin benannt ist

Adolf Jöhr-Weg — *von Dreiwiesenstrasse bis Sportplatz Allmend Fluntern*
R11　7　HO　1954　Dr. Adolf Jöhr (1878-1953)
Verwaltungsratspräsident der Schweizerischen Kreditanstalt und Förderer der Kunst

Planfeld	Kreis	Quartier	Jahr	Erläuterung

Adolf Lüchinger-Strasse *von Frauentalweg 39 bis Bachtobelstrasse 189*
J16   3   WD   1952   Dr. Adolf Lüchinger (1894–1949)
Stadtpräsident von 1944 bis 1949

Aegertenstrasse *von Manessestrasse 40 bis Birmensdorferstrasse 123*
L13   3   WD   1880   Flurname: Feldflur, die nur zeitweise beackert, dann wieder für Jahre als Weide benützt wurde

Aegertenweg *von Schwendenholzweg bis Hohensteinstrasse*
E15–F16   3+9   AR/WD   1997   Siehe Aegertenstrasse

Aehrenweg *von Holunderweg bis Goldregenweg 31*
M6   11   OE   1933   Botanische Bezeichnung

Aemmerliweg *von Opfikonstrasse 20 bis nordwestl. und südöstl. Sackgasse*
R4   12   SW   1940   «Ämmerli» oder «Ämli», mundartlich für Sauerkirsche, Weichsel. Hinweis auf die Baumbepflanzung des Weges.

Aemtlerstrasse *von Birmensdorferstrasse 198 bis Albisriederstrasse 30*
J12   3   WD   1892   Das «Amt» = Knonauer Amt, heute Bezirk Affoltern

Affolternstrasse *von Schaffhauser- / Friesstrasse bis Kügeliloostrasse 26*
M/N6   11   OE   1933   Führt nach Affoltern-Zürich, altdeutsch Affaltrun = «(bei den) Apfelbäumen»

Agleistrasse *von Obsthaldenstrasse 84 bis Primelstrasse 3*
K5/6   11   AF   1933   Botanische Bezeichnung; Blume, Mundartform für Akelei

Agnes Robmann-Weg *von Binzstrasse 2 bis Friesenbergstrasse 145*
J/K14   3   WD   1995   Agnes Robmann (1876–1951)
Präsidentin des Zürcher Arbeiterinnenvereins; Kämpferin für Frauenrechte

Agnesstrasse *von Martastrasse 99 bis Hardstrasse 35*
J12   4   AS   1898   Weiblicher Vorname

Ahornstrasse *von Tulpenstrasse 36 bis Bocklerstrasse 35*
Q7   12   SW   1932   Botanische Bezeichnung

Akazienstrasse *von Kreuzstrasse 46 bis Reinhardstrasse 19*
O12   8   RB   1881   Botanische Bezeichnung

Planfeld	Kreis	Quartier	Jahr	Erläuterung

Albert Näf-Platz — *von Schaffhauserstrasse 354 bis Wallisellen- /Ohmstrasse*
O6　11　OE　1962　Albert Näf (1874–1961)
letzter Gemeindepräsident von Oerlikon von 1916 bis 1933

Albert Schneider-Weg — *von Ginsterstrasse 17 bis Letzigraben 152*
G12　9　AR　1950　Albert Schneider (1836–1904)
Aus Albisrieden stammender Jurist; Professor an der Universität von 1878 bis 1904, Verfasser des Zürcher Privatrechtlichen Gesetzbuches von 1887

Albertstrasse — *von Röntgenstrasse 63 bis Ottostrasse 15*
L10　5　IN　1899　Männlicher Vorname

Albin Zollinger-Platz — *von Allenmoosstrasse bis Berninastrasse*
N7　11　OE　1980　Albin Zollinger (1895–1941)
Schriftsteller («Pfannenstil»). Seit 1922 bis zu seinem Tod als Lehrer in Oerlikon tätig.

Albisgütliweg — *von Moosgutstrasse bis Gänzilooweg*
K16　3　WD　1997　Fussweg zum Albisgütli; «Albisgütli»: altes Wirtshaus (1844 erbaut, 1871 abgetragen) unterhalb des heutigen (1897 eingerichteten) Schiessplatzes; Erklärung zu «Albis»: siehe Albisstrasse

Albisriederplatz — *von Badener-/Hardstrasse bis Albisrieder-/Hardaustrasse*
J12　4　AS　1927　Früher Rieden unter dem Albis: «Riete» (10. Jahrhundert), «Riedirn» (1225) = Siedlung bei den Riedern

Albisriederstrasse — *von Albisriederplatz bis Birmensdorferstrasse*
E13–H12　3+9　AS/AR　1869　Führt nach Albisrieden, früher Rieden unter dem Albis: «Riete» (10. Jahrhundert), «Riedirn» (1225) = Siedlung bei den Riedern

Albisriederweg — *von Albisriederstrasse bis Albisriederstrasse*
E13　9　AR　1997　Siehe Albisriederstrasse

Albisstrasse — *von Seestrasse 360 bis Grenze Adliswil*
M18–20　2　WO　1845　Strasse zum Albisübergang. Albis aus gallorömischem ad alpas, Wenfall Mehrzahl von Alp = Bergweide.

Planfeld	Kreis	Quartier	Jahr	Erläuterung

Albulastrasse
G10   9   AT   1933
von Mürtschenstrasse 27 bis Luggwegstrasse 9
Zufluss des Hinterrheins und Passstrasse ins Engadin (Passhöhe 2315 m); Stadt Zürich bzw. EWZ ist beteiligt am Albula-Kraftwerk

Alderstrasse
O15/16   8   RB   1868
von Bellerivestrasse 59 bis Seefeldstrasse 152
Name eines früheren Eigentümers des Eckhauses Seefeldstrasse 148

Alemannensteig
K13   3   WD   1907
von Goldbrunnenstrasse 85 bis Haldenstrasse 128
Germanisches Volk, das um 450 die Ostschweiz und damit auch das Zürichbiet besiedelte

Alfred Escher-Strasse
A5, M14/15   2   EN   1886
von Bleicherweg 47 bis Mythenquai 88
Alfred Escher (1819–1882)
Staatsmann und Wirtschaftsführer, Schöpfer der Gotthardbahn, wohnhaft im Belvoir-Gut in Zürich-Enge. Denkmal von Richard Kissling auf dem Bahnhofplatz.

Alfred Strebel-Weg
G13   9   AR   1960
von Letzigraben 221 bis südöstl. Sackgasse (Schulhaus Letzi)
Alfred Strebel (1884–1943)
Letzter Gemeindepräsident von Albisrieden 1926–1933

Algierstrasse
E/F11   9   AT   1924
von Altstetterstrasse 224 bis Lyrenweg
Liegenschaft «Im Algier» (Nr. 20), die nach dem Algier-Meier, der in Algier gewesen sei, ihren Namen tragen soll

Allenmoosstrasse
N7   6+11   US/OE   1898
von Hofwiesenstrasse 220 bis Dörflistrasse 150
Flurname: Alenmoos, ursprünglich Salenmoos, Moos mit Salweiden. Der Anlaut S wurde irrtümlich als Artikel (da)s aufgefasst und abgetrennt.

Allenwiesliweg
V15   7   WT   1988
von Oetlisbergstrasse bis Alte Zürichstrasse
Flurname Allenwiesli: ursprünglich vielleicht «Salenwiesli» = kleine, mit Salweiden bestückte Wiese

Allmannstrasse
O5   11   SB   1932
von Binzmühlestrasse 20 bis Grubenackerstrasse
Berg im Zürcher Oberland (1083 m)

Planfeld	Kreis	Quartier	Jahr	Erläuterung

Allmendstrasse
K18–L15 2 EN/WO 1892

von Giesshübelstrasse 30 bis Maneggbrücke
Führt durch die Wollishofer Allmend; Allmend = das den Gemeindegenossen zur gemeinsamen Nutzung gehörende Land

Alte Feldeggstrasse
O15 8 RB 1867

von Bellerivestrasse 17 bis Dufourstrasse 90
Liegenschaft zum «Feldegg» (Feldeggstr. 61)

Alte Gockhauserstrasse
T11/12 7 HO 1956

von Dreiwiesenstrasse bis Forsthausweg
Siedlung in der Gemeinde Dübendorf; «Goggenhusen» (1343), «bei den Häusern eines Bauern namens Gogg»

Alte Kalchbühlstrasse
M18/19 2 WO 1935

von Albisstrasse 81 bis südl. Sackgasse
Flurname: Anhöhe, wo Kalkstein gewonnen und gebrannt wurde

Alte Mühlackerstrasse
H/J4 11 AF 1973

von Zehntenhausstrasse bis Mühlackerstrasse
Altes Teilstück der Mühlackerstrasse; Flurname: Acker, der zu einer einst vom Holderbach getriebenen Mühle gehörte

Alte Regensdorferstrasse
F5 10 HG 1980

von Heizenholz 41 bis Geissbergstrasse
«Reganesdorf» (870), abgeleitet vom altd. Personennamen Ragan, Ragin, d.h. Rat, erhalten in Reinhard (Raginhard)

Alte Zürichstrasse
W15 7 WT 1988

von Witikonerstrasse bis Weidstrasse (Gde. Fällanden)
Alte Strasse von Witikon nach Zürich

Altenhofstrasse
P16 8 RB 1908

von Wildbachstrasse 77 bis Zollikerstrasse 154
Liegenschaft zum «Alten Hof», Wildbachstrasse 77, abgetragen 1960

Alter Kirchenweg
M/N20 2 WO 1999

von Kalchbühlstrasse bis Stadtgrenze Kilchberg
Alter Weg zur Kirche Kilchberg; Wollishofen war bis 1702 nach Kilchberg kirchgenössig.

Althoossteig
L6 11 AF 1933

von Wehntalerstrasse 286 bis Käferholzstrasse 261
Siehe Althosstrasse

Planfeld	Kreis	Quartier	Jahr	Erläuterung

Althoosstrasse   *von Käferholzstrasse 256 bis Rebhüsliweg*
L6   11   AF   1898   Flurname: «Althusen» (1415 und mehrfach im 15. und 16. Jahrhundert): «zu den alten Häusern», seit dem 16. Jahrhundert aber meist – ohne klaren Grund – umgestaltet zu Althosen, Althos

Altstetterplatz   *von Hohlstrasse 560 bis Hohlstrasse 600*
F/G9   9   AT   1933   Siehe Altstetterstrasse

Altstetterstrasse   *von Altstetterplatz bis Albisriederstrasse 371*
F10/11   9   AT/AR   1933   Altstetten: bei den alten (d.h. römischen) Wohnstätten

Altweg   *von Letzigraben 231 bis In der Ey 60*
G13   9   AR   1952   Flurname «Im alten Weg» (1426): am Weg nach Birmensdorf

Altwiesenstrasse   *von Roswiesenstrasse 15 bis Dübendorfstrasse 339*
S7   12   SW   1948   Flurname: altes Wiesland

Am Bach   *von Alte Mühlackerstrasse 44 bis Blumenfeldstrasse*
J3/4   11   AF   1933   Weg längs des Mühle- oder Dorfbaches

Am Börtli   *von Kürbergstrasse 24 bis Gwandensteig*
J8   10   HG   1971   Flurname: Grundstück an einem (Wiesen-)Bort

Am Giessen   *von Am Wasser/Europabrücke bis Winzerhalde 9*
G8   10   HG   1932   Flurname: stilles Wasser eines Flussarmes, hier der Limmat

Am Glattbogen   *von Saatlenstrasse 269 bis Wallisellenstrasse 439*
Q6   12   SW   1950   Frei gewählter Name für ein Gelände an der Glatt

Am Guggenberg   *von Witikonerstrasse 270 bis südl. Sackgasse*
S15   7   WT   1949   Frei gewählter Name, Hinweis auf die Aussichtslage

Am Holbrig   *von Michelstrasse 23 bis Holbrigstrasse*
G7   10   HG   1976   Flurname (1447): aus «Hohlberg», ein zum Berge führender Hohlweg

Am Hönggerberg   *von Wehrlisteig bis Gsteigstrasse 72*
J7/8   10   HG   1947   Höngg, «Hoinga» (um 820): die auf der Höhe wohnenden Leute

Planfeld	Kreis	Quartier	Jahr	Erläuterung
Am Katzenbach N3–O4	11	SB	1973	*von Schaffhauserstrasse 509 bis Köschenrütistrasse* Katzenbach, urspr. Seebach, Ausfluss des Katzensees; vgl. Katzenseestrasse
Am Luchsgraben S7	12	SW	1947	*von Luchswiesenstrasse 197 bis Luchsweg* Frei gewählter Name, gebildet nach dem Flurnamen Luchswiesengraben
Am Oeschbrig U15	7	WT	1962	*von Zweiackerstrasse 36 bis Oetlisbergstrasse 40* Mundartliche Namensform für Oetlisberg; vgl. Oetlisbergstrasse
Am Rank D1/2	1	RL	1790	*von Limmatquai 118 bis Niederdorfstrasse 51* Dieser «Rank» bildete die Fortsetzung des vor 1863 hier endenden Weges längs der Limmat.
Am Sägertenbach K5	11	AF	1933	*von Wehntalerstrasse 402 bis Riedenhaldenstrasse 29* Flurname «Sägerten», eigentlich «Sägeten», mit falscher Anlehnung an den häufigen Namen Ägerten, aus mittellat. saigata, Name eines Ackermasses
Am Schanzengraben B4	1+2	EN	1877	*von Bleicherweg 10 bis Brandschenkestrasse/Selnaubrücke* Der künstliche Wasserlauf längs der im 17. Jahrhundert angelegten Stadtbefestigung
Am Suteracher D9/10	9	AT	1966	*von Loogartenstrasse 31 bis Dachslernstrasse 191* Flurname: Acker eines Bauern namens Suter
Am Wasser H8–J9	10	HG	1932	*von Breitensteinstrasse 100 bis Winzerstrasse /Europabrücke* Bezeichnung des an der Limmat liegenden Dorfteils von Höngg
Am Wettingertobel G8	10	HG	1932	*von Winzerstrasse /Winzerhalde bis Limmattalstrasse 209* Benannt nach dem frühern Grundeigentümer, dem Kloster Wettingen
Amazonenstrasse R7	12	SW	1933	*von Roswiesenstrasse 114 bis Schürgistrasse 28* Sagenhaftes, streitbares Frauenvolk in Kleinasien
Amazonenweg R7	12	SW	1933	*von Amazonenstrasse 12 bis Amazonenstrasse 28* siehe Amazonenstrasse

Planfeld	Kreis	Quartier	Jahr	Erläuterung
Ameisenweg				*von Dachschleife bis Horgenweg*
L7	10	HG/WP	1997	Zoologische Bezeichnung
Ampèrestrasse				*von Kloster Fahr-Weg bis Breitensteinstrasse 35*
K9	10	WP	1918	André-Marie Ampère (von 1775 bis 1836) Französischer Physiker; nach ihm wurde die Einheit der elektrischen Stromstärke benannt.
Amselsteig				*von Speerstrasse 18 bis Drosselstrasse 18*
L18	2	WO	1913	Zoologische Bezeichnung
An der Specki				*von Loorenstrasse bis östl. Sackgasse*
T/U14	7	WT	1948	Flurname «Im Specki»: Prügelweg über ein sumpfiges Gelände
Andreasstrasse				*von Schaffhauserstrasse bis bis zur Glatt (Aubruggstrasse)*
O/P6	11+12	SB/OE	1933	Männlicher Vorname
Anemonenstrasse				*von Dennlerstrasse 38 bis Flüelastrasse 47*
G11	9	AR	1933	Botanische Bezeichnung
Angelikaweg				*von Affolternstrasse 117 bis Langwiesstrasse 33*
M6	11	OE	1933	Weiblicher Vorname
Angererstrasse				*von Bleicherweg 74 bis Parkring 7*
A5	2	EN	1926	Gottfried Angerer (1851–1909) Deutscher Komponist, von Waldsee; von 1887 bis zu seinem Tod Musikdirektor in Zürich
Ankengasse				*von Limmatquai 48 bis Münstergasse 19*
D3	1	RL	1637	Unterhalb der Ankengasse fand früher der Anken-(Butter-)Markt statt
Ankenweid				*von Leimbachstrasse 114 bis Hüslibachstrasse 70*
K20	2	LB	1931	Flurname: Weide mit gutem, milchförderndem Gras
Ankerstrasse				*von Zweierstrasse 56 bis Zeughaus-/Hohlstrasse*
L12	4	AS	1878	Vermutlich Hinweis auf das Wappenzeichen von Aussersihl

Planfeld	Kreis	Quartier	Jahr	Erläuterung

Anna Heer-Strasse — *von Brüderhofweg 10 bis Langfurren 7*
N8 6 US 1935 Dr. med. Anna Heer (1863–1918) Ärztin und Mitbegründerin der Schweizerischen Pflegerinnenschule

Annemarie Schwarzenbach-Weg *von Binzmühlestrasse bis Therese Giehse-Strasse*
N5–6 11 OE 1996 Annemarie Schwarzenbach (1908–1942) Zürcher Schriftstellerin und Journalistin, Fotoreporterin, Verfasserin von Reiseberichten

Anton Higi-Strasse — *von Käferholzstrasse 230 bis nordwestl. u. südöstl. Sackgasse*
L6 11 OE/AF 1952 Anton Higi (1885–1951) Architekt und Erbauer von Häusern an dieser Strasse; Stadtrat von 1938 bis 1946

Anwandstrasse — *von Langstrasse 35 bis Herman Greulich-Strasse*
K/L12 4 AS 1891 Flurname: Kopfende eines Grundstückes, auf welchem der Bauer beim Ackern den Pflug wenden konnte

Apfelbaumstrasse — *von Regensbergstrasse 24 bis Tramstrasse 91*
P7 11 OE 1933 Botanische Bezeichnung

Apollostrasse — *von Forchstrasse 5 bis Minervastrasse*
P14 7 HO 1905 Griechischer Gott des Lichtes und der Dichtkunst

Appenzellerstrasse — *von Kürbergstrasse 50 bis Müseliweg*
J8 10 HG 1971 Alte, seit dem 15. Jahrhundert in Höngg ansässige Familie

Aprikosenstrasse — *von Saatlenstrasse 18 bis Auhofstrasse 20*
Q/R7 12 SW 1933 Botanische Bezeichnung

Arbentalstrasse — *von Frauentalweg 20 bis Borrweg 65*
J15 3 WD 1930 Flurname: Tal, wo Arben, d.h. Kiefern, Föhren, wachsen

Arbenzstrasse — *von Höschgasse 81 bis Mühlebachstrasse 126*
P15 8 RB 1911 Name eines Anstössers

Armin Bollinger-Weg — *von Max Bill-Platz bis Brown-Boveri-Strasse*
M/N5 11 OE 1996 Armin Bollinger (1913–1995) Lateinamerika-Experte, Prof. an der HSG St. Gallen; Verfasser einer Oerlikoner Ortsgeschichte; während Jahrzehnten in Oerlikon ansässig

Planfeld	Kreis	Quartier	Jahr	Erläuterung

Arminstrasse — *von Funkwiesenstrasse 38 bis Tramstrasse 99*
P7　11　OE　1933　Männlicher Vorname

Arnikaweg — *von Kügeliloostrasse 93 bis östl. Sackgasse*
M5　11　AF　1939　Botanische Bezeichnung

Arnold Kübler-Strasse — *von Jungholzstrasse bis Therese Giehse-Strasse*
N6　11　OE　1996　Arnold Kübler (1890–1983)
Schriftsteller («Oeppi»-Romane) und Zeichner; Chefredaktor der «Zürcher Illustrierten» und der Zeitschrift «Du»

Arosasteig — *von Altenhofstrasse bis Zollikerstrasse 168*
P16　8　RB　1930　Siehe Arosastrasse

Arosastrasse — *von Mühlebachstrasse 204 bis Seefeldstrasse 219*
P16　8　RB　1904　Gemeinde und Kurort in Graubünden; beliebter Wintersportort der Zürcher

Arterstrasse — *von Minervastrasse 46 bis Neptunstrasse 34*
P14　7　HO　1893　Führt zum «Artergut», Klosbachstr. 25, das um 1790 von Salomon Arter erbaut und von Adolf Arter-Koch (1843–1923) der Stadt vermacht wurde

Arthur Rohn-Strasse — *von SZU Station Uitikon-Waldegg bis Polenweg*
D14–F15　9　AR　1956　Arthur Rohn (1878–1956)
Professor für Baustatik an der ETH (seit 1908), seit 1923 Rektor und von 1926 bis 1948 Schulratspräsident

Arvenweg — *von Algierstrasse 4 bis Vetterliweg*
F11　9　AT　1933　Botanische Bezeichnung

Aspholzstrasse — *von Katzenseestrasse bis Wehntalerstrasse*
H3/4　11　AF　1933　Flurname: Espengehölz

Aspweg — *von Bellariastrasse 38 bis Mutschellenstrasse 43*
L/M16　2　WO　1894　Flur- und Hofname, Scheideggstr. 86, Stammhaus der Asper von Wollishofen; «uff Aspen» (1424): Hinweis auf Espen, die dort wuchsen

Asternweg — *von Berninastrasse 60 bis Malvenstrasse 24*
N7　11　OE　1933　Botanische Bezeichnung

Planfeld	Kreis	Quartier	Jahr	Erläuterung

Asylstrasse | | | | *von Baschligplatz bis Klusplatz*
P13–Q14 7 HO/HI 1880 Führt am 1868 eingerichteten Altersasyl «Zum Wäldli» vorbei

Attenhoferstrasse | | | | *von Zürichbergstrasse 42 bis Hofstrasse*
P12/13 7 HO/FL 1915 Karl Attenhofer (1837–1914)
Komponist, von Zurzach; von 1866 bis zu seinem Tod Musikdirektor in Zürich

Aubrigstrasse | | | | *von Parkring 8 bis Brandschenkestrasse/Parkring*
A4, M13/14 2 EN 1892 Berg im Wägital (1698 m)

Aubruggstrasse | | | | *von Ueberlandstrasse 215 bis Hagenholzstrasse*
Q5/6 12 SW 1977 Heutige Holzbrücke, 1809/10 erstellt anstelle einer ältern, in den Kämpfen zwischen französischen und kaiserlichen Truppen 1799 zerstörten Brücke

Aubruggweg | | | | *von Am Glattbogen 156 bis südöstl. Sackgasse*
Q6 12 SW 1979 Siehe Aubruggstrasse

Auf der Egg | | | | *von Eggweg 4 bis nördl. Sackgasse (Kirche Wollishofen)*
M18 2 WO 1937 Flurname: Hügelvorsprung

Auf der Mauer | | | | *von Hirschengraben 86 bis Leonhardstrasse 14*
D1 1 RL 1894 Name zweier Gebäude oberhalb der Mauer am untern Hirschengraben, die 1867 und 1896 bei Strassenbauten abgetragen wurden

August Forel-Strasse | | | | *von Buchenweg bis Lenggstrasse*
R16 8 RB 1931 August Forel (1848–1931)
Prof. für Psychiatrie an der Universität und Direktor der Heilanstalt Burghölzli von 1879 bis 1897; Vorkämpfer der Abstinenzbewegung; bedeutender Ameisenforscher

Augustinergasse | | | | *von St. Peterhofstatt 3 bis Bahnhofstrasse 46 u. Kuttelgasse 18*
C3 1 LL 1445 Augustinerkloster, um 1270 hier errichtet

Augustinerhof | | | | *von Augustinergasse 9 bis St. Peterstrasse 8*
C3 1 LL 1865 Hof beim ehemaligen Augustinerkloster

Planfeld	Kreis	Quartier	Jahr	Erläuterung

Auhofstrasse — *von Saatlenstrasse 45 bis nördl. Sackgasse (Freibad Auhof)*
Q7 · 12 · SW · 1932 · Flurname

Aurorastrasse — *von Ebelstrasse 11 bis Hitzigweg*
Q13 · 7 · HO · 1896 · Göttin des frühen Tages; in übertragenem Sinne auch Morgenröte

Ausserdorfstrasse — *von Glattalstrasse 55 bis Hertensteinstrasse 41*
N/O3 · 11 · SB · 1911 · Ausserdorf ist der nördlich des Katzenbaches liegende Dorfteil von Seebach.

Aussersihleranlage — *von Hohlstrasse/Feldstrasse bis Stauffacherstrasse*
L12 · 4 · AS · 1955 · Die «Ausser-Sihl-Gemeind» wurde 1787 gegründet durch Zusammenfassung der auf dem Gemeindegebiet von Wiedikon – aber ausserhalb des engern Dorfbannes – liegenden Siedlungen zu einer selbständigen Gemeinde, die bei der Ersten Eingemeindung 1893 mit der Stadt Zürich vereinigt wurde.

Ausstellungsstrasse — *von Sihlquai 41 bis Limmatplatz*
M11 · 5 · IN · 1886 · Zur Erinnerung an die Landesausstellung von 1883, die in dieser Gegend und auf der Platzpromenade stattgefunden hat

Austrasse — *von Steinstrasse 50 bis Uetlibergstrasse 30*
K14 · 3 · WD · 1880 · Flurname und Name zweier Landgüter an der Uetlibergstrasse, die 1897 und 1934 abgetragen wurden; Au = Wiesland an einem Gewässer

Auwiesenstrasse — *von Opfikonstrasse 149 bis südl. Sackgasse*
Q5 · 12 · SW · 1971 · Flurname: Wiesen in der Au, vgl. Aubrugg und Austrasse

Auzelg — *von Opfikonstrasse 69 bis westl. Sackgasse*
Q/R5 · 12 · SW · 1952 · Flurname: Zelg, d.h. Flur der Dreifelderwirtschaft, in der «Au»

Azurstrasse — *von Berninastrasse 123 bis Regensbergstrasse 162*
N6/7 · 11 · OE · 1933 · Azur = Himmelsbläue

Baalweg — *von Katzenschwanzweg bis Lybensteinweg*
V14 · 7 · WT · 1988 · Flurname Baal bzw. Bool: rundlicher, kuppenförmiger Hügel

Landesausstellung 1883, mittlerer Eingang zum Festgelände

Der Albisrieder Dorfbach unterirdisch fliessend und 1991 drei Jahre nach der Bachöffnung

Planfeld	Kreis	Quartier	Jahr	Erläuterung
Bächlerstrasse				*von Holderbachweg 21 bis Hungerbergstrasse 11*
H4/5	11	AF	1953	Flurname: Grundstück an einem Bach; die Ableitung mit -ler bedeutet gleichsam die Zusammengehörigkeit
Bächlerweg				*von Hungerbergstrasse 9 bis westl. Sackgasse*
H4	11	AF	1945	Flurname: Grundstück an einem Bach; die Ableitung mit -ler bedeutet gleichsam die Zusammengehörigkeit
Bachmannweg				*von Zehntenhausstrasse 31 bis Bahnhof Zürich-Affoltern*
J4	11	AF	1933	Name eines Anstössers
Bachmattstrasse				*von Hohlstrasse 617 bis Badenerstrasse 709*
F9/10	9	AT	1933	Flurname: Matten längs des Altstetter Dorfbaches
Bachmattweg				*von Bachmattstrasse 15 bis Bachmattstrasse 37*
F9/10	9	AT	1933	Siehe Bachmattstrasse
Bachofnerstrasse				*von Nordstrasse 142 bis Rotbuchstrasse 35*
M9	10	WP	1905	Heinrich Bachofner (1828–1897) Direktor des Evangelischen Lehrerseminars Unterstrass
Bachstrasse				*von Mythenquai 353 bis Landungsstelle Bahnhof Wollishofen*
M17	2	WO	1894	Ehemaliger Dorfteil «Am Bach» in Wollishofen, nach dem hier in den See mündenden Bach genannt
Bachtelweg				*von Grünhaldenstrasse 34 bis Kosakenweg*
O5	11	SB	1934	Berg im Zürcher Oberland (1118 m)
Bachtobelstrasse				*von Uetlibergstrasse 107 bis Kolbenhofstrasse 33*
J15	3	WD	1894	Tobel des Kolbenhofbaches
Bachtobelweg				*von Rosshauweg bis Tannenweg*
D11/12	9	AT	1997	Weg entlang des Tobels des Altstetter Unterdorfbaches/ Girenhaldenbächli
Bächtoldstrasse				*von Zürichbergstrasse 46 bis Gloriasteig*
P12	7	FL	1898	Jakob Bächtold (1848–1897) Prof. für deutsche Literatur an der Universität von 1887 bis 1897, Biograph Gottfried Kellers
Bachwiesenstrasse				*von Rautistrasse 101 bis Altstetterstrasse 331*
F11/12	9	AR	1928	Flurname: Wiesen längs des Mühle- oder Dorfbaches

Planfeld	Kreis	Quartier	Jahr	Erläuterung

Bachwiesenweg   *von Albisriederstrasse 330 bis Bachwiesenstrasse 130*
F12   9   AR   1976   Siehe Bachwiesenstrasse

Bäckerstrasse   *von Badenerstrasse 18 bis Ankerstrasse/Helvetiaplatz*
L12   4   AS   1878   Im Eckhaus an der Badenerstrasse 18 befand sich von 1823 bis 1957 eine Bäckerei.

Badenerstrasse   *von Sihlbrücke bis Grenze Schlieren*
A2, E10–L12   3+4+9   WD/AS/AT   1869   Alte Landstrasse nach Baden

Badergasse   *von Limmatquai 88 bis Niederdorfstrasse 21*
D2   1   RL   1756   1444 «Badstubengasse», nach den damals hier befindlichen Badstuben

Badstrasse   *von Bellerivestrasse 221 bis Seefeld-/Ida Bindschedler-Strasse*
P16   8   RB   1898   Zugang zur Badanstalt Tiefenbrunnen

Badweg   *von Talstrasse 80 bis Selnaustrasse 17*
A3   1   LL   1892   Zugang zur Badanstalt Schanzengraben

Bahnhaldenstrasse   *von Schaffhauserstrasse 463 bis Höhenring 19*
N5–O4   11   SB   1932   Flurname: Halde längs der Oerlikon–Wettingen-Bahn

Bahnhofbrücke   *von Central bis Bahnhofquai*
C/D1   1   1863   Brücke vom «Hauptbahnhof» zur Walche; erster Bahnhof erbaut 1847 von Architekt Gustav Albert Wegmann, heutiges Gebäude 1865 bis 1871 nach Plänen von Semper von Architekt Jakob Friedrich Wanner errichtet

Bahnhofpassage   *von Unterführung am Bahnhofplatz bis Hauptbahnhof*
C1   1   LL   1970   Unterführung und Ladenstrasse unter dem Bahnhofplatz

Bahnhofplatz   *von Bahnhofquai bis Gessnerallee*
C1   1   LL   1863   Platz vor dem Hauptbahnhof; Erklärung siehe Bahnhofbrücke

Bahnhofquai   *von Uraniastrasse/Rudolf Brun-Brücke bis Museumstrasse/Walchebrücke*
C1   1   LL   1913   Als neue Zugangsstrasse zum Bahnhof 1913 erstellt durch Ausbau des bisherigen Waisenhausquais

Planfeld	Kreis	Quartier	Jahr	Erläuterung
Bahnhofstrasse				*von Bürkliplatz bis Bahnhofplatz*
C1–4	1	LL	1863	1863/64 anstelle des «Fröschengrabens» (Stadtgraben) als Zufahrtsstrasse zum Bahnhof erbaut
Bahnweg				*von Brandweg bis Polenweg*
E14/15	9	AR	1997	Weg entlang der Sihltal–Zürich–Uetliberg-Bahn (SZU)
Balberstrasse				*von Butzenstrasse 31 bis Marchwartstrasse 50*
L19	2	WO	1922	Johann Jakob Balber (1673–1752) Erster Pfarrer an der 1702 erbauten Kirche Wollishofen
Balderngasse				*von Talstrasse 59 bis Basteigasse*
B3/4	1	LL	1877	Burgstelle und Hof auf dem Albis. Flurname urspr. «Baleren», abgeleitet von Bal, mundartlich für Bol = Hügel; vgl. Bolderen und Familiennamen Boller, Bollmann
Balgriststrasse				*von Forchstrasse 326 bis östl. Sackgasse*
R16	8	HI	1938	Flurname: zusammengesetzt aus german. «balg» = flach, niedrig, und «rist» = Rücken (vgl. Fussrist); Balgrist somit eine sanft ansteigende Erhöhung
Balgristweg				*von Forchstrasse 331 bis Wehrenbachhalde 18*
R16	7+8	HI	1897	Flurname: zusammengesetzt aus germ. «balg» = flach, niedrig, und «rist» = Rücken (vgl. Fussrist); Balgrist somit eine sanft ansteigende Erhöhung
Bändlistrasse				*von Europabrücke bis Bernerstrasse /Hermetschloobrücke*
E/F8–9	9	AT	1958	Flurname: «Im Bändli», ein mit Korbweiden (Bänder- oder Bändlistöcken) bewachsenes Grundstück
Bändliweg				*von Bändlistrasse 37 bis Vulkanstrasse 110*
F9	9	AT	1973	Flurname «Im Bändli», ein mit Korbweiden (Bänder- oder Bändlistöcken) bewachsenes Grundstück
Bannholzstrasse				*von Frauenbünneli- /Waldhüslistrasse bis Waldhüslistrasse (Unterholzweg)*
P9	6	OS	1956	Flurname: «Gebannter» Wald, in welchem der Holzschlag verboten war
Banzwiesenstrasse				*von Rebeggstrasse bis Läufeweg*
G14/15	3	WD	1997	Flurname Banzwiese: zu einem früheren Besitzer namens «Banz»

Planfeld	Kreis	Quartier	Jahr	Erläuterung
Bärenbohlstrasse				*von Zehntenhaus-/Horensteinstrasse bis Affolternstrasse (Gde. Rümlang)*
J3	11	AF	1980	Flurname: «Bernbol» (1295): einst bewaldeter Hügel mit Erinnerung an das Vorkommen des Bären
Bärenbrüggli				*von Bärengasse bis Am Schanzengraben/Gartenstrasse*
B4	1	LL	1929	Siehe Bärengasse
Bärengasse				*von Bahnhofstrasse 27 bis Bärenbrüggli*
B3/4	1	LL	1790	Seit dem 16. und 17. Jahrhundert standen hier die Häuser zum «Weissen», «Schwarzen» und «Roten Bären».
Baschligplatz				*von Platten-/Hofstrasse bis Asylstrasse*
P13	7	HO	1881	Flurname: urspr. «Bachschlatt» (1673) am Wolfbach; Schlatt = wässeriges Gelände, wo Borstengras wächst
Baslerstrasse				*von Herdernstrasse 59 bis Altstetterstrasse 121*
G10–H11	4+9	AS/AT	1954	Benannt «in Anbetracht der vielseitigen Beziehungen zwischen Basel und Zürich und als sinniger Ausklang der Freundschaftswoche»
Basteigasse				*von Bärengasse 32 bis Balderngasse 9*
B4	1	LL	1892	Hier befand sich die «Bärenbollwerk» genannte Bastei.
Basteiplatz				*von Bärengasse / Talstrasse bis Pelikanstrasse*
B3/4	1	LL	1940	Hier befand sich die «Bärenbollwerk» genannte Bastei
Batteriesteig				*von Germaniastrasse bis Batteriestrasse*
P10	6	FL	1997	Siehe Batteriestrasse
Batteriestrasse				*von Germaniastrasse 89 bis Orellistrasse 21*
P10–Q11	6+7	FL	1901	Hinweis auf die von den französischen Truppen 1799 in dieser Gegend angelegten Befestigungen
Bauhallengasse				*von Langstrasse 14 bis Kernstrasse 14*
L12	4	AS	1880	Liegenschaft zur «Bauhalle», Langstrasse 19
Bauherrenstrasse				*von Bäulistrasse 37 bis Am Wettingertobel*
H8	10	HG	1932	Flurname: Grundstück, das einem städtischen Bauherrn (Ratsmitglied, das dem Bauamt vorstand) gehörte

Planfeld	Kreis	Quartier	Jahr	Erläuterung

Bäulisteig | | | | *von Bäulistrasse 45 bis Limmattalstrasse 140*
H8 | 10 | HG | 1932 | Siehe Bäulistrasse

Bäulistrasse | | | | *von Am Wasser 64 bis Meierhofplatz*
H8 | 10 | HG | 1918 | Flurname, nach dem zum Haus zum «Weingarten», Limmattalstr. 109, gehörenden steinernen Gartenhaus; «Bäuli», kleines Gebäude

Baumackerstrasse | | | | *von Schaffhauserstrasse 331 bis Hofwiesenstrasse 330*
N6 | 11 | OE | 1898 | Flurname: Acker, der nach einem auffallend grossen Obstbaum bezeichnet wurde

Baumgartnerstrasse | | | | *von Birmensdorferstrasse 80 bis Zweierstrasse*
L13 | 4 | WD | 1927 | Wilhelm Baumgartner (1820–1867)
 | | | | Aus Rorschach stammender Komponist, von 1845 bis zu seinem Tod Musikdirektor in Zürich. Er vertonte Gottfried Kellers «O mein Heimatland...». Denkmal in der Platzpromenade.

Baumgasse | | | | *von Limmatstrasse 50 bis Ausstellungsstrasse 41*
M11 | 5 | IN | 1892 | Botanische Bezeichnung

Baumhaldenstrasse | | | | *von Friesenbergstrasse /Georg Baumberger-Weg bis nordwestl. Sackgasse*
H14/15 | 3 | WD | 1928 | Flurname

Baumschulweg | | | | *von Uetlibergstrasse bis Jucheggstrasse*
J16/17 | 3 | WD | 1997 | Baumschule oberhalb des Schiessplatzes Albisgüetli

Baurstrasse | | | | *von Bellerivestrasse 67 bis Seefeldstrasse 162*
O16 | 8 | RB | 1867 | Name des Bauherrn

Beatengasse | | | | *von Beatenplatz bis Bahnhofstrasse 92*
C1/2 | 1 | LL | 1863 | Flurname: «Beatenrain» bei der ehem. Werdmühle, vermutlich von Beat Werdmüller (1517–1574) hergeleitet

Beatenplatz | | | | *von Werdmühlestrasse bis Bahnhofquai*
C1 | 1 | LL | 1904 | Siehe Beatengasse

Beckenhofstrasse | | | | *von Stampfenbachstrasse 85 bis Schaffhauserstrasse 2*
N10/11 | 6 | US | 1878 | Landgut «Beckenhof» (Nrn. 31–37); Hauptgebäude um 1740 erbaut

Planfeld	Kreis	Quartier	Jahr	Erläuterung

Beckhammer
N7/8   6   US   1935

von Anna Heer-Strasse 33 bis Schürbungert 42
Flurname: «Im Beckhammer» wohl nach dem Zunamen Beckhammer (1401 in Zürich «Beckhammer, der Schmid»); mundartl. bäcke(n) = hämmern, schlagen

Bederstrasse
A5, L14/15 2   EN   1877

von Seestrasse 11 bis Utobrücke
Ausgestorbene Familie, die 1649 das Bürgerrecht der Gemeinde Enge erworben hatte

Beerirain
L/M4   11   SB   1997

von Bergmannweg bis Schwandenholzstrasse
Botanische Bezeichnung; «Beeri» = mundartl. für Beeren

Beethovenstrasse
B4/5   2   EN   1927

von General Guisan-Quai 20 bis Gartenstrasse 3
Ludwig van Beethoven (1770–1827)
Deutscher Komponist, wirkte in Wien

Begonienstrasse
N/O7   11   OE   1933

von Schaffhauserstrasse 224 bis Oerlikonerstrasse 44
Botanische Bezeichnung

Bellariarain
M17   2   WO   1945

von Bellariastrasse 51 bis Gretenweg/Etzelweg
1891 erstellt auf Land, das zur Villa «Bellaria», Brunaustrasse 19, gehörte

Bellariastrasse
L17–M16 2   EN/WO   1892

von Brunaustrasse 25 bis Mutschellenstrasse 137
1892 erstellt auf Land, das zur Villa «Bellaria», Brunaustrasse 19, gehörte

Bellerivestrasse
O15–Q17 8   RB   1890

von Utoquai 55 bis Grenze Zollikon
Landgut «Bellerive», Klausstrasse 22, 1891 überbaut

Bellevueplatz
D4/5   1   RL   1898

von Utoquai/Quaibrücke bis Theater-/Schoeckstrasse
Haus «Bellevue», Limmatquai 1, 1856 als Hotel erbaut und 1888 erweitert

Bellikersteig
J8   10   HG   1932

von Limmattalstrasse 17 bis Rebbergstrasse 53
Flurname, wohl benannt nach einem vom aargauischen Bellikon zugezogenen Anwohner

Belsitostrasse
P/Q12   7   HO   1905

von Schneckenmannstrasse 16 bis südöstl. Hofstrasse (Sackgasse)
Villa «Belsito» (Nr. 18), 1931 abgetragen

Planfeld	Kreis	Quartier	Jahr	Erläuterung

Benedikt Fontana-Weg | | | | *von Michelstrasse 41 bis Holbrigstrasse*
G7 | 10 | HG | 1954 | Benedikt Fontana (gest. 1499)
Anführer der Bündner Truppen im Schwabenkrieg, gefallen in der Schlacht an der Calven 1499

Bergacker | | | | *von Schauenbergstrasse 47 bis Im Hagenbrünneli*
J5 | 11 | AF | 1954 | Flurname: hoch gelegener Acker

Bergellersteig | | | | *von Regensdorferstrasse 50 bis Bergellerstrasse 31*
G7 | 10 | HG | 1966 | Siehe Bergellerstrasse

Bergellerstrasse | | | | *von Michelstrasse 25 bis östl. Sackgasse*
G7 | 10 | HG | 1966 | Talschaft in Graubünden. Das EWZ war Erbauerin (und ist Besitzerin) des Albignawerkes.

Berghaldenstrasse | | | | *von Witikonerstrasse 353 bis Trichtenhausenstrasse 46*
T/U15 | 7 | WT | 1932 | Flurname: Halde unterhalb der Kirche

Bergheimstrasse | | | | *von Witikonerstrasse 84 bis südöstl. Sackgasse (Blindenheim)*
R15 | 7 | HI | 1908 | Grundeigentümer: Baugenossenschaft Bergheim

Bergholzweg | | | | *von Kappenbühlstrasse bis Sonderistrasse*
F6 L14/15 G5 | 10 | | HG 1956 | Wald auf dem Hönggerberg

Bergliweg | | | | *von Eugen Huber-Strasse 180 bis nordwestl. Sackgasse*
D10 | 9 | AT | 1928 | Nach dem Flurnamen «Leemannsbergli»

Bergmannweg | | | | *von Beerirain bis Schwandenholzstrasse*
M4 | 11 | SB | 1997 | Frei gewählter Name

Bergstrasse | | | | *von Zürichberg-/Gloriastrasse bis Klusplatz*
P12–Q14 | 7 | FL/HO | 1877 | Längs des Zürichbergs ansteigende Strasse

Bergweg | | | | *von Eschenhaustrasse bis Loorenkopfweg*
S/T13 | 7 | HO | 1997 | Führt zum Aussichtspunkt «Loorenkopf» (690 m); siehe auch Loorenkopfstrasse

Bergwiesen | | | | *von Rossackerstrasse 21 bis Rosshalde 51*
F/G13 | 9 | AR | 1948 | Flurname: Wiesen am Berghang unterhalb der Birmensdorferstrasse

Planfeld	Kreis	Quartier	Jahr	Erläuterung

Berneggweg | | | | *von Wiedingstrasse 34 bis Haldenstrasse 85*
K14　3　WD　1918　Flurname: wohl identisch mit «Berndefluo» (1218) = grastragende Fluh; Vorsprung am Uetliberg

Bernerstrasse — *von Bändlistrasse/ Hermetschloobrücke bis Grenze Schlieren*
D8　9　AT　1954　Benannt «in Berücksichtigung der engen Beziehungen zwischen Bern und Zürich»

Bernerstrasse-Nord — *von Hardturmstrasse 404 bis Bändlistrasse/Hermetschloobrücke*
F/G9　9　AT　1972　Siehe Bernerstrasse

Bernerstrasse-Süd — *von Hardturmstrasse 404 bis Bändlistrasse/Hermetschloobrücke*
F/H9　9　AT　1972　Siehe Bernerstrasse

Bernhard Jaeggi-Weg — *von Döltschiweg 59 bis Döltschiweg 135*
H/J14　3　WD　1945　Bernhard Jaeggi (1869-1944)
Bedeutender Führer der schweizerischen Genossenschaftsbewegung

Berninaplatz — *von Schaffhauser-/Bülachstrasse bis Dörfli-/ Berninastrasse*
O7　11　OE　1933　Siehe Berninastrasse

Berninastrasse — *von Winterthurerstrasse 281 bis Hofwiesenstrasse 291*
N/O7　11　OE　1933　Piz Bernina im Engadin (4052 m), bekannt durch J.C. Heers Roman «Der König der Bernina»

Bertastrasse — *von Badenerstrasse 244 bis Gutstrasse 2*
J13　3　WD　1895　Weiblicher Vorname

Besenrainstrasse — *von Tannenrauchstrasse 60 bis Morgentalstrasse 30*
L17/18　2　WO　1930　Flurname: Rain mit Gestrüpp, dessen Zweige zu Reisbesen verwendet wurden

Besenrainweg — *von Mutschellenstrasse 144 bis Tannenrauchstrasse 65*
L17/18　2　WO　1950　Fortsetzung der Besenrainstrasse

Beustweg — *von Zeltweg 57 bis Minervastrasse 26*
F4　7　HO　1934　Friedrich von Beust (1816–1899)
Pädagoge, Leiter der Beust-Schule an der Merkurstrasse

Planfeld	Kreis	Quartier	Jahr	Erläuterung

Biberlinsburgweg — *von Eschenhaustrasse bis Stöckentobelstrasse*
S14   7   HI   1997   Siehe Biberlinstrasse

Biberlinstrasse — *von Witikonerstrasse 43 bis Degenriedstrasse 135*
Q–R14   7   HI   1901   Führt zur Burgstelle der sogenannten «Biberlinsburg» im Stöckentobel

Biberlinweg — *von Degenriedstrasse 135 bis Sonnenberghölzliweg*
R14   7   HI   1997   Siehe Biberlinstrasse

Bienenstrasse — *von Norastrasse 30 bis Herdernstrasse 47*
J11   4   AS   1953   Zoologische Bezeichnung; Hinweis auf Bienenstände, die sich früher dort befanden

Billeterstrasse — *von Krähbühl-/Susenbergstrasse bis Zürichbergstrasse 124*
Q11/12   7   FL   1919   Robert Billeter (1857–1917)
Stadtpräsident von 1909 bis 1917

Billoweg — *von Seestrasse 220 bis Kappelistrasse 41*
M16   2   WO   1908   Name eines frühern Eigentümers des Eckhauses Kappelistr. 41

Billrothstrasse — *von Neumünsterallee 12 bis Forchstrasse 62*
P14   8   RB   1897   Christian Albert Theodor Billroth (1829–1894)
Deutscher Chirurg; Prof. für Chirurgie an der Universität von 1860 bis 1867

Billrothweg — *von Forchstrasse 67 bis Minervastrasse 136*
P14   7   HI   1903   Siehe Billrothstrasse

Binderweg — *von Zelghalde 44 bis Hürststrasse 56*
L5   11   AF   1948   Gottfried Binder (1872–1934)
Letzter Gemeindepräsident von Affoltern von 1919 bis 1933

Binzmühlestrasse — *von Thurgauerstrasse 39 bis Wehntalerstrasse 381*
L–O5   11   OE/SB/AF   1933   Binzmühle (schon 1212 erwähnt), Mühle an einem Bach mit Binsengewächs

Binzring — *von Grubenstrasse 42 bis Grubenstrasse 50*
J15   3   WD   1986   Siehe Binzstrasse

Binzstrasse — *von Haldenstrasse 19 bis Grubenstrasse*
J15–K14   3   WD   1928   Flurname: nasses, mit Binsen bewachsenes Gelände

Planfeld	Kreis	Quartier	Jahr	Erläuterung

Binzwiesenstrasse
O/P7   11   OE   1929
von Berninastrasse 8 bis Regensbergstrasse 3
Flurname: feuchte, mit Binsen bewachsene Wiesen oder Wiesen in der Nähe eines «Binz»

Bionstrasse
O11   6   OS   1912
von Spyristrasse 37 bis nördl. Landoltstrasse (Sackgasse)
Walter Bion (1830–1909)
Pfarrer; Gründer der Zürcher Ferienkolonien

Birchdörfli
M6   11   US/OE   1935
von Oberwiesenstrasse 40 bis Oberwiesenstrasse 8
Siedlung im «Birch»; vgl. Birchstrasse

Bircher-Benner-Platz
Q12   7   HO   1971
von Hof-/Keltenstrasse bis Schneckenmannstrasse
Maximilian Oscar Bircher (1867–1939)
Arzt; Begründer einer neuen Heilmethode für Ernährungskrankheiten (Rohkost, Birchermüesli)

Birchplatz
M/N6   11   OE   1970
von Regensbergstrasse bis Birchstrasse
Siehe Birchstrasse

Birchsteg
M7   11   OE   1933
von Hofwiesenstrasse 265 bis Birchstrasse 80
Siehe Birchstrasse

Birchstrasse
M7–N3   6+11   US/OE/SB   1901
von Wehntalerstrasse 118 bis Grenze Rümlang
Flurname: «Im Birch» (1441): Birkenwäldchen

Birkenweg
G5   10   HG   1997
von Martinsrütistrasse bis Sonderistrasse
Botanische Bezeichnung

Birmensdorferstrasse
D–K13   3+4+9   AS/WD/AR   1880
von Zweierplatz bis Grenze Uitikon
Landstrasse nach Birmensdorf

Birnbaumstrasse
O6   11   OE   1927
von Wallisellenstrasse 11 bis Siewerdtstrasse 25
Botanische Bezeichnung

Bläsistrasse
H7   10   HG   1918
von Meierhofplatz bis Lebriststrasse/Am Hönggerberg
Flurname: «Im Bläsi»: Bläsi mundartlich für Blasius; einst ein Grundbesitz des Klosters St. Blasien im Schwarzwald

Blauäcker
R7   12   SW   1957
von Saatlenstrasse 14 bis Aprikosenstrasse 12
Flurname «Blawächer» (1525): nach dem blaugrauen Lehmboden

Planfeld	Kreis	Quartier	Jahr	Erläuterung

Blaufahnenstrasse   *von Obere Zäune 5 bis westl. Sackgasse*
D3   1   RL   1898   Haus zum «Blauen Fahnen», Münstergasse 4, 1952 durch einen Neubau ersetzt

Blaumeisliweg   *von Drusbergstrasse 61 bis Drusbergstrasse 115*
S16   7   HI   1938   Zoologische Bezeichnung; Vogel

Bleicherweg   *von Paradeplatz 4 bis See-/Alfred Escher-Strasse*
A4/5   1+2   LL/EN   Hier befanden sich seit dem Mittelalter die städtischen Leinwand-Bleichen.

Bleulerstrasse   *von Lenggstrasse 24 bis Grenze Zollikon*
Q/R17   8   RB   1903   Hans Konrad Bleuler im «Neuenhof» (1808-1886) Gemeindepräsident von Riesbach von 1838 bis 1861, Verfasser einer Chronik von Neumünster

Blumenfeldstrasse   *von Wehntalerstrasse 586 bis Katzenseestrasse 15*
H4   11   AF   1933   Frei gewählter Name

Blumenweg   *von Mittelstrasse 6 bis Seefeldstrasse 108*
O15   8   RB   1911   Einst in Nähe einer blumenreichen Wiese

Blümlisalpstrasse   *von Winterthurerstrasse 16 bis Letzistrasse 45*
O10   6   OS   1909   Gebirgsgruppe im Berner Oberland (3669 m)

Bluntschlisteig   *von Grütlistrasse 36 bis Bürglistrasse 19*
L/M14   2   EN   1894   Friedrich Bluntschli (1842–1930) Prof. für Architektur an der ETH von 1881 bis 1914; Erbauer der Kirche Enge

Blütenstrasse   *von Schaffhauserstrasse 273 bis Oerlikonerstrasse 75*
O7   11   OE   1933   Botanische Bezeichnung

Bockhornstrasse   *von Altstetterstrasse 324 bis nordwestl. Greblerweg (Sackgasse)*
E/F12   9   AR   1951   Altes, seit dem 15. Jahrhundert in Albisrieden ansässiges Geschlecht

Bocklerstrasse   *von Winterthurerstrasse 508 bis Hubenstrasse*
Q7   12   SW   1886   Flurname «uff dem Bockler» (1415), wohl ursprünglich Buckler: Grundstück an einem Buck (Anhöhe)

Planfeld	Kreis	Quartier	Jahr	Erläuterung

Böcklinstrasse
P14 7 HO/HI 1898
von Eidmattstrasse 32 bis Hegibachstrasse 23
Arnold Böcklin (1827–1901)
Basler Kunstmaler, arbeitete von 1885 bis 1892 in seinem Atelier an der heutigen Böcklinstrasse 17

Bodenacker
J3/4 11 AF 1935
von Fronwaldweg bis Stöckenackerstrasse 26
Flurname: Acker in tiefer Lage

Bodmerstrasse
A5 2 EN 1893
von Genferstrasse 27 bis Alfred Escher-Strasse 9
Johann Jakob Bodmer (1698–1783)
Förderer der Dichtkunst, Literaturkritiker und vaterländischer Erzieher. Wurde von Klopstock, Goethe und anderen Prominenten seiner Zeit in seinem Haus an der heutigen Schönberggasse 15 besucht.

Bogenweg
V/W15 7 WT 1988
von Oetlisbergstrasse bis Oetlisbergweg
Nach dem Verlauf des Weges am Oetlisberg

Bolistrasse
J14 3 WD 1925
von Borrweg 52 bis Friesenbergstrasse 193
Jakob Boli, Vater (1817–1870), und Johann Heinrich Boli, Sohn (1839-1901)
Gemeindepräsidenten von Wiedikon

Bolleystrasse
O11 6 OS 1896
von Universitätstrasse 65 bis Schmelzbergstrasse 26
Pompejus Alexander Bolley (1812–1870)
Prof. für Chemie an der ETH von 1855 bis 1870

Bombachhalde
E/F7 10 HG 1958
von Limmattalstrasse 400 bis Langfachweg
Abgeleitet vom Flur- und Bachnamen Bombach

Bombachsteig
G7 10 HG 1939
von Limmattalstrasse 292 bis Imbisbühlstrasse 67
Siehe Bombachstrasse

Bombachstrasse
F7 10 HG 1939
von Imbisbühlstrasse 101 bis Wildenweg
Landgut «Bombach», Limmattalstrasse 245. – Flurname wohl eher von «Baum-Bach» abgeleitet als vom Personennamen Bumach, der um 1388 in Höngg erwähnt wird, umgedeutet.

Borrweg
H15-J14 3 WD 1898
von Bühlstrasse/Agnes Robmann-Weg bis Zielweg 69
Bor- oder Burweg, verkürzt aus Burgweg (1520), dem Zugang zur Burg Friesenberg

Ateliergebäude des Kunstmalers Arnold Böcklin (1827–1901) Böcklinstrasse 17.

Alte Börse, Bahnhofstrasse 3, 1877 von den Architekten Albert Müller und Caspar Conrad Ulrich erbaut.

Planfeld	Kreis	Quartier	Jahr	Erläuterung

Börsenstrasse
C4　　1　　LL　　　　1877

von Stadthausquai 7 bis Dreikönigbrücke
Das 1877 erstellte Gebäude Börsenstrasse 21 diente bis 1930 als Börse

Brahmsstrasse
H12　　3　　WD　　　1933

von Albisriederstrasse 30 bis Letzigraben 77
Johannes Brahms (1833–1897)
Deutscher Komponist, der wiederholt in Zürich weilte

Brandbachweg
R9　　12　　OS　　　1993

von Ziegelhüttenstrasse bis Streitholzstrasse
Bachname, «Brand» = gerodetes Gebiet

Brandholzstrasse
R9　　12　　OS　　　1993

von Zooweg bis nordwestl. Brandbachweg (Sackgasse)
Flurname

Brandschenkesteig
L14　　2　　EN　　　1910

von Brandschenkestrasse 6 bis Brandschenkestrasse 125
Siehe Brandschenkestrasse

Brandschenkestrasse
A4,　　1+2　LL/EN　1790
L14–M13

von Selnaubrücke/Am Schanzengraben bis Bederstrasse 94
Landgüter «Brandschenke» heute zum grössten Teil überbaut, und Flurname, gebildet vom Namen des Zürcher Goldschmiedes Johann Brentschink (urspr. Übername wegen eines Brandmals am Schenkel), der um 1341 hier ein Rebgut erwarb. Name später umgedeutet (1460: «uff dem Brentschink», «in der Brandschinki», «im Brendschenk»).

Brandweg
D14–E15　9　　AR　　1956

von Rietweg bis Grenze Uitikon
Flurname: Vermutlich wurden die dem heute «Brand» genannten Wald benachbarten Grundstücke durch Niederbrennen des geringwertigen Holzes (Stauden, Gebüsche) urbar gemacht.

Brauerstrasse
L12　　4　　AS　　　1869

von Kanonengasse bis Hohlstrasse 122
In den 1864/66 erbauten Gebäuden Brauerstrasse 26/32 befand sich die «Bavaria Brauerei», Inbetriebnahme 1864, Schliessung 1904.

Breitenackerstrasse
D14–E13　9　　AR　　1956

von Hohensteinstrasse bis Arthur Rohn-Strasse/Feldenmossstrasse
Waldname: ein an «breite» Äcker stossendes Waldstück oder wieder aufgeforstetes Ackerland

Planfeld	Kreis	Quartier	Jahr	Erläuterung

Breitenlooweg
F/G14   9   AR   1939
von Altstetterstrasse 273 bis südöstl. Sackgasse
«Breitenloobach» beim Letzigraben; «Loh» (häufig «Loo» geschrieben) = lichtes Gehölz, das als Weide diente

Breitensteinstrasse
K9   10   WP   1893
von Wipkingerplatz bis Am Wasser
Häusergruppe «Im Breitenstein» (Nrn. 55–63), benannt nach einem Findling

Breitingerstrasse
M14   2   EN   1886
von Mythenquai 2 bis Seestrasse 49
Johann Jakob Breitinger (1701–1776)
Fruchtbarer Literaturkritiker, der gemeinsam mit J.J. Bodmer wesentlich zur Erneuerung der deutschen Literatur beitrug

Breitlooweg
F11/12   9   AR   1997
von Läufeweg bis Banzwiesenstrasse
Flurname: «Loh» (häufig «Loo» geschrieben) = lichtes Gehölz, das als Weide diente

Breitweg
R/S13   7   HO/HI   1933
von Degenried-/Biberlinstrasse bis Kurhausstrasse
Flurname: der «breite» Weg

Bremgartnerstrasse
K13   3   WD   1880
von Seebahnstrasse 109 bis Rotachstrasse 8
Bremgarten, Städtchen im benachbarten Aargau, Heimatort von Heinrich Bullinger

Brinerstrasse
K13   3   WD   1905
von Kehlhofstrasse 6 bis Schlossgasse 28
Name eines Anstössers

Bristenstrasse
F10   9   AT   1933
von Baslerstrasse 144 bis südl. und nördl. Sackgasse
Bristenstock im Kanton Uri (3074 m)

Brotgasse
O14   8   RB   1892
von Seefeldstrasse 35 bis Zimmergasse 5
Umbenennung aus Bäckergasse

Brown-Boveri-Strasse
M5   11   OE   1996
von Binzmühlestrasse bis Margrit Rainer-Strasse
ASEA Brown Boveri, ursprünglich Maschinenfabrik Oerlikon. Charles Eugen Lancelot Brown (1863–1924) und Walter Boveri (1865–1924), Ingenieure der MFO, machten sich 1891 selbständig und gründeten das Unternehmen Brown-Boveri & Cie. (BBC) in Baden. Die MFO fusionierte 1967 mit der BBC; diese ihrerseits verband sich 1988 mit der schwedischen ASEA zum ABB-Konzern mit Sitz in Oerlikon.

Planfeld	Kreis	Quartier	Jahr	Erläuterung
Bruchstrasse				*von Allmendstrasse 77 bis Grenze Adliswil*
K18–20	2	WO	1897	Führte zu einem Steinbruch
Brüderhofweg				*von Bucheggstrasse 155 bis Schürbungert 8*
N8	6	US	1935	Freie Neubildung nach dem überlieferten Flurnamen «Einsiedlerweg»
Bruderholzweg				*von Katzenschwanzstrasse bis westl. Sackgasse*
U14	7	WT	1956	Waldname: ein Waldstück, das einst zum benachbarten Bruderhaus im Nessental (Degenried) gehörte
Bruderwies				*von Frymannstrasse 17 bis Wegackerstrasse 43*
K19	2	LB	1938	Flurname: nach einem Bruderhaus, das sich im 14. und 15. Jahrhundert bei der St. Gilgenkapelle unterhalb der Burg Manegg befand
Bruderwiesweg				*von Leimbachstrasse 50 bis Bruderwies 31*
K19	2	LB	1938	Flurname: nach einem Bruderhaus, das sich im 14. und 15. Jahrhundert bei der St. Gilgenkapelle unterhalb der Burg Manegg befand
Bruggerweg				*von Wunderlistrasse 24 bis Corrodisteig*
L8	10	WP	1934	Hans Brugger (1871–1914) Wipkinger Volksdichter
Brugghölzliweg				*von Entlisberg-/Paradiesstrasse bis nordwestl. Sackgasse*
L19	2	WO	1956	Waldname: Wäldchen bei der Brücke über den Sihlkanal und die Sihl
Brüggliäcker				*von Riedgrabenweg 25 bis Schörlistrasse 30*
P7	12	SW	1944	Flurname: Äcker bei einem Brüggli über den Riedgraben
Brühlweg				*von Gsteigstrasse 9 bis Regensdorferstrasse 9*
H7	10	HG	1918	Flurname: «Brüel», wässerbares, ebenes Grasland in Dorfnähe, das auch als Weide diente und häufig Bestandteil des grundherrlichen Hofes war
Brunaubrücke				*von Allmend-/Kanalstrasse bis Allmend-/Brunaustrasse*
L16	2+3	EN	1893	Siehe Brunaustrasse

Planfeld	Kreis	Quartier	Jahr	Erläuterung

Brunaustrasse
L16　2　EN　1877
von Seestrasse 141 bis Allmendstrasse/Brunaubrücke
Flurname: «Brunnow» (1498), feuchter Talgrund mit Wasseraufstoss

Bruneggweg
L16　2　EN　1921
von Brunaustrasse 60 bis Rossbergstrasse 24
Frei gewählter Name; gebildet nach «Brunau»; siehe Brunaustrasse

Brunnackerweg
U15　7　WT　1933
von Berghaldenstrasse 72 bis Möcklistrasse 7
Acker bei einer Quelle

Brünneliacker
F13　9　AR　1946
von Schützenrain 18 bis Hagenbuchrain 34
Flurname: Acker bei einer kleinen Quelle

Brünneliweg
J3　11　AF　1933
von Im St. Blasienhof bis Katzenseestrasse 14
Frei gewählter Name

Brunnenhofstrasse
M8　6　US　1883
von Hofwiesenstrasse 158 bis Brunnenhofweg
Bauerngut zum «Fallenden Brunnen» Brunnenhofstrasse 39, 41, 1945 abgetragen. Röhrenbrunnen wurden – im Gegensatz zu Sodbrunnen – als «fallende» Brunnen bezeichnet.

Brunnenhofweg
M8　6　US　1930
von Grebelackerstrasse 8 bis Hofwiesenstrasse 168
Siehe Brunnenhofstrasse

Brunngasse
D2　1　RL　1242
von Hirschenplatz bis Zähringerplatz 11
Nach dem früher am nördlichen Ende stehenden «Zübelibrunnen»

Brunnwiesenstrasse
H8　10　HG　1932
von Kürbergstrasse 16 bis Bläsistrasse 2
Flurname: Wiesland mit Quellen

Brüttenweg
O4　11　SB　1938
von Schärenfeld 21 bis Schärenmoosstrasse 18
Hochgelegene, vom Glattal aus sichtbare Ortschaft südwestlich von Winterthur

Bubenbergstrasse
K15　3　WD　1894
von Giesshübelstrasse 40 bis Giesshübelstrasse 30
Adrian von Bubenberg (gest. 1479), Berner Schultheiss und tapferer Verteidiger Murtens gegen das Heer Karls des Kühnen 1476

Planfeld	Kreis	Quartier	Jahr	Erläuterung

Bucheggplatz
M8　　6　　WP　　1931　　*von Hofwiesen-/Bucheggstrasse bis Rötelstrasse*
Siehe Bucheggstrasse

Bucheggstrasse
M8　　6+10　　WP/US　　1927　　*von Rosengartenstrasse 40 bis Schaffhauserstrasse 163*
Flurname: Hügelvorsprung mit Buchen

Buchenbaumweg
C10–D11　9　　AT　　1999　　*von Rosshauweg bis Stadtgrenze Schlieren*
Botanische Bezeichnung

Buchenrainstrasse
U13　　7　　HO　　1956　　*von Katzenschwanzstrasse bis Loorenkopfstrasse*
Flurname: Rain = Abhang, mit Buchen bestockt

Buchenrainweg
D14–E13　9　　AR　　1997　　*von Albisriederstrasse bis SZU-Station Uitikon-Waldegg*
Siehe Buchenrainstrasse

Buchensteig
R15　　8　　RB　　1903　　*von Forchstrasse 270 bis Buchenweg*
Botanische Bezeichnung

Buchenweg
R15　　8　　RB　　1895　　*von Weinegg-/Kartausstrasse bis Russenweg 20*
Botanische Bezeichnung

Buchfinkenstrasse
O5　　11　　SB　　1932　　*von Grünhaldenstrasse 26 bis Kosakenweg 4*
Zoologische Bezeichnung; Vogel

Buchhölzlistrasse
P9　　6　　OS　　1997　　*von Peterstobelstrasse bis Massholderweg*
Flurname: «Hölzli» = Wald, von Buchen bewachsen

Buchhölzliweg
P9　　6　　OS　　1997　　*von Peterstobelstrasse bis Buchhölzlistrasse*
Siehe Buchhölzlistrasse

Buchholzrain
N3　　11　　SB　　1958　　*von Rümlangstrasse 19 bis Glattalstrasse 99*
Flurname: Ableitung von Waldname

Buchholzstrasse
S/T15　　7　　WT　　1964　　*von Buchzelgstrasse 21 bis Buchzelgstrasse 102*
Waldname

Buchlernstrasse
E11　　9　　AT　　1906　　*von Zwischenbächen 26 bis Sportanlage Buchlern*
Flurname: «Buechleren» oder» Bueecheren» = Sammelbezeichnung zum Baumnamen Buche

Buchmattweg
N8/9　　6　　US　　1930　　*von Schaffhauserstrasse 121 bis Langackerstrasse 11*
Flurname: Wiese bei einem Buchengehölz

Planfeld	Kreis	Quartier	Jahr	Erläuterung

Büchnerstrasse   *von Spyristrasse 23 bis Rigistrasse 28*
O11   6   OS   1906   Georg Büchner (1813–1837)
Aus Darmstadt stammender Dramatiker («Woyzzek»); Dozent für Chirurgie an der Universität. Sein Grab befindet sich auf dem Germaniahügel.

Buchwiesen   *von Rümlangstrasse 19 bis Birchstrasse 579*
N3   11   SB   1946   Flurname: Wiesen bei einem Buchenwäldchen oder einer Buche

Buchzelgstrasse   *von Witikonerstrasse 275 bis Witikonerstrasse 391*
T15   7   WT   1934   Flurname: Zelg bei einer Buche oder einem Buchenwäldchen

Buchzelgweg   *von Luegete 18 bis Buchholzstrasse 7*
S15   7   WT   1964   Flurname: Zelg bei einer Buche oder einem Buchenwäldchen

Buckhauserstrasse   *von Baslerstrasse 101 bis Flurstrasse 62*
G10/11   9   AT   1900   Flurname «Bockhuser» (1544), «Bockhüserli» (1600): Grundstück beim Haus am Buck (Hügel, Bodenerhebung)

Bühleggweg   *von Eisfeldstrasse 22 bis Stoffelstrasse*
O5   11   SB   1933   Flurname: Vorsprung am Bühl, mundartlich «Büel»

Bühlholzweg   *von Entlisbergweg bis Entlisbergweg*
L20   2   WO   1956   Frei gewählter Name

Bühlstrasse   *von Zweierstrasse/Schlossgasse bis Borrweg/Agnes Robmann-Weg*
K14   3   WD   1880   Flurname: «Büel», Anhöhe, Hügel

Bühlwiesenstrasse   *von Schaffhauserstrasse 448 bis Eisfeldstrasse 22*
O5   11   SB   1932   Flurname: Wiesen am Hügelhang

Buhnrain   *von Seebacherstrasse 63 bis Eigenwasenstrasse*
N4   11   SB   1932   Siehe Buhnstrasse

Buhnstrasse   *von Buhnrain 26 bis Seebacherstrasse 77*
N4   11   SB   1911   Flurname «Buen»: erhöhte Fläche

Planfeld	Kreis	Quartier	Jahr	Erläuterung
Bührlestrasse				*von Gertrud Kurz-Weg bis Binzmühlestrasse*
M6	11	OE	1996	Werkzeugmaschinenfabrik Oerlikon-Bührle; Emil Georg Bührle (1890–1956), deutscher Maschinenindustrieller, übernahm 1924 die seit 1909 von der MFO abgetrennte Werkzeugmaschinenfabrik Oerlikon; grosser Kunstsammler (Sammlung Emil Bührle an der Zollikerstrasse).
Bülachstrasse				*von Winterthurerstrasse 247 bis Berninaplatz*
O7/8	11	US/OE	1938	Stadt und Bezirkshauptort im Zürcher Unterland
Bullingerhof				*von Bullinger-/Hardstrasse bis Agnes-/Zypressenstrasse*
J11–K12	4	AS	1930	Siehe Bullingerstrasse
Bullingerplatz				*von Sihlfeld-/Zypressenstrasse bis Bullinger-/Stauffacherstrasse*
K11	4	AS	1922	Siehe Bullingerstrasse
Bullingerstrasse				*von Bullingerplatz bis Herdernstrasse 56*
J11	4	AS	1954	Heinrich Bullinger (1504-1575) Nach Zwinglis Tod Leiter der Zürcher Kirche, tatkräftiger Beschützer bedrängter Glaubensgenossen. Denkmal von Bänninger am Grossmünster.
Bungertweg				*von Dolderstrasse 39 bis Hofstrasse 56*
P13	7	HO	1916	«Bungert» mundartlich für Baumgarten
Burenweg				*von Wehrenbachhalde 18 bis Waserstrasse 66*
S15	7	HI	1903	Vermutlich zu Ehren der Buren in Südafrika, die damals im Abwehrkampf gegen Grossbritannien standen
Burgdorferweg				*von Püntstrasse 15 bis In der Wässeri 20*
F12	9	AR	1986	Burgdorf im Emmental; frei gewählte Benennung zur Erinnerung an den Besuch der Burgdorfer Behörden in Albisrieden 1986
Bürglistrasse				*von Bederstrasse 49 bis Schulhausstrasse 30*
L15	2	EN	1910	Haus zum «Bürgli» (Nr. 18), erbaut 1834 an Stelle eines schon 1525 erwähnten Bauernhauses, das wegen seines turmartigen Mittelbaus «Bürgli» benannt wurde
Burgsteig				*von Hönggerstrasse 22 bis Habsburgstrasse 17*
L9	10	WP	1894	Siehe Burgstrasse

Planfeld	Kreis	Quartier	Jahr	Erläuterung

Burgstrasse
L9　　10　　WP　　1887
von Dammstrasse 1 bis Leutholdstrasse 6
Flurname (1592): vermutlich Hinweis auf eine Burg oder altes Gemäuer

Burgweg
P15　　8　　RB　　1881
von Höschgasse 95 bis Weineggstrasse 24
Führt zum «Burghölzli»-Hügel

Bürkliplatz
C5　　1　　LL　　1908
von Quaibrücke/Stadthausquai bis General Guisan-Quai/ Bahnhofstrasse
Arnold Bürkli (1833–1894)
Stadtingenieur und Erbauer der Quaianlagen. Gedenkstein in der Anlage am heutigen General Guisan-Quai.

Burriweg
P6　　12　　SW　　1945
von Riedgrabenweg 57 bis Tramstrasse 190
Hans Jakob Burri (1728–1800)
Wirkte während 46 Jahren als Schulmeister in Schwamendingen. Er erfreute sich allgemeiner Beliebtheit und des Rufes grosser Tüchtigkeit.

Burstwiesenstrasse
H13　　3　　WD　　1954
von Gutstrasse 7 bis Schaufelbergerstrasse 67
Flurname: Wiese mit borstigem Sumpfgras

Buschbergsteig
S/T11　　7　　HO　　1997
von Tobelhofstrasse bis Hauerweg
Siehe Buschbergstrasse

Buschbergstrasse
S12–T11　7　　HO　　1956
von Alte Gockhauserstrasse bis Hauerweg
Waldname: Waldstück mit starkem Unterholz

Büsiseeweg
H–K2　　11　　AF　　1996
von Horensteinstrasse bis Affolternstrasse (Gde. Rümlang)
Name des benachbarten Sees; «Katzensee» verniedlicht zu «Büsisee» (= Name des Autobahn-Rastplatzes)

Butzenstrasse
K19–L18　2　　WO　　1893
von Albisstrasse 73 bis Maneggbrücke/Allmendstrasse
Flurname: «uff dem Butz(en)» (1511) = Feldflur mit Pfahl und aufgestecktem Strohwisch als Verbotzeichen oder mit Vogelscheuche

Cäcilienstrasse
F3　　7　　HO　　1896
von nordwestl. von Steinwiesstrasse 31 bis Hottingerplatz
Weiblicher Vorname; Märtyrerin, die als Patronin der Kirchenmusik gilt

Calandastrasse
F/G10　　9　　AT　　1933
von Luggwegstrasse 36 bis Saumackerstrasse 25
Gebirgsmassiv im Churer Rheintal (2808 m)

Planfeld	Kreis	Quartier	Jahr	Erläuterung

Campanellaweg | | | | *von Badenerstrasse 531 bis Edelweissstrasse*
H11　　9　　AT　　1933　Campanella = italienische Namensform für Glockenblume

Carl Schröter-Strasse — *von Oberer Heuelsteig 14 bis Dienerhölzliweg*
Q13–R14　7　　HO　　1940　Carl Schröter (1855–1939)
Prof. für Botanik an der ETH von 1878 bis 1926 ; Erforscher der Alpenflora, Pionier der Pflanzengeographie und Vorkämpfer für den Naturschutzgedanken

Carl Spitteler-Strasse — *von Witikonerstrasse 316 bis Wiesliacher 91*
T15　　7　　WT　　1950　Carl Spitteler (1845–1924)
Von Liestal, bedeutender Epiker, Feuilleton-Redaktor an der NZZ von 1890 bis 1892; Nobelpreis für Literatur 1920

Carl Wehrli-Weg — *von Kurhausstrasse 18 bis Kunsteisbahn Dolder*
R12　　7　　HO　　1967　Carl Wehrli-Thielen (1874–1948), Bankier, Verwaltungsratspräsident der Dolderbahn

Carmenstrasse — *von Dolderstrasse 60 bis Hölderlinstrasse 14*
P13　　7　　HO　　1895　Weiblicher Vorname; bekannte Oper von Bizet

Caroline Farner-Weg — *von Hohe Promenade bis Schanzengasse*
E3　　1　　RL　　1999　Caroline Farner (1842–1913)
Zweite Schweizer Ärztin und und erste Frau, die als Allgemeinmedizinerin praktizierte. Wohnte zusammen mit ihrer Lebenspartnerin Anna Pfrunder in der Villa Ehrenberg an der (damaligen) Rämistrasse 26

Caspar Wüst-Strasse — *von Leimgrübelstrasse 14 bis Rümlangstrasse 82*
N2/3　　11　　SB　　1957　Caspar Wüst (1856–1916)
Gemeindepräsident von Seebach von 1883 bis 1911

Central — *von Limmatquai/Seilergraben bis Bahnhofbrücke /Weinbergstrasse*
D1　　1　　RL　　1950　Die Bezeichnung «Central» (nach dem gleichnamigen Hotel) für den Leonhardsplatz wurde 1950 offiziell anerkannt.

Ceresstrasse — *von Seefeldstrasse 167 bis Mühlebachstrasse 174*
P15/16　　8　　RB　　1910　Römische Göttin des Ackerbaus

Chaletweg — *von Oberwiesenstrasse 64 bis Binzmühlestrasse 180*
M6　　11　　OE　　1926　Hinweis auf die hier erstellten Chalets (Holzhäuser)

Planfeld	Kreis	Quartier	Jahr	Erläuterung

Chämmetenweg   *von Tobelhofstrasse bis Stadtgrenze Dübendorf*
T10/11   7   HO   1999   Flurname: in der Nähe befindet sich der «Chämmeten» genannte Bauernhof

Chelleweg   *von Segetenweg 39 bis Trichtenhausenstrasse 144*
U16   7   WT   1980   Flurname: 1528 Köllenacher, chel = Rinne, auch Schlucht, Ackerland oberhalb des Wehrenbachtobels

Chillesteig   *von Am Wasser 152 bis Ackersteinstrasse 203*
G/H8   10   HG   1932   Weg zur Kirche, mundartlich «Chille»

Chorgasse   *von Neumarkt 29 bis Mühlegasse 31*
D/E2   1   RL   1877   Liegt hinter dem Chor der Predigerkirche

Chorherrenweg   *von Bauherrenstrasse 56 bis Chillesteig*
H8   10   HG   1932   Das Chorherrenstift Grossmünster besass in der Nähe Güter

Chriesiweg   *von Schlierenberg bis Schulhaus Chriesiweg*
E10   9   AT   1933   Botanische Bezeichnung: Mundartform für Kirsche

Chutzenstrasse   *von Dreiwiesenstrasse bis Katzenschwanzstrasse*
T12   7   HO   1957   «Chutz», mundartl. für Kauz, Nachteule

Claridenstrasse   *von General Guisan-Quai bis Bleicherweg 18*
B4/5   2   EN   1877   Gebirgsgruppe in den Glarner- und Urneralpen

Clausiussteig   *von Clausiusstrasse 38 bis Sonneggstrasse 23*
O11/12   6   OS   1906   Siehe Clausiusstrasse

Clausiusstrasse   *von Tannenstrasse 3 bis Sumatrastrasse 39*
E1, O11/126   OS   1895   Rudolf Clausius (1822–1888)
Begründer der mechanischen Wärmelehre; Prof. für Physik an der ETH und an der Universität von 1855 bis 1867

Conrad Ferdinand Meyer-Strasse   *von Alfred Escher-Strasse 88 bis Seestrasse 119*
M15   2   EN   1926   Conrad Ferdinand Meyer (1825–1898)
Zürcher Lyriker und Verfasser historischer Novellen

Cordelia Guggenheim-Weg   *von Hagenholzstrasse 91 bis nördl. Sackgasse*
P5   11   OE   1996   Cordelia Guggenheim (1935–1963)
Ansagerin und Moderatorin beim Schweizer Fernsehen von 1957 bis 1963

Planfeld	Kreis	Quartier	Jahr	Erläuterung

Corrodisteig | | | | *von Lehenstrasse 36 bis Wibichstrasse 77*
L8/9   10   WP   1934   Siehe Corrodistrasse

Corrodistrasse | | | | *von Zschokkestrasse 20 bis Lehenstrasse 36*
L8/9   10   WP   1898   August Corrodi (1826–1885)
Maler, Mundartdichter und Jugendschriftsteller

Cramerstrasse | | | | *von Zweierstrasse /Grüngasse bis Badenerstrasse 85*
L12/13   4   AS   1880   Name des Bauherrn

Culmannstrasse | | | | *von Sonneggstrasse 16 bis Universitätstrasse 101*
O11/12   6   OS   1892   Karl Culmann (1821–1881)
Mathematiker und Brückenbau-Ingenieur; Prof. für Ingenieurwissenschaften an der ETH von 1855 bis 1881

Cyklamenweg | | | | *von Badenerstrasse 541 bis Edelweissstrasse*
H11   9   AT   1933   Botanische Bezeichnung: wissenschaftl. Name für Alpenveilchen

Dachslernstrasse | | | | *von Feldblumenstrasse 14 bis westl. Am Suteracher (Sackgasse)*
D9–F10   9   AT   1933   Flurname: urspr. «Dachsneren» = Dachsbau

Dachslernweg | | | | *von Spirgartenstrasse 12 bis Feldblumenstrasse 11*
F10   9   AT   1937   Siehe Dachslernstrasse

Dachsschleife | | | | *von Im Rehsprung (Oberer Spielplatz) bis Im Rehsprung (Rondell)*
L7   10   WP   1936   Frei gewählter Name: Holzbahn an einem Waldhang, wo Dachse beobachtet wurden

Dahliastrasse | | | | *von Dufourstrasse 134 bis Seefeldstrasse 129*
O/P15   8   RB   1876   Eckhaus Seefeldstrasse 136 zur «Dahlia», 1853 erbaut, 1945 abgetragen

Damhirschweg | | | | *von Im Rehsprung (Unterer Spielplatz) bis Im Rehsprung (Waid)*
L8   10   WP   1997   benannt nach dem in der Nähe gelegenen Damhirsch-Gehege

Dammsteg | | | | *von Sihlquai bis Hönggerstrasse 3*
L10   10   WP   1926   Siehe Dammstrasse

Planfeld	Kreis	Quartier	Jahr	Erläuterung

Dammstrasse
L9   10   WP   1886
von Hönggerstrasse 2 bis Nordbrücke
Lage beim Bahndamm

Dammweg
L10   5   IN   1926
von Sihlquai bis Limmatstrasse 260
Siehe Dammstrasse

Dangelstrasse
L19   2   WO   1951
von Paradiesstrasse 5 bis Dangelweg
Flurname: «Dangelhölzli» (1636), benannt nach einem Besitzer mit dem Vornamen Daniel, mundartlich «Dangel»

Dangelweg
L20   2   WO   1896
von Albisstrasse 176 bis Grenzwiesweg
Siehe Dangelstrasse

David Hess-Weg
M19   2   WO   1949
von Widmerstrasse 87 bis Erligatterweg 23
David Hess (1770–1843)
Schriftsteller, Verfasser der «Badenfahrt» und einer Biographie von Landvogt Salomon Landolt

Degenriedstrasse
R13   7   HO/HI   1930
von Kurhausstrasse bis Biberlin-/Degenriedstrasse
Flurname: vermutlich abgeleitet vom Namen eines Grundeigentümers; der Familienname «Tegan» im 14. Jahrhundert in der Nachbarschaft ist belegt; Tegan, Degen = Kämpfer, Held

Delphinstrasse
14   8   RB   1881
von Kreuzstrasse 54 bis Ottenweg 3
Haus zum «Delphin»

Dennlerstrasse
G/H11   9   AR/AT   1900
von Badenerstrasse 543 bis Albisriederstrasse 226
Name eines Anstössers

Denzlerstrasse
J12   4   AS   1912
von Agnesstrasse 33 bis Badenerstrasse 324
Konrad Denzler (1844–1897)
Pfarrer in Aussersihl von 1883 bis 1897

Denzlerweg
G16   3   WD   1997
von Kolbenhof bis Uto-Kulm
Felix Denzler (1863–1917)
Bäckermeister an der Augustinergasse 46; bestieg den Uetliberg über 4000 Mal und soll persönlich jeden Tag die Gaststätten auf dem Uetliberg mit frischem Gebäck beliefert haben.

Zürich um 1860. Ausblick von der Dammstrasse/Habsburgstrasse nach Süden. Kol. Stich von J.B. Jsenring.

Generalplan der Gemeinden Aussersihl und Wiedikon, gezeichnet von Johann Rudolf Dietzinger (1770–1847), Kantonsgeometer

Planfeld	Kreis	Quartier	Jahr	Erläuterung

Dianastrasse *von Stockerstrasse 57 bis Tödistrasse 57*
A4   2   EN   1895   Römische Göttin des Lichts, Schützerin der Fruchtbarkeit und Herrin der Jagd

Dienerhölzliweg *von Degenriedstrasse bis Carl Schröter-Strasse*
R13   7   HI/HO   1997   Wald, benannt wohl nach der seit 1816 in Hottingen ansässigen Familie Diener (Baufirma)

Dienerstrasse *von Kanonengasse 9 bis Feldstrasse 121*
L11/12   4   AS   1869   Bauherr der 1863/64 erbauten Häuser Nrn. 29 bis 37

Dietzingerstrasse *von Aegertenstrasse 44 bis Zurlindenstrasse 49*
K/L13   3   WD   1932   Johann Rudolf Dietzinger (1770–1847)
Von Wädenswil, Geometer; er zeichnete einen grossen Plan von Wiedikon.

Diggelmannstrasse *von Bockhornstrasse 7 bis Untermoosstrasse 29*
F12   9   AR   1951   Ältere Familie von Albisrieden

Distelweg *von Algierstrasse 20 bis Zwischenbächen 116*
E11   9   AT   1939   Botanische Bezeichnung

Dohlenweg *von Grünhaldenstrasse 19 bis Bühlwiesenstrasse 20*
O5   11   SB   1932   Zoologische Bezeichnung: Vogel

Doktor Faust-Gasse *von Künstlergasse 10 bis Schönberggasse 15*
E2   1   RL   1936   Dr. Faust (um 1480–1540)
Deutscher Schwarzkünstler. Sein Leben schildert legendenhaft das 1587 erschienene «Volksbuch», das den Stoff für zahlreiche dichterische Bearbeitungen – am bekanntesten sind diejenigen von Marlowe (1589) und von Goethe – lieferte

Dolderstrasse *von Baschligplatz bis Kurhausstrasse 18*
P/Q13   7   HO   1881   Quartierbezeichnung, urspr. Hausname (Dolderstr. 95); Dolder = Baumwipfel

Doldertal *von Bergstrasse bis Wolfbachtobelweg*
Q13   7   HO   1913   Tälchen des Wolfbachs im Dolderquartier

Planfeld	Kreis	Quartier	Jahr	Erläuterung

Döltschihalde   *von Döltschiweg 190 bis nordwestl. Sackgasse*
G/H14   3   WD   1965   «Döltschigut», urspr. Töltschen; Töltschi ist verkleinerte Ableitung zu dem im 14. Jahrhundert erwähnten Familiennamen Töltz, wie Fritschi von Fritz.

Döltschiweg   *von Friesenbergstrasse/Höfliweg bis Panoramaweg*
H/J14   3   WD   1898   Siehe Döltschihalde

Dorfbachweg   *von Limmattalstrasse 200 bis Schärrergasse*
H7   10   HG   1932   Der Höngger Dorfbach floss vom Moos durch das «Dorf» und die Mühlehalde in die Limmat.

Dorflindenstrasse   *von Schwamendingenstrasse 26 bis Tramstrasse 30*
O6/7   11   OE   1933   Haus «Dörflilinde», heute unter Denkmalschutz

Dörflistrasse   *von Berninaplatz bis Schaffhauserstrasse 363*
O6/7   11   OE   1926   Der Gemeindeteil «Dörfli» war der ursprüngliche Mittelpunkt von Oerlikon.

Dorfstrasse   *von Rosengartenstrasse 4 bis Hönggerstrasse 115*
K/L9   10   WP   1890   Längs der früher bis zur Wipkingerbrücke reichenden Dorfstrasse lag der Dorfkern von Wipkingen.

Drahtschmidlisteg   *von Platzpromenade bis Drahtschmidlisteig*
N11   1+6   1893   Häusergruppe zum «Drahtschmidli», Wasserwerkstrasse 17/19, 1425 als «Thratschmit» erwähnt

Drahtschmidlisteig   *von Drahtschmidlisteg bis Wasserwerkstrasse 17*
N11   6   US   1894   Siehe Drahtschmidlisteg

Drahtzugstrasse   *von Hegibachplatz bis südöstl. Hammerstrasse*
P15   7   HI   1869   Häusergruppe zum «Drahtzug» oder «Untere Hammerschmitte», 1747 als Drahtschmiede, vorher als Hammerschmiede erwähnt

Drehergasse   *von Feldeggstrasse 95 bis westl. Sackgasse*
O/P14   8   RB   1881   Beruf eines Anwohners

Dreikönigbrücke   *von Dreikönigstrasse 7 bis Börsenstrasse 27*
B/C4   1+2   LL   1897   Siehe Dreikönigstrasse

Planfeld	Kreis	Quartier	Jahr	Erläuterung

Dreikönigstrasse | | | | *von Dreikönigbrücke bis Alfred Escher-Strasse 5*
B4/5   2   EN   1877   Nach der Dreikönigenkapelle an der Seestrasse wurde die Gemeinde Enge ursprünglich als «Wacht zu den Drei Königen» bezeichnet.

Dreispitz   *von Saatlenstrasse 240 bis Saatlenstrasse 110 /Wallisellenstrasse 473*
Q6   12   SW   1945   Form der Siedlung «Im Dreispitz»

Dreiwiesenstrasse   *von Zürichberg-/Krähbühlstrasse bis Katzenschwanz / Adlisbergstrasse*
R11–T12   7   HO   1881   Flurname: drei zusammenstossende Wiesen

Drosselstrasse   *von Butzenstrasse 35 bis Frohalpstrasse 45*
L18   2   WO   1911   Zoologische Bezeichnung: Vogel

Drusbergstrasse   *von Witikonerstrasse 221 bis Witikonerstrasse 264*
S15   7   HI   1931   Berg im Quellgebiet der Sihl (2283 m)

Dübendorfstrasse   *von Winterthurerstrasse 539 bis Grenze Dübendorf (Bahnhof Stettbach)*
R/S7   12   SW   1933   Landstrasse nach Dübendorf und dem Zürcher Oberland

Dubsstrasse   *von Zurlindenstrasse 9 bis Steinstrasse 37*
K/L14   3   WD   1894   Jakob Dubs (1822–1879)
Von Affoltern a.A.; Staatsmann: Bundesrat von 1861 bis 1872, Bundesrichter von 1875 bis 1879. Denkmal auf dem Uetliberg

Dufourstrasse   *von Falkenstrasse 6 bis Bellerivestrasse 200*
O15   8   RB   1877   Guillaume-Henri Dufour (1787–1875)
von Genf; General im Sonderbundskrieg, Schöpfer der nach ihm benannten topographischen Karte der Schweiz

Dunantstrasse   *von Zürichbergstrasse 102 bis Finslerstrasse 3*
P/Q12   7   FL   1916   Henri Dunant (1828–1910)
von Genf; Gründer des Roten Kreuzes. Sein Grabmal befindet sich auf dem Friedhof Sihlfeld D.

Dunkelhölzlifussweg   *von Dunkelhölzliweg bis Hinterhagenweg*
L17–K18   2   WO   1997   Flurname

Planfeld	Kreis	Quartier	Jahr	Erläuterung

Dunkelhölzlistrasse
C/D10   9   AT   1956
von Hätzlergasse 9 bis Waldrand beim Schiessplatz
Flurname

Dunkelhölzliweg
L17/18   2   WO   1997
von Morgentalstrasse bis Dunkelhölzlifussweg
Flurname

Duttweilerbrücke
J10   4   IN   1972
von Hohlstrasse 365 bis Pfingstweidstrasse 85
Siehe Duttweilerstrasse

Duttweilerstrasse
J9/10   5   IN   1972
von Pfingstweidstrasse 85 bis Förrlibuckstrasse 109
Gottlieb Duttweiler (1888–1962)
National- und Ständerat, Gründer der Migros und des Landesringes der Unabhängigen

Dynamoweg
N5   11   OE   1937
von Binzmühlestrasse 82 bis Eggbühlstrasse 28
Dynamomaschinen zur Erzeugung elektrischen Stroms wurden seit 1884 in der Maschinenfabrik Oerlikon hergestellt.

Ebelstrasse
Q12   7   HO   1893
von Dolderstrasse 95 bis Hofstrasse 132
Johann Gottfried Ebel (1764–1830)
Schriftsteller, Politiker, Geologe

Edelweissstrasse
H11   9   AT   1933
von Letzigraben 26 bis Dennlerstrasse 15
Botanische Bezeichnung

Edenstrasse
L15   3   WD   1901
von Giesshübelstrasse 4 bis Lerchenstrasse
«Garten Eden» = Paradies; vermutlich Anspielung auf den damals benachbarten Friedhof Enge

Edisonstrasse
N6   11   OE   1933
von Franklinstrasse 9 bis Hofwiesenstrasse 369
Thomas Alva Edison (1847–1931)
Amerikan. Erfinder auf dem Gebiet der elektrischen Nachrichtenübertragung und Beleuchtung

Eduard Imhof-Strasse
M5   11   OE   1996
von Brown-Boveri-Strasse bis Robert Maillart-Strasse
Eduard Imhof (1895–1986)
Kartograph, Schöpfer wichtiger Kartenwerke. Dr. phil. h.c. der Universität, Prof. für Plan- und Kartenzeichnen, Topographie und Kartographie an der ETH von 1925 bis 1965.

Effingerstrasse
L16   2   EN   1930
von Mutschellenstrasse 18 bis Rieterstrasse 95
Ausgestorbene Zürcher Familie; Heinrich Effinger war 1435 Obervogt von Wollishofen.

Planfeld	Kreis	Quartier	Jahr	Erläuterung

Eggbühlstrasse
N5   11   SB   1946
von Schaffhauserstrasse 431 bis Ruedi Walter-Strasse
Flurname: vorspringendes Ende eines Hügelzuges

Eggenschwilerweg
N9   6   US   1925
von Langmauerstrasse 75 bis Im eisernen Zeit 42
Urs Eggenschwiler (1849–1923)
Bildhauer, der auf dem Milchbuck einen Tiergarten besass

Egglenweg
W/X15   7   WT   1988
von Kienastenwiesweg bis Weidstrasse (Gde. Maur)
Flurname Egglen: Ort, Stelle bei einem Egg, einem vorspringenden Teil eines Hügelzuges oder eines Geländeabsatzes

Eggpromenade
M18/19   2   WO   1979
von Eggweg 4 bis Widmer-/Seeblickstrasse
Flurname «Auf der Egg»: Hügelvorsprung

Eggweg
M18   2   WO   1894
von Kalchbühlstrasse 10 bis Kilchbergstrasse 34
Flurname «Auf der Egg»: Hügelvorsprung

Eglistrasse
J11   4   AS   1917
von Hohlstrasse 319 bis Eichbühlstrasse 43
Emil Egli (1848–1908)
Pfarrer in Aussersihl; Prof. für Kirchengeschichte an der Universität von 1893 bis 1908; Erforscher der schweizerischen Reformationsgeschichte

Eibenstrasse
K14   3   WD   1907
von Manessestrasse 128 bis Uetlibergstrasse 42
Botanische Bezeichnung: die Eibe ist ein am Üetliberg häufig vorkommender Nadelholzbaum

Eichacker
S8   12   SW   1946
von Probsteistrasse 135 bis Stettbachstrasse 141
Flurname: Acker in der Nähe einer Eiche oder eines Eichengehölzes

Eichbühlstrasse
J11   4   AS   1912
von Hardstrasse 91 bis Herdernstrasse 74
Gebildet nach dem Flurnamen «Eichbifang»: eingehegtes Grundstück bei einer Eiche

Eichenweg
D11   9   AT   1997
von Rosshauweg bis Hessenweidweg
Botanischer Name

Eichhalde
R15   7   HI   1937
von Witikonerstrasse 173 bis Sommerauweg 2
Flurname: mit Eichen bestandene Halde

Planfeld	Kreis	Quartier	Jahr	Erläuterung

Eichhaldenweg — *von Eichhalde 10 bis Stöckenhaldenweg*
R14/15 7 HI 1947 Siehe Eichhalde

Eichholzweg — *von Emil Klöti-Strasse/Am Hönggerberg bis Waidbadstrasse*
J7 10 HG 1918 Flurname: Eichenwäldchen am Käferberg

Eichhörnliweg — *von Rötelstrasse 150 bis Käferholzstrasse (Krematorium)*
L/M7 10 WP 1956 Frei gewählter Name: Wäldchen mit zahlreichen zutraulichen Eichhörnli

Eichrainstrasse — *von Glattalstrasse 100 bis südöstl. Sackgasse*
N/O3 11 SB 1930 Flurname: Rain längs des «Eich»-Waldes westlich von Glattbrugg

Eichstrasse — *von Manessestrasse 132 bis Uetlibergstrasse 53*
K14 3 WD 1889 Botanische Bezeichnung

Eidmattstrasse — *von Forchstrasse 30 bis Asylstrasse 100*
P14 7 HI/HO 1864 Name eines Landgutes Forchstrasse 17, abgebrochen 1904. Vielleicht erinnert der Name, der 1836 erstmals auftritt, trotz dieser späten Erwähnung daran, dass im Jahre 1489 die während des Waldmann-Handels wochenlang vor der Stadt lagernden Landleute vom See jeweils auf der Wiese beim Kreuz zu Verhandlungen zusammentraten und dort auch mit dem Abgeordneten der Stadt und den eidgenössischen Gesandten unterhandelten und die getroffenen Vereinbarungen eidlich bekräftigten.

Eierbrechtstrasse — *von Witikonerstrasse 172 bis Burenweg 35*
R15 7 HI 1868 Flurname: «Eyger Brech» (1570) = spöttische Bezeichnung für steilen Weg, wie Chnübrech oder Beinbrech

Eigenheimstrasse — *von Loogartenstrasse 2 bis Neeserweg 10*
E9/10 9 AT 1922 Bauherr: Genossenschaft Eigenheim

Eigenstrasse — *von Heimatstrasse bis Dufourstrasse 172*
P16 8 RB 1892 Bauherr: Genossenschaft Eigenheim

Eigenwasenstrasse — *von Buhnrain 30 bis Höhenring 62*
N4 11 SB 1932 Flurname: Wiese, die schon früh Privateigentum und nicht Lehenbesitz war

Planfeld	Kreis	Quartier	Jahr	Erläuterung

Einfangstrasse
J/K5 11 AF 1933
von Wehntalerstrasse 444 bis Fronwaldstrasse
Flurname «Ifang»: «eingefangenes», d.h. umzäuntes Grundstück

Einsteinbrücke
H6 10 HG 1973
von Emil Klöti-Strasse bis Einsteinstrasse
Siehe Einsteinstrasse

Einsteinstrasse
H/J6 10 HG 1973
von Einsteinbrücke bis östl. Sackgasse (ETH Hönggerberg)
Albert Einstein (1879–1973)
Deutscher Physiker, Prof. an der ETH von 1912 bis 1914, Begründer der Relativitätstheorie, Nobelpreis für Physik 1921; Bürger von Zürich seit 1900

Eisenbahnerstrasse
G10 9 AT 1933
von Hohlstrasse 545 bis Calandastrasse 11
Bauherr: Baugenossenschaft der Eisenbahner

Eisengasse
14 8 RB 1867
von Seefeldstrasse 47 bis Reinhardstrasse 18
Im Haus Nr. 3 war damals eine Schlosserei und in Nr. 8 eine Schmiede

Eisfeldstrasse
O5 11 SB 1932
von Schaffhauserstrasse 414 bis Thurgauerstrasse 40
Ehemals Zugang zum Eisfeld Oerlikon

Eisgasse
M12 4 AS 1869
von Militärstrasse 52 bis Lagerstrasse 47
Hier befand sich früher ein Eiskeller.

Ekkehardsteig
N10 6 OS 1908
von Ottikerstrasse 23 bis Ekkehardstrasse 22
Siehe Ekkehardstrasse

Ekkehardstrasse
N10 6 OS 1908
von Kinkelstrasse 34 bis Scheuchzerstrasse 71
Ekkehard II. (gest. 990)
Mönch im Kloster St. Gallen; bekannt durch den Roman von Josef Viktor von Scheffel, der allerdings die Viten von Ekkehard I. und dem II. vermischte.

Eleonorenstrasse
P13 7 FL 1882
von Plattenstrasse 47 bis Attenhoferstrasse 16
Eleonore Cramer-Mylius (1844–1866)
Die 1868 zu ihrem Andenken errichtete Eleonorenstiftung erbaute das Kinderspital.

Planfeld	Kreis	Quartier	Jahr	Erläuterung

Elfenweg | | | | *von Redingstrasse 45 bis Scheibenrain*
L17 | 2 | WO | 1931 | In der nordischen Mythologie dämonische Wesen; bei uns leichte, luftige Erdgeister

Elias Canetti-Strasse | | | | *von Therese Giehse-Strasse bis James Joyce-Allee/Weg*
N6 | 11 | OE | 1996 | Elias Canetti (1905–1994)
Aus Bulgarien stammender deutschsprachiger Schriftsteller und Dramatiker spanisch-jüdischer Herkunft; Nobelpreis 1981. Lebte während seiner Jugend und dann wieder die Jahre vor seinem Tod in Zürich.

Elisabethenstrasse | | | | *von Zweierstrasse bis Kalkbreitestrasse 3*
K12–L13 | 4 | WD | 1894 | Weiblicher Vorname

Ellen Widmann-Weg | | | | *von Armin Bollinger-Weg bis Neunbrunnenstrasse*
N5 | 11 | OE | 1996 | Ellen Widmann (1894–1985)
Schauspielerin und Gründerin des Kammersprechchores Zürich

Elsässergasse | | | | *von Marktgasse 14 bis Leuengasse*
D3 | 1 | RL | 1527 | Das Haus zum «Elsässer» (Nr. 2, 1897 abgetragen) besass bis 1598 das Monopol, Elsässer Wein ausschenken zu dürfen.

Elsastrasse | | | | *von Agnesstrasse 9 bis Badenerstrasse 280*
K12 | 4 | AS | 1898 | Weiblicher Vorname

Else Lasker-Schüler-Weg | | | | *von Sophie Taeuber-Strasse bis Binzmühlestrasse*
N6 | 11 | OE | 1996 | Else Lasker-Schüler (1869–1945)
Deutsche Lyrikerin, Erzählerin und Dramatikerin («Arthur Anonymus und seine Väter»). Weilte seit 1917 verschiedene Male in Zürich, wo sie seit 1933 bis zur erzwungenen Ausreise nach Palästina (1939) lebte.

Else Züblin-Strasse | | | | *von Albisriederstrasse 312 bis Albisriederstrasse 328*
F/G12 | 9 | AR | 1949 | Else Züblin-Spiller (1881–1948)
Richtete im ersten Weltkrieg Soldatenstuben ein, daher bekannt als «Soldatenmutter»

Planfeld	Kreis	Quartier	Jahr	Erläuterung

Emil Klöti-Strasse
J7–K8 10 HG 1964
von Tièchestrasse bis Schauenberg- /Glaubtenstrasse
Emil Klöti (1877–1963)
Zürcher Staatsmann; Stadtrat von 1907 bis 1928, Stadtpräsident von 1928 bis 1942, Zürcher Nationalrat von 1919 bis 1930 und Ständerat von 1930 bis 1955

Emil Rütti-Weg
M/N5 11 OE 1996
von Ellen Widmann-Weg bis Brown-Boveri-Strasse
Emil Rütti (1919–1993)
In Oerlikon lebender und wirkender Architekt; Quartiervereinspräsident von 1981 bis 1989

Emilie Kempin-Spyri-Weg
F10 9 AT 1993
von Altstetterstrasse 174 bis Spirgartenstrasse 15
Emilie Kempin-Spyri (1853–1901)
Erste promovierte Juristin der Schweiz; Privatdozentin an der Universität

Engadinerweg
G6/7 10 HG 1952
von Michelstrasse 53 bis Segantinistrasse 140 und westl. Sackgasse
Landschaft in Graubünden

Engelbertstrasse
T8 12 SW 1951
von Dübendorfstrasse 312 bis Stettbacherrain
Vorname des Bauherrn

Engelstrasse
L12 4 AS 1893
von Badenerstrasse 156 bis Stauffacherstrasse
Regula Engel-Egli (1761–1853)
Zur Erinnerung an die «schweizerische Amazone», Regula Engel, die ihren Gatten auf den napoleonischen Kriegszügen begleitete und darüber schrieb.

Engimattstrasse
L15 2 EN 1916
von Bederstrasse 119 bis Hügelstrasse 8
Flurname: Matte in der «Engi», d.h. in der schmalen Senke zwischen den Hügelzügen zu beiden Seiten der Waffenplatzstrasse

Englischviertelstrasse
P13/14 7 HO 1889
von Hottingerplatz bis Eidmattstrasse 32
Das Quartier zwischen Merkur- und Klosbachstrasse wurde wegen seiner «englischen» Bauweise «Englisch-Viertel» genannt.

Engstringerweg
F5 10 HG 1986
von Regensdorferstrasse bis westl. Kalchtarenweg
Engstringen: Oberengstringen, Nachbargemeinde von Zürich

Planfeld	Kreis	Quartier	Jahr	Erläuterung

Engweg
M/N10   6   US   1881   *von Nordstrasse 22 bis Gallusstrasse*
Führt zum Haus zum «Engen Weg», Wasserwerkstr. 53; ursprünglich war die Wasserwerkstrasse der «Enge Weg»

Entlisbergstrasse
L19   2   WO   1916   *von Lettenholzstrasse 57 bis Paradiesstrasse 56*
Hügel zwischen Moos und Sihl, benannt nach einem Alemannen Antilin (altdeutsch anto = Zorn, Eifer; auch in Namen Andelfingen und Entlibuch)

Entlisbergweg
L20   2   WO   1956   *von Entlisbergstrasse bis Entlisbergkopf*
Hügel zwischen Moos und Sihl, benannt nach einem Alemannen Antilin (altdeutsch anto = Zorn, Eifer; auch in Namen Andelfingen und Entlibuch)

Enzenbühlstrasse
R17   8   RB/HI   1913   *von Bleulerstrasse 70 bis Rehalpstrasse*
Flurname, abgeleitet vom altdeutschen Personennamen Enzo oder Enzi; auch Bezeichnung sagenhafter Riesen

Enzenried
R17   8   RB   1987   *von Enzenbühlstrasse 21 bis südl. Sackgasse*
Flurname: «Enzen» abgeleitet vom althochdeutschen Personennamen Enzo oder Enzi, «Ried» ist eine sumpfige Wiese

Enzianweg
H11   9   AT   1933   *von Badenerstrasse 555 bis südwestl. Sackgasse*
Botanische Bezeichnung

Erchenbühlstrasse
J/K5   11   AF   1933   *von Primelstrasse 3 bis Im Hagenbrünneli 10*
Flurname : «Irchenbüel» (1509), nach einem frühern Eigentümer, dessen Name mit dem Stammwort «Irch», «Erch» = Bock gebildet war

Erchenbühlweg
K5/6   11   AF   1949   *von Obsthaldenstrasse 25 bis Erchenbühlstrasse 25*
Siehe Erchenbühlstrasse

Erdbrustweg
M18/19   2   WO   1938   *von Kilchbergstrasse 64 bis Eggpromenade*
Flurname: «Ertpruste» (1256) = Erdeinbruch oder -abbruch; altdeutsch «burst», abgeleitet von bersten, bresten, brechen

Planfeld	Kreis	Quartier	Jahr	Erläuterung

Erika Mann-Weg
N6 11 OE 1996
von Ricarda Huch-Allee bis Birchstrasse
Erika Mann (1905–1969)
Deutsche Kabarettistin (Cabaret Pfeffermühle), Schriftstellerin und Journalistin. Tochter von Thomas Mann, lebte seit 1952 bei ihren Eltern in Erlenbach und Kilchberg; sie starb in Zürich.

Erikastrasse
K13 3 WD 1894
von Seebahnstrasse 105 bis Zurlindenstrasse 110
Weiblicher Vorname

Erismannhof
K11/12 4 AS 1927
von Hohl-/Stauffacherstrasse bis Seebahn-/Erismannstrasse
Siehe Erismannstrasse

Erismannstrasse
K12 4 AS 1927
von Hohlstrasse 163 bis Sihlfeldstrasse 95
Friedrich Erismann (1842–1915)
Stadtrat von 1901 bis 1915, Förderer des sozialen Wohnungsbaus

Erlachstrasse
K13/14 3 WD 1896
von Weststrasse 19 bis Steinstrasse 33
Rudolf von Erlach (gest. 1360)
Anführer der Berner in der für sie siegreich verlaufenen Schlacht bei Laupen 1339

Erlenstrasse
E/F11 9 AT 1930
von Algierstrasse 7 bis Eulenweg 29
Botanische Bezeichnung

Erlenweg
M3 11 SB 1997
von Riedenholzstrasse bis Käshaldenstrasse
Botanische Bezeichnung

Erligatterweg
M20 2 WO 1950
von Nidelbadstrasse 30 bis Zwängiweg
Flurname: «bim Erligatter» (1632 = Gatter oder Durchlass bei einer Erle oder einem Erlenwäldchen

Ernastrasse
K11 4 AS 1905
von Erismannstrasse 12 bis Sihlfeldstrasse 192
Weiblicher Vorname

Ernst Zöbeli-Strasse
E9 9 AT 1968
von Dachslernstrasse 90 bis Ernst Zöbeli-Weg
Ernst Zöbeli (1888–1963)
Förderer des Altstetter Quartierlebens

Ernst Zöbeli-Weg
E9 9 AT 1968
von Ernst Zöbeli-Strasse 4 bis Farbhofstrasse
Siehe Ernst Zöbeli-Strasse

Planfeld	Kreis	Quartier	Jahr	Erläuterung

Eschenhaustrasse *von Biberlin-/Degenriedstrasse bis Katzenschwanzstrasse*
S–U14　7　　HI/WT/HO　1931　Waldbezeichnung: Holzschlag in einem Eschengehölz

Eschenholzweg *von Rosshauweg bis Bachtobelweg*
C11–D12　9　AT　1999　Nach einem mit Eschen bestandenen Wäldchen

Eschenweg *von Malvenstrasse 7 bis westl. Sackgasse*
N7　11　OE　1925　Botanische Bezeichnung

Eschergutweg *von Am Wasser 24 bis Limmattalstrasse 21*
J8/9　10　HG　1933　Rebgut, das früher der Zürcher Familie Escher vom Luchs gehörte

Escher-Wyss-Platz *von Hardstrasse/Sihlquai bis Limmat-/Hardturmstrasse*
L9/10　5　IN　1917　Beim Areal der 1892 bis 1895 hierher verlegten Maschinenfabrik Escher-Wyss

Eschwiesenstrasse *von Zurlindenstrasse bis Aemtlerstrasse 36*
K13　3　WD　1895　Flurname: Wiese bei einer Esche oder einem Eschengehölz

Espenhofweg *von Fellenbergstrasse 207 bis Triemlistrasse 185*
G/H13　9　AR/WD　1949　Alterssiedlung «Espenhof»

Ettenfeldstrasse *von Schaffhauserstrasse 518 bis östl. Sackgasse*
O4　11　SB　1924　Flurname, abgeleitet vom altdeutschen Personennamen Etto oder Atto = Vater

Etzelsteig *von Renggerstrasse 20 bis Etzelstrasse 30*
M17　2　WO　1901　Siehe Etzelstrasse

Etzelstrasse *von Mutschellenstrasse 197 bis Etzelweg*
M17　2　WO　1893　Berg am oberen Zürichsee (1101 m)

Etzelweg *von Gretenweg bis Etzelstrasse 62*
M17　2　WO　1943　Siehe Etzelstrasse

Eugen Huber-Strasse *von Saumackerstrasse 89 bis Rautistrasse 399*
F9–D10　9　AT　1933　Eugen Huber (1849–1923)
von Altstetten; Prof. an den Universitäten Basel, Halle a.S. und Bern, Schöpfer des Schweizerischen Zivilgesetzbuches (1912)

Escher-Wyss-Platz nach dem Umbau 1938.

1867 bis 1898 Gasfabrik an der Linnatstrasse im Industriequartier, danach städtisches Holzdepot. Abgabe von verbilligten Brennmaterialien durch die Stadtverwaltung im Winter 1906 (Fabrikstrasse benannt nach Gasfabrik).

Planfeld	Kreis	Quartier	Jahr	Erläuterung
Eulenweg				*von Algierstrasse 4 bis Zwischenbächen 26*
F11	9	AT	1933	Zoologische Bezeichnung: Vogel
Europabrücke				*von Baslerstrasse / Luggwegstrasse bis Winzerstrasse / Am Wasser*
G9	9	AT/HG	1963	Name gewählt als Zeichen der Solidarität der Stadt Zürich mit dem Europa-Gedanken
Eyhof				*von In der Ey 60 bis Triemlistrasse 79*
F/G13	9	AR	1949	Flurname «Ey», «Ei», Nebenform von Au, feuchtes Gelände
Fabrikstrasse				*von Sihlquai 253 bis Neugasse 126*
L10	5	IN	1886	Führte zur ehemaligen Gasfabrik an der Limmatstrasse
Falkenstrasse				*von Utoquai 29 bis Kreuzbühlstrasse 1*
E5	1	RL/RB	1863	Haus zum «Falken», Kreuzbühlstrasse 1
Falkenweg				*von Kreuzbühlstrasse 1 bis Schanzengasse 11*
O14	1	RL	1894	Siehe Falkenstrasse
Färberstrasse				*von Utoquai 49 bis Seefeldstrasse 58*
O14/15	8	RB	1867	Im Gebäude Nr. 6 befand sich von 1860 bis 1912 eine Seidenfärberei
Farbhofstrasse				*von Farbhof bis Ernst Zöbeli-Weg*
E9	9	AT	1933	Im 1836 erbauten «Farbhof» (Nr. 15) wurde bis 1875 eine Färberei betrieben
Farbhofweg				*von Farbhofstrasse 5 bis südl. Sackgasse*
E10	9	AT	1933	Siehe Farbhofstrasse
Farenweg				*von Butzenstrasse 35 bis Lettenholzstrasse 34*
L18	2	WO	1930	Botanische Bezeichnung: mundartlich für Farnkraut
Federnstrasse				*von Bühlwiesenstrasse 30 bis Stoffelstrasse 14*
O5	11	SB	1932	Bis 1933 befand sich an der Blumenstrasse die Schweizerische Bettfedern- und Steppdeckenfabrik Gyger & Co., gegr. 1907
Fehrenstrasse				*von Hofstrasse 35 bis südl. Schönbühlstrasse 22 (Sackgasse)*
P13	7	HO	1866	Ältere Bezeichnung Fehrenweg, vermutlich nach einem Anwohner namens Fehr

Planfeld	Kreis	Quartier	Jahr	Erläuterung
Feilengasse				*von Seefeldstrasse 139 bis Seefeldstrasse 147*
P15	8	RB	1894	Hinweis auf eine Mechanikerwerkstätte, die sich damals im Haus Nr. 7 befand
Feldblumenstrasse				*von Badenerstrasse 705 bis Schneebeliweg*
F10	9	AT	1933	Haus Nr. 28 wurde 1896 als Wirtshaus zur «Feldblume» erstellt.
Feldblumenweg				*von Altstetterstrasse 209 bis Mathysweg*
F11	9	AT	1969	Bis 1969 Teilstück der Feldblumenstrasse
Feldeggstrasse				*von Seefeldquai 17 bis Zollikerstrasse 16*
O/P15	8	RB	1887	Liegenschaft zum «Feldegg», Feldeggstrasse 61
Feldenmoosstrasse				*von Arthur Rohn-Strasse bis Hohensteinstrasse*
D14/13	9	AR	1956	Flurname: «Felde(n)moos», wohl entstellt aus «Felbe(n)moos»: Moos mit Weidenbäumen
Feldgütliweg				*von Ankerstrasse 16 bis nordwestl. Sackgasse*
L12/13	4	AS	1880	Haus Nr. 14, abgetragen 1930, hiess zum «Feldgütli»
Feldstrasse				*von Badenerstrasse 172 bis Schöneggplatz*
K/L12	4	AS	1880	Flurname: zum Sihlfeld gehörend
Felix und Regula-Platz				*von Hardstrasse 90 bis Hirzelstrasse 11*
K11	4	IN	1985	Felix und Regula. Zürcher Stadtheilige (Festtag: 11. September). Sie wurden nach der Legende Anfang des 4. Jahrhunderts auf der Insel, wo heute die Wasserkirche steht, von der römischen Staatsgewalt ihres christlichen Glaubens wegen hingerichtet. Mit den abgeschlagenen Häuptern in den Händen sollen sie auf den benachbarten Hügel geschritten sein, wo sie beigesetzt wurden. Über den Gräbern der Märtyrer erhob sich später die Felix und Regula-Kirche, das heutige Grossmünster.
Fellenbergstrasse				*von Gutstrasse 161 bis Albisriederstrasse 321*
G12	9	WD/AR	1896	Philipp Emanuel von Fellenberg (1771–1844) Berner Pädagoge und Politiker, gründete in Hofwil verschiedene Erziehungsanstalten.
Fellenbergweg				*von Fellenbergstrasse 255 bis südwestl. Sackgasse*
G12	9	AR	1951	Siehe Fellenbergstrasse

Planfeld	Kreis	Quartier	Jahr	Erläuterung

Felsberg   *von Felsenrainstrasse 92 bis Höhenring 54*
N4   11   SB   1935   Quartierbezeichnung, vgl. Felsenrain

Felsenkellerweg   *von Bederstrasse 57 bis Bürglistrasse 10*
L14   2   EN   1906   Das Haus zum «Felsenkeller», Bederstrasse 57 (1930 abgetragen), besass einen in den Hang hineingetriebenen Felsenkeller.

Felsenrainstrasse   *von Schaffhauserstrasse 446 bis Seebacherstrasse 109*
N4/5   11   SB   1933   Flurname: Abhang unter den Sandsteinfelsen auf dem Buhn

Felsenrainweg   *von Schaffhauserstrasse 459 bis Felsenrainstrasse*
N/O5   11   SB   1935   Siehe Felsenrainstrasse

Felsenstrasse   *von Hammerstrasse 38 bis Drahtzugstrasse*
P15   8   RB   1893   Frei gewählter Name; früher Berglistrasse

Fennergasse   *von Florastrasse 50 bis Mainaustrasse 49*
O14/15   8   RB   1879   Früherer Eigentümer des Eckhauses Mainaustrasse 45

Ferdinand Hodler-Strasse   *von Gsteigstrasse 41 bis Holbrigstrasse*
H7   10   HG   1961   Ferdinand Hodler (1853–1918)
Berner Maler, dessen Wandmalereien («Rückzug von der Schlacht bei Marignano») in der Waffenhalle des Landesmuseum 1900 grosses Aufsehen erregten.

Fernsehstrasse   *von Leutschenbachstrasse bis südl. Sackgasse*
P5   11   SB   1970   Zugang zum Fernsehstudio

Feuerweg   *von Schauenbergstrasse 42 bis westl. Sackgasse*
H/J5   11   AF   1933   An dieser Stelle wurden früher die Fasnachtfeuer abgebrannt.

Feusisbergli   *von Dachslernstrasse 130 bis nordwestl. Sackgasse*
D9   9   AT   1937   Flurname, gebildet mit dem Familiennamen Feusi

Fichtenstrasse   *von Lilienstrasse 7 bis Jupiterstrasse 47*
Q14   7   HO   1892   Botanische Bezeichnung

Fierzgasse   *von Ackerstrasse 47 bis Langstrasse 242*
M11   5   IN   1878   Johann Heinrich Fierz (1813–1877)
Nationalrat; Gründer des Aktienbauvereins, der um 1876 dieses Quartier erstellt hat

Planfeld	Kreis	Quartier	Jahr	Erläuterung
Finkenrain				*von Wehntalerstrasse 309 bis Käferholzstrasse 271*
L6	11	AF	1933	Zoologische Bezeichnung
Finslerstrasse				*von Toblerstrasse 88 bis Krähbühlstrasse 18*
P12	7	FL	1916	Alte Zürcher Familie
Fischerweg				*von Hardturmweg bis Grenze Schlieren*
H8/9	5+9	IN	1869	Liegenschaft zum «Fischergütli»
Fliederstrasse				*von Culmannstrasse 19 bis Nelkenstrasse 9*
O14/15	6	OS	1907	Botanische Bezeichnung
Flobotstrasse				*von Krähbühlstrasse 122 bis Zürichbergstrasse 154*
Q11	7	FL	1927	Nach der alten Bezeichnung von Fluntern: «Flobotisreine» (9. Jh.), «Flobontsrein», «Fluontrein» (12. Jh.), zusammengesetzt aus dem unklaren Namen «Flobot» eines alemannischen Siedlers und Rain
Florastrasse				*von Seefeldquai 1 bis Mühlebachstrasse 82*
O15	8	RB	1872	Haus zur «Flora» (Nr. 33), 1931 durch Neubau ersetzt
Florhofgasse				*von Kantonsschulstrasse 9 bis Hirschengraben 40 und Heimstrasse*
E3	1	RL	1865	Häusergruppe zum «Florhof», Hirschengraben 28–32, benannt nach dem Seidenflor, der hier fabriziert wurde
Flössergasse				*von Brandschenkestrasse 20 bis Sihlamtsstrasse 13*
A4	1	LL	1865	In dieser Gegend war der Lagerplatz für das in der Sihl hergeflösste Holz
Flüelastrasse				*von Badenerstrasse 567 bis Rautistrasse 12*
G11	9	AT/AR	1933	Flüelapass in Graubünden (2388 m)
Flühgasse				*von Seefeldstrasse 273 bis Bleulerstrasse 16*
Q17	8	RB	1867	Flurname «vluon» (1259): benannt nach den Findlingsblöcken, die einst zutage traten
Flurstrasse				*von Hohlstrasse 473 bis Krankenheim Bachwiesen*
G11/12	9	AT/AR	1900	Eine über die freie Wiesenflur führende Strasse

Planfeld	Kreis	Quartier	Jahr	Erläuterung

Föhreneggweg | | | | *von Uetlibergweg (unterhalb Jucheggstrasse) bis Uetlibergweg (unterhalb Gratstrasse)*
H17 | 3 | WD | 1956 | Frei gewählter Name

Föhrenstrasse | | | | *von Regensbergstrasse 147 bis Heidegraben*
N7 | 11 | OE | 1933 | Botanische Bezeichnung

Forchstrasse | | | | *von Kreuzplatz bis Grenze Zollikon (Rehalp)*
P14–R16 | 7+8 | HI | 1874 | Strasse über die «Forch» nach dem Oberland; «Forch» benannt nach einem Föhrengehölz

Forellenweg | | | | *von Seestrasse 495 bis östl. Sackgasse*
N19 | 2 | WO | 1905 | In der Nähe wohnte einer der wenigen Berufsfischer von Zürich.

Forrenweidstrasse | | | | *von Tobelhofstrasse bis Zürichbergstrasse 219*
R11 | 7 | HO/FL | 1956 | Waldname: Waldstück mit Föhren, das mit der angrenzenden Allmend als Weide diente

Förrlibuckstrasse | | | | *von Hardturmstrasse 74 bis Hardturmstrasse 319*
J9 | 5 | IN | 1902 | Flurname «Förlibuck»: buckelförmige Erhöhung mit Föhrenbestand

Forstersteig | | | | *von Forsterstrasse 4 bis Heubeeriweg*
Q11 | 7 | FL | 1931 | Siehe Forsterstrasse

Forsterstrasse | | | | *von Zürichbergstrasse 124 bis Freudenbergstrasse 59*
Q11 | 7 | FL | 1919 | Haus «Im Forster» (Nr. 50), im 19. Jahrhundert bekannter Ausflugsort, 1968 abgetragen

Forsthausstrasse | | | | *von Dreiwiesenstrasse bis Chutzenstrasse*
T12 | 7 | HO | 1956 | Führt zum Forsthaus Adlisberg

Forsthausweg | | | | *von Tobelhof bis Forsthausstrasse*
T11/12 | 7 | HO | 1993 | Weg vom Tobelhof zum Forsthaus Adlisberg

Fortunagasse | | | | *von Schipfe 39 bis Rennweg 28*
C2 | 1 | LL | 1790 | Eckhaus Schipfe 39 zur «Fortuna»

Frankengasse | | | | *von Oberdorfstrasse 32 bis Trittligasse 34*
D4 | 1 | RL | 1812 | 1637 «Fränklis Gässli»; Name nach einem Anstösser Frank oder Fränkli

Planfeld	Kreis	Quartier	Jahr	Erläuterung

Frankentalerstrasse
E6 10 HG 1918
von Limmattalstrasse 395 bis Regensdorferstrasse 208
Flurname, nach einem alten Personennamen Franko

Frankentalerweg
E6–F5 10 HG 1986
von Grünwaldweg bis Giblenstrasse
Siehe Frankentalerstrasse

Franklinplatz
N6 11 OE 1969
von Franklinstrasse 27 bis Schul-/Querstrasse
Siehe Franklinstrasse

Franklinstrasse
N6 11 OE 1933
von Schaffhauserstrasse 335 bis Hofwiesenstrasse 350
Benjamin Franklin (1706–1790)
amerikanischer Staatsmann, Erfinder des Blitzableiters

Franzosenweg
R8–T9 12 OS 1993
von Hüttenkopfstrasse 74 bis Böszelgstrasse (Gde. Dübendorf)
Stellung der Franzosen in der 2. Schlacht bei Zürich im September 1799

Frauenbrünnelistrasse
Q/R10 6+7 OS/FL 1956
von Klosterweg bis Waldhüsli-/Bannholzstrasse
Frauenbrünneli, dessen Name vom benachbarten ehemaligen Schwesternhaus (im «Schwesternbungert») herrühren soll

Frauenklinikstrasse
O11/12 6 OS 1894
von Schmelzbergstrasse bis nordöstl. Sackgasse
Zugang zur 1875 erstellten Frauenklinik des damaligen Kantonsspitals

Frauentalweg
J16 3 WD 1910
von Uetlibergstrasse 240 bis Kolbenhofstrasse
Flurname, nach der 1521 hier erwähnten Kapelle «Unser lieben Frauen»

Fraumünsterstrasse
C4 1 LL 1875
von Bürkliplatz bis Münsterhof 4
Fraumünster, Kirche des 853 von König Ludwig dem Deutschen gegründeten Frauenstiftes

Frechenmätteliweg
F5 10 HG 1997
von Bergholzweg bis Huberwiesenstrasse
Flurname: «des Fricken Mätteli», im Wald gelegene kleine Wiese nach einem Besitzer namens Frick

Freieckgasse
D4 1 RL 1880
von Theaterstrasse 20 bis Stadelhoferstrasse 41
Haus zum «Freieck» (Nr. 1)

Planfeld	Kreis	Quartier	Jahr	Erläuterung
Freiensteinstrasse				*von Freiestrasse 41 bis Plattenstrasse 78*
P13	7	HO	1881	Haus zum «Freienstein», Plattenstr. 69, 1953 abgetragen
Freiestrasse				*von Gloriastrasse bis Forchstrasse 182*
F2/3, O13–P14	7	FL/HO/ HI	1870	Die «freie» Strasse, vermutlich ursprünglich im Sinne einer offenen, d.h. unüberbauten Strasse
Freigutstrasse				*von Bleicherweg 72 bis Sihlamtsstrasse*
A4, M13/14	1+2	LL/EN	1863	Liegenschaft zum «Freigut» (Nr. 31), benannt nach Heinrich Frey (1730–1787), der das Haus 1772 erbauen liess
Freihofstrasse				*von Hohlstrasse 419 bis Badenerstrasse 540*
H10/11	9	AT	1916	Haus zum «Freihof», Badenerstr. 544, 1958 abgetragen
Freilagerstrasse				*von Albisriederstrasse 258 bis Flurstrasse 110*
G11/12	9	AR	1928	Zugang zum Zollfreilager
Freilagerweg				*von Albisriederstrasse 294 bis Bachwiesenstrasse*
F11–G12	9	AR	1956	Siehe Freilagerstrasse
Freischützgasse				*von Militärstrasse 24 bis Lagerstrasse 33*
M12	4	AS	1879	Ursprünglich Schützengasse; nach dem Volksglauben verfügt der Freischütz auf Grund eines Bündnisses mit dem Teufel über sechs nie fehlende Kugeln, die siebente aber wird vom Teufel gelenkt (Oper von Carl Maria von Weber).
Freudenbergstrasse				*von Toblerplatz bis Susenberg-/Germaniastrasse*
P11	6+7	OS/FL	1909	Haus zum «Freudenberg», 1922 abgetragen
Freudwilerweg				*von Gladbachstrasse 71 bis Toblerstrasse 32*
P11	7	FL	1934	Altes Zürcher Geschlecht, ursprünglich von Fluntern stammend
Freyastrasse				*von Birmensdorferstrasse 58 bis Zweier-/Ankerstrasse*
L13	4	AS	1887	Altnordische Göttin der Wohlfahrt, Liebe und Fruchtbarkeit
Friedackerstrasse				*von Friedheimstrasse 31 bis Tramstrasse 82*
O7	11	OE	1933	Flurname: eingefriedeter Acker
Friedaustrasse				*von Aemtlerstrasse 160 bis Badenerstrasse 329*
J12	3	WD	1895	Anspielung auf den benachbarten Friedhof Sihlfeld

Planfeld	Kreis	Quartier	Jahr	Erläuterung

Friedensgasse — *von Selnaustrasse 12 bis Flössergasse 3*
A4   1   LL   1863   Hinweis auf das ehemalige Bezirksgebäude, Selnaustr. 9

Friedheimstrasse — *von Schaffhauserstrasse 276 bis Binzwiesenstrasse 34*
O7   11   OE   1904   Frei gewählter Name

Friedhofstrasse — *von Eugen Huber-Strasse 38 bis Lyrenweg*
E11   9   AT   1913   Führt zum 1908 angelegten Friedhof Altstetten

Friedrich Traugott Wahlen-Park *von Ruedi Walter-Strasse bis Otto Schütz-Weg/Neunbrunnenstrasse*
N5   11   OE   1996   Friedrich Traugott Wahlen (1899-1985)
Lange Jahre an der Landwirtschaftlichen Versuchsanstalt in Oerlikon wirkender Agronom, später Prof. für Pflanzenbau an der ETH. Leiter der Anbauschlacht («Plan Wahlen») während des Zweiten Weltkrieges. Tätig bei der FAO (Welternährungsorganisation der Vereinten Nationen) in Rom. Zürcher Ständerat von 1942 bis 1949, Bundesrat von 1958 bis 1965.

Friedrichstrasse — *von Winterthurerstrasse 473 bis Saatlenstrasse 33*
Q7   12   SW   1932   Männlicher Vorname

Friesenberghalde — *von Friesenbergstrasse 240 bis nordwestl. Sackgasse*
H15   3   WD   1967   Siehe Friesenbergstrasse

Friesenbergstrasse — *von Goldbrunnenplatz bis Zielweg*
H15–J14   3   WD   1880   Hofname in Verbindung mit der Burg Friesenberg (1210 «Friesenburch»), gebildet mit dem altdeutschen Personennamen Frieso

Friesenburgweg — *von Rebeggstrasse bis Hohensteinweg*
G15   3   WD   1997   Burg Friesenberg (1210 «Friesenburch»), gebildet mit dem altdeutschen Personennamen Frieso

Friesstrasse — *von Schaffhauser-/Affolternstrasse bis Schaffhauserstrasse 442*
O5   11   OE/SB   1933   Johannes Fries (1809–1888)
Kirchenpfleger von Seebach, bekannt durch sein wohltätiges Wirken

Planfeld	Kreis	Quartier	Jahr	Erläuterung

Fritschistrasse   *von Badenerstrasse 287 bis Aemtlerstrasse 114*
J12   3   WD   1918   Benjamin Fritschi (1842–1916)
Gemeinderat von Aussersihl, Vorkämpfer der Stadtvereinigung von 1893, Stadtrat von 1893 bis 1914

Fritz Fleiner-Weg   *von Krönleinstrasse 26 bis Forsterstrasse 50*
P11   7   FL   1951   Fritz Fleiner (1867–1937)
Rechtsgelehrter, Prof. an der Universität von 1915 bis 1936

Fritz Heeb-Weg   *von Max Bill-Platz bis Otto Schütz-Weg*
N5   11   OE   1996   Fritz Heeb (1911–1994)
Rechtsanwalt; ursprünglich Kommunist, später wichtige Persönlichkeit innerhalb der schweizerischen Sozialdemokratie; Kantonsrat von 1967 bis 1975

Fröbelstrasse   *von Hofackerstrasse 58 bis Hammerstrasse 115*
Q15   7   HI   1907   Name eines Anstössers (Gärtner Fröbel)

Frohalpstrasse   *von Morgentalstrasse 69 bis Lettenholzstrasse 57*
L18   2   WO   1910   Liegenschaft zur «Frohalp», Butzenstrasse 39

Frohbühlstrasse   *von Stiglenstrasse 33 bis Grenze Opfikon*
O/P3   11   SB   1924   Nach einem ursprünglichen, zu «Frohloch» missdeuteten Flurnamen «Foloch» (1415): Fuchsloch; altd. «vohe» = Füchsin

Frohburgstrasse   *von Winterthurerstrasse 4 bis Winterthurerstrasse 374*
O10–P8   6+11 +12   OS/OE/ SW   1883   Haus zur «Frohburg» (Nr. 2), 1924 abgetragen

Fröhlichstrasse   *von Bellerivestrasse 181 bis Seefeldstrasse 182*
P16   8   RB   1892   Wilhelm Fröhlich (gest. 1562). Aus Riesbach stammender bekannter Söldnerführer in französischen Diensten

Fronwaldstrasse   *von Binzmühlestrasse bis Stöckengasse*
J4   11   AF   1933   Flurname: Wald, welcher einer Grundherrschaft gehörte. – Altdeutsch «vron», einem (weltlichen oder geistlichen) Herrn, auch der Obrigkeit zugehörig, zustehend; vgl. Frondienst, der Gemeinde (auch dem Grundherrn) zu leistender Arbeitsdienst, und Fronleichnamsfest zu Ehren des «Leibs des Herrn» im Abendmahl.

| Planfeld | Kreis | Quartier | Jahr | Erläuterung |

Fronwaldweg — *von Stöckenackerstrasse bis Zehntenhausstrasse*
J4　　11　　AF　　1966　Siehe Fronwaldstrasse

Froschaugasse — *von Rindermarkt 24 bis Brunngasse 14*
D2/3　　1　　RL　　1865　Häusergruppe zur «Froschau», Froschaugasse 14–18/ Brunngasse 18, benannt nach dem Buchdrucker Christoffel Froschauer, dessen Werkstätte sich von 1551 bis 1591 hier befand

Frymannstrasse — *von östl. Leimbachstrasse 36 bis Medikerweg*
K19　　2　　LB　　1897　Häusergruppe «Frymannhäuser», benannt nach der Leimbacher Familie Frymann

Fuchsiastrasse — *von Flüelastrasse 7 bis südostl. Sackgasse*
G/H11　　9　　AT　　1933　Botanische Bezeichnung

Fuchspass — *von Waidbadstrasse /Hasenrain bis nördl. in die Holzwiese*
K7　　10　　WP　　1936　Frei gewählter Name: Stelle, wo Füchse gesichtet wurden

Funkackerstrasse — *von Apfelbaumstrasse 28 bis Herbstweg 18*
P7　　11　　OE　　1957　Flurname «Funkenäcker»: Gelände, das vermutlich einem Eigentümer namens Funk gehörte; vgl. Funkwiesenstrasse

Funkwiesenstrasse — *von Apfelbaumstrasse 40 bis Schörlistrasse 11*
P7　　11+12　　OE/SW　　1929　Flurname: Gelände, das vermutlich einem Eigentümer namens Funk gehörte

Furkastrasse — *von Luggwegstrasse 60 bis Saumackerstrasse 54*
F/G10　　9　　AT　　1933　Furkapass, Übergang von Urseren ins Oberwallis (2436 m)

Fürstweg — *von Rötelstrasse 80 bis Seminarstrasse 81*
M9　　6　　WP　　1929　Altes Wipkinger Geschlecht

Furttalstrasse — *von Wehntalerstrasse 585 bis Grenze Regensdorf*
G/H4　　11　　AF　　1933　Auch Regensdorfertal genannt; Furtbach entspringt in der Nähe des Katzensees. Furt: seichte Stelle eines Gewässers, die als Übergang benutzt wird.

Füsslistrasse — *von Bahnhofstrasse 61 bis Sihlstrasse/St. Annagasse*
B2　　1　　LL　　1908　Im «Glockenhaus» an der Sihlstrasse befand sich während Jahrhunderten eine Glockengiesserei der Familie Füssli.

Planfeld	Kreis	Quartier	Jahr	Erläuterung

Gablerstrasse *von Grütlistrasse 84 bis Waffenplatzstrasse 63*
L15 2 EN 1877 Flurname (1364): wohl nach einem Anwohner, der von Beruf Gabelmacher war

Gagliardiweg *von Allenmoosstrasse 142 bis Schwamendingenstrasse 42*
O7 11 OE 1949 Ernst Gagligardi (1882–1940)
Prof. für neuere Geschichte an der Universität von 1919 bis 1940; wohnhaft gewesen in Oerlikon

Gallusstrasse *von Engweg bis Stampfenbachstrasse 133*
N10 6 US 1878 Irischer Glaubensbote (gest. um 630–645), Gründer des nach ihm benannten Klosters St. Gallen; er weilte 610 in Zürich.

Gamperstrasse *von Feldstrasse 141 bis nordwestl. Sackgasse*
L11 4 AS 1894 Name eines Anstössers

Gänziloobrücke *von Allmend I bis Waidmattweg*
K17 2+3 WD 1929 Siehe Gänzilooweg

Gänzilooweg *von Uetlibergstrasse 301 bis Medikerweg /Frymannstrasse*
J16-18 2+3 WD 1897 Wäldchen beim Höckler (1424 «Gerentzenloo»); Gehölz eines Besitzers namens Gerentz oder Geret; Kurzform von Gerold

Gartenhofstrasse *von Birmensdorferstrasse 38 bis Ankerstrasse 20*
L13 4 AS 1869 Wohl nach einem Hausnamen

Gartenstrasse *von Am Schanzengraben 23 bis Freigutstrasse 16*
A4 2 EN 1877 Als «Gartensiedlung» erbaut

Gartenweg *von Freigutstrasse 15 bis Aubrigstrasse*
M14 2 EN 1923 Fortsetzung der Gartenstrasse

Gärtnerstrasse *von Wildbachstrasse 69 bis Münchhaldenstrasse 30*
P16 8 RB 1891 Beruf eines Anstössers

Gasometerstrasse *von Neugasse 76 bis Sihlquai*
L11 5 IN 1886 Lage bei der ehem. Gasfabrik an der Limmatstrasse

Planfeld	Kreis	Quartier	Jahr	Erläuterung
Gässli				*von Limmattalstrasse 178 bis Gsteigstrasse 18*
H7	10	HG	1485	Gässli (1485): Gasse, ursprüngliche Bezeichnung von Wegen innerhalb einer Siedlung, im Gegensatz zu (Land-)Strassen, die über das freie Land führten
Gasstrasse				*von Seefeldstrasse 168 bis südwestl. Sackgasse*
P16	8	RB	1868	Zugang zur ehemaligen Gasfabrik Riesbach
Gattikerstrasse				*von Freiestrasse 213 bis Fröbelstrasse 22*
Q15	7	HI	1907	Albert Gattiker (1840–1906). Letzter Gemeindepräsident von Hirslanden von 1873 bis 1892
Gaugerstrasse				*von Schwingerstrasse 10 bis Lindenbachstrasse 7*
N10	6	US	1908	Anstösser: Rolladenfabrik Gauger
Geerenweg				*von Vulkanstrasse 58 bis nördl. bei Max Högger-Strasse (Sackgasse)*
G9	9	AT	1924	Flurname «Geren»: in einen spitzen Winkel auslaufendes Grundstück
Geeringsteig				*von Geeringstrasse 95 bis Im oberen Boden 150*
E5	10	HG	1980	Siehe Geeringstrasse
Geeringstrasse				*von Frankentalerstrasse bis Geeringsteig*
E5	10	HG	1980	Alte Familie von Höngg, seit 1586 als im Rütihof ansässig bezeugt
Geerlibuchweg				*von Kienastenwiesweg 26 bis Kienastenwiesweg*
V–X16	7	WT	1988	Flurname Geerlibuch: kleiner, keilförmiger Buchenwald
Gehrenholz				*von Gehrenholz /Friesenbergstrasse bis Borrweg/Agnes Robmann-Weg*
M4	3	WD	1987	Flurname für ein keilförmiges Waldstück; siehe auch Gehrenholzstrasse
Gehrenholzstrasse				*von Friesenbergstrasse bis Borrweg*
J14	3	WD	1929	Flurname: Gehrenholz (1560 «Hölzli am Geren») ist ein Gehölz bei einem in einem spitzen Winkel auslaufenden Grundstück («Geren»)
Geibelstrasse				*von Scheffelstrasse 23 bis Rosengartenstrasse 32*
L9	10	WP	1902	Emanuel Geibel (1815–1884). Deutscher Lyriker

Briefkopf (Lithografie) der Rolladenfabrik F. Gauger.

Wochenmarkt am General Guisan-Quai, bis 1960 Alpenquai.

Planfeld	Kreis	Quartier	Jahr	Erläuterung

Geigergasse
D4 1 RL 1637
von Schifflände 22 bis Oberdorfstrasse 19
«Geigerhaus» (Nr. 5), früher im Besitz der Familie Gyger, welcher auch der bekannte Kartograph Hans Konrad Gyger (1599–1674) angehörte

Geissbergstrasse
E/F4 10 HG 1956
von Regensdorfer-/Huberwiesenstrasse bis Grenze Regensdorf
Waldname: nach dem angrenzenden Hof «Geissberg», der einst eine Ziegenweide umfasste

Geissbergweg
O10–P8 6 OS 1892
von Universitätstrasse 120 bis Germaniastrasse 103
Name des nordwestl. Teils des Zürichberges, wo man Ziegen weiden liess

Gellertstrasse
P12 7 FL 1922
von Oberer Gloriasteig bis Hochstrasse 80
Christian Fürchtegott Gellert (1715–1769)
Deutscher Dichter, bekannt durch seine geistlichen Lieder und Fabeln

Gemeindestrasse
F4, O13 7 HO 1844
von Zeltweg 25 bis Baschligplatz
Führte sowohl am alten, 1890 abgetragenen, wie am neuen Gemeindehaus von Hottingen (Nr. 54) vorbei

Gemsenstrasse
N10 6 US 1894
von Röslistrasse 8 bis Weinbergstrasse 139
Zoologische Bezeichnung; frei gewählter Name

General Guisan-Quai
B/C5, 1+2 EN 1960
M/N14
von Bürkliplatz bis Breitingerstrasse / Mythenquai
Henri Guisan (1874–1960)
Oberbefehlshaber der schweizerischen Armee im 2. Weltkrieg von 1939 bis 1945; früherer Strassenname: Alpenquai (1887–1960)

General Wille-Strasse
M14 2 EN 1926
von General Guisan-Quai/Genferstrasse bis Tessinerplatz
Ulrich Wille (1848–1925)
von Zürich; Oberbefehlshaber der schweizerischen Armee im 1. Weltkrieg von 1914 bis 1918

Genferstrasse
A5, M14 2 EN 1942
von General Guisan-Quai 38 bis Bleicherweg 37
Bezeichnung «In Würdigung der besonderen Beziehungen, die immer zwischen Genf und Zürich bestanden haben»

Planfeld	Kreis	Quartier	Jahr	Erläuterung
Georg Baumberger-Weg				*von Borrweg 79 bis Friesenbergstrasse 233*
H15	3	WD	1932	Georg Baumberger (1855–1931) Politiker (Nationalrat) und Schriftsteller
Georg Kempf-Strasse				*von Furttalstrasse 69 bis westl. Sackgasse*
G/H4	11	AF	1969	Georg Kempf (1895–1961) Industrieller, Gönner und Förderer Affolterns, von 1940 bis 1958 Mitglied des Zürcher Gemeinderates, den er 1954/1955 präsidierte
Georgengasse				*von Nordstrasse 15 bis Stampfenbachstrasse 123*
N11	6	US	1878	Georg Syz (1843–1878) Friedensrichter von Unterstrass
Geranienstrasse				*von Ceresstrasse 21 bis Münchhaldenstrasse 33*
P16	8	RB	1901	Botanische Bezeichnung
Gerbergasse				*von Uraniastrasse 19 bis Löwenstrasse 40 und Seidengasse 13*
B2	1	LL	1863	Im Haus Nr. 1 (1913 abgetragen) befand sich von 1830 bis 1882 eine Gerberei.
Gerechtigkeitsgasse				*von Selnaustrasse 11 bis Freigutstrasse 36*
A4	1	LL	1863	Hinweis auf das ehemalige Bezirksgerichtsgebäude, Selnaustrasse 9
Gerhardstrasse				*von Seebahnstrasse 31 bis Weststrasse 60*
L13	3	WD	1905	Männlicher Vorname
Germaniastrasse				*von Hadlaubstrasse 115 bis Susenberg-/Freudenbergstrasse*
O10	6	OS	1896	«Germaniahügel» (urspr. «Hochbuck») mit «Germanialinde»: benannt nach der Studentenverbindung «Germania», die 1875 Georg Büchners Grab hierher versetzen liess
Gerold-Rampe				*von Geroldstrasse 4 bis Hardbrücke*
K10	5	IN	1972	Männlicher Vorname
Geroldstrasse				*von Viaduktstrasse bis Hardstrasse 221*
K10	5	IN	1893	Männlicher Vorname
Gerstenstrasse				*von Sihlquai 331 bis Limmatstrasse 291*
L10	5	IN	1926	Lage bei Aktien-Brauerei (später Löwenbräu Zürich)

Planfeld	Kreis	Quartier	Jahr	Erläuterung

Gertrud Kurz-Weg *von Birchstrasse bis Rosa Bloch-Weg*
J14   11   OE   1996   Gertrud Kurz-Hohl (1890–1972)
Dr. theol. h.c. der Universität, «Flüchtlingsmutter» während der beiden Weltkriege, Leiterin des Internationalen Christlichen Friedensdienstes, Trägerin des Internationalen Albert-Schweitzer-Preises 1965

Gertrudstrasse *von Sihlfeldstrasse 45 bis Haldenstrasse 170*
J13   3   WD   1893   Gemeinsam mit der Parallelstrasse «Lienhardstrasse» (seit 1919 Wiesendangerstrasse) benannt zur Erinnerung an Pestalozzis Erziehungsroman «Lienhard und Gertrud»

Gessnerallee *von Sihlstrasse 95 bis Bahnhofplatz 14/Postbrücke*
A2–B1   1   LL   1863   Salomon Gessner (1730–1788)
Maler und Idyllendichter, Sihlherr, Mitbegründer des Orell-Füssli-Verlages und der Porzellan-Manufaktur im Schooren bei Kilchberg. Die Allee führte ursprünglich bis zum Platzspitz, wo sich seit 1793 Gessners Denkmal befindet.

Gessnerbrücke *von Gessnerallee 15 bis Kasernenstrasse 95*
B1   1+4   LL   1893   Siehe Gessnerallee

Gfellstrasse *von Allmendstrasse /Brunaubrücke bis Badanstalt Allmend I*
K16   2   WO   1930   Flurname «Gfell» und «Gfellholz», westlich der Sihl: abschüssiges Gelände

Giblenstrasse *von Regensdorferstrasse 152 bis Rütihofstrasse*
E/F6   10   HG   1933   Flurname «uf der Giblen» (1532): weibliche Nebenform zu Giebel, der obere, sich verschmälernde Teil eines Hanges

Giblenweg *von Giblenstrasse 51 bis südl. Sackgasse*
E6   10   HG   1986   Siehe Giblenstrasse

Giebeleich *von Schärenfeld 30 bis Schärenmoosstrasse 12*
O4   11   SB   1938   Flurname: Eiche auf der Kuppe eines Hügels

Giessereistrasse *von Hardstrasse bis Förrlibuckstrasse*
K10   5   IN   1995   Strasse bei der Giesserei der Maschinenfabrik Escher-Wyss

Giessereiwiese *von Technoparkstrasse bis Giessereistrasse*
K9/10   5   IN   1995   Wiese bei der Giesserei der Maschinenfabrik Escher-Wyss

Planfeld	Kreis	Quartier	Jahr	Erläuterung

Giesshübelstrasse
K15   3   WD   1880
von Manessestrasse/Utobrücke bis Uetlibergstrasse 174
Flurname «Gisshübel» (1537): Stelle, wo zeitweise Wasser abrinnt; «Giesshübel» ist eine entstellende Umdeutung.

Gimpelweg
G5   10   HG   1997
von Martinsrütistrasse bis Räuberweg
Zoologische Bezeichnung

Ginsterstrasse
G12   9   AR   1932
von Mühlezelgstrasse 29 bis Grütstrasse 41
Botanische Bezeichnung

Ginsterweg
G12   9   AR   1944
von Albisriederstrasse 281 bis Grütstrasse 28
Botanische Bezeichnung

Girhaldenstrasse
E10   9   AT   1933
von Dachslernstrasse 41 bis Friedhofstrasse 66
Flurname: Halde, wo sich Raubvögel mit Vorliebe aufhalten; Gir mundartlich für Geier, aber auch allgemein für Raubvogel

Girhaldenweg
E11   9   AT   1933
von Friedhofstrasse 62 bis westl. Sackgasse
Siehe Girhaldenstrasse

Gladbachstrasse
O11   6+7   OS/FL   1899
von Vogelsangstrasse 33 bis Kraft-/Zürichbergstrasse
Ernst Georg Gladbach (1812-1896). Prof. für für Architektur an der ETH von 1857 bis 1890

Gladiolenweg
H11   9   AT   1933
von Edelweissstrasse bis Edelweissstrasse
Botanische Bezeichnung

Glärnischstrasse
B4   2   EN   1877
von südl. Dreikönigstrasse 7 (Sackgasse) bis Bleicherweg 7
Gebirgskette im Glarnerland (2910 m)

Glasmalergasse
L/M12   4   AS   1880
von Bäckerstrasse 20 bis Müllerstrasse 31
Beruf eines Anstössers

Glattalstrasse
N/O3   11   SB   1932
von Schaffhauserstrasse 519 bis Grenze Rümlang
Glatt: der ruhig (glatt) fliessende Abfluss des Greifensees

Glättlistrasse
E10   9   AT   1951
von Girhaldenstrasse 36 bis Loogartenstrasse 15
Altstetter Familie

Glattstegweg
R6/7   12   SW   1872
von Herzogenmühlestrasse 25 bis Grenze Wallisellen (Glatt)
Zugang zum Steg über die Glatt bei der Herzogenmühle

Planfeld	Kreis	Quartier	Jahr	Erläuterung
Glattwiesenstrasse				*von Dübendorfstrasse 147 bis Winterthurerstrasse 660*
S7	12	SW	1951	Frei gewählter Name; Wiesen in der Nähe der Glatt
Glaubtensteig				*von Wehntalerstrasse 337 bis Obsthaldenstrasse 50*
K/L6	11	AF	1933	Siehe Glaubtenstrasse
Glaubtenstrasse				*von Wehntalerstrasse 381 bis Schauenberg-/Emil Klöti-Strasse*
J/K6	10+11	HG/AF	1930	Flurname: laubreiches (gelaubtes) Gehölz, wo Laub gesammelt wurde
Gletscherstrasse				*von Wildbachstrasse 17 bis östl. Sackgasse*
P15	8	RB	1896	Hinweis auf die Gletscherfindlinge, die beim Bau der Seebahn hier gefunden wurden
Glockengasse				*von Strehlgasse 21 bis Augustinergasse 14*
C3	1	LL	1790	Haus zur «Glocke» (Nr. 9)
Gloriasteig				*von Nägelistrasse 4 bis Gloriastrasse 68*
P12	7	FL	1900	Siehe Gloriastrasse
Gloriastrasse				*von Rämistrasse 71 bis Zürichbergstrasse 69/Vorderberg*
F1/2, O/P12	7	FL	1890	Vermutlich nach einem Hausnamen
Gmeimeriweg				*von Anemonenstrasse 37 bis Rautistrasse 8*
G11	9	AR	1933	Flurname «gemein mark» (1345): die gemeinsame March, Allmend
Goethestrasse				*von Schillerstrasse bis Stadelhoferstrasse 8*
E5	1	RL	1893	Johann Wolfgang von Goethe (1749–1832) Deutscher Dichter, befreundet mit Johann Caspar Lavater und Frau Barbara Schulthess. Er weilte 1775, 1779 und 1797 in Zürich.
Goetzstrasse				*von Scheuchzerstrasse 112 bis Winterthurerstrasse 79*
N10	6	US	1907	Hermann Goetz (1840–1876) Deutscher Komponist (aus Königsberg). Er wirkte seit 1870 bis zu seinem Tode in Zürich.

Planfeld	Kreis	Quartier	Jahr	Erläuterung

Goldackerweg — *von Triemlistrasse 78 bis südwestl. Rossackerstrasse (Sackgasse)*

| F13 | 9 | AR | 1933 | Flurname: gewöhnlich bildlich für einen fruchtbaren, einträglichen Acker, zuweilen aber auch in ironischem Sinne für ein unergiebiges Grundstück verwendet |

Goldauerstrasse — *von Rigistrasse 39 bis Frohburgstrasse 64*

| O10 | 6 | OS | 1909 | Ortschaft am Fuss der Rigi |

Goldbrunnenplatz — *von Birmensdorfer-/Goldbrunnenstrasse bis Kalkbreite-/Saumstrasse*

| J/K13 | 3 | WD | 1933 | Siehe Goldbrunnenstrasse |

Goldbrunnenstrasse — *von Berneggweg 15 bis Leonhard Ragaz-Weg 24*

| J/K13 | 3 | WD | 1898 | Goldbrunnenegg am Uetliberg, auf der sich die Burgruine Friesenberg befindet. Der Name «Goldbrunnen» rührt vielleicht von gelbem Gestein her, vielleicht aber auch von einer sagenhaften, goldführenden Quelle mit unterirdischen Schätzen. |

Goldregenweg — *von Künzlistrasse 49 bis Regensbergstrasse 221*

| M6 | 6+11 | OE | 1928 | Botanische Bezeichnung |

Gorwiden — *von Viktoriastrasse 30 bis Binzwiesenstrasse 19*

| O7 | 11 | OE | 1948 | Flurname «Garwiden» (1335), auch «Garnwiden»: alter Name der Waldrebe, mundartlich «Niele», wegen ihrer seilartig langen Stengel wie Weidenbänder gebraucht |

Gottfried Keller-Strasse — *von Utoquai bis Stadelhoferstrasse 7*

| D/E5 | 1 | RL | 1893 | Gottfried Keller (1819–1890) Zürcher Dichter und Staatsschreiber. Geburtshaus zum «Goldenen Winkel», Neumarkt 23, Sterbehaus zum «Thalegg», Zeltweg 27, Denkmal am Mythenquai. |

Gotthardstrasse — *von Claridenstrasse 7 bis Tessinerplatz*

| B5 | 2 | EN | 1877 | Zentrales Gebirgsmassiv und berühmter Alpenübergang (2112 m) |

Gotthelfstrasse — *von Zurlindenstrasse 43 bis Steinstrasse 2*

| K13 | 3 | WD | 1897 | Jeremias Gotthelf (Pfarrer Albert Bitzius, 1797–1854) Berner Pfarrer, Schriftsteller und Volkserzieher |

Planfeld	Kreis	Quartier	Jahr	Erläuterung

Gottlieb Kramer-Steig *von Batteriestrasse bis Gottlieb Kramer-Weg*
O/P10 6 OS 1997 Siehe Gottlieb Kramer-Weg

Gottlieb Kramer-Weg *von Batteriestrasse bis Spyristeig*
P10 6 OS 1997 Gottlieb Kramer (1844–1924)
Forstmeister; Experte für Bezirks-, Ober- und Bundesgericht. Präsident des Verschönerungsvereins Zürich und Umgebung.

Grabenweg *von Eschenhaustrasse bis Hirslanderbergstrasse*
T14 7 WI 1997 Dem Graben entlang führender Weg (im Gebiet Adlisberg, Looren)

Grabenwies *von Wehntalerstrasse 82 bis Allenmoosstrasse 30*
M7/8 6 US 1935 Flurname: Wiese an Bach- oder Entwässerungsgraben

Gräbligasse *von Niederdorfstrasse 64 bis Seilergraben 55*
D1/2 1 RL 1756 Früher Grabengasse, führte vom Niederdorf zum ehemaligen Stadtgraben (Seilergraben)

Granitweg *von Ottikerstrasse 11 bis nördl. Sackgasse*
N10 6 OS 1905 Bauherr: Bau- und Granitgeschäft Sassella & Co.

Gratstrasse *von Uetlibergstrasse (Gde. Uitikon) bis Gratstrasse (Gde. Stallikon)*
F15–H21 3 WD/LB 1900 Auf dem Grat des Uetliberges

Gratweg *von Gratstrasse bis Hohensteinstrasse*
F15–G16 3 WD 1957 Abzweigung von der Gratstrasse

Graue Gasse *von Limmatquai 84 bis Niederdorfstrasse 15*
D2 1 RL 1424 Benannt nach dem «Grauen Haus» (Nr.9), 1940 abgetragen

Grebelackerstrasse *von Wehntalerstrasse 59 bis Bucheggstrasse 103*
M8 6 US 1928 Flurname (1495): Acker, einst im Besitz eines Angehörigen der Zürcher Familie Grebel

Greblerweg *von Altstetterstrasse 296 bis Lyrenweg 58*
F12 9 AR 1928 Flurname: Grundstück, das an einem Graben liegt; die Ableitung mit -(l)er bedeutet gleichsam die Zusammengehörigkeit

Planfeld	Kreis	Quartier	Jahr	Erläuterung
Greifenseestrasse				*von Kirchenackerweg 30 bis Riedgrabenweg 55*
P6	11	OE	1950	See und Städtchen im Glattal
Grenzsteig				*von Seestrasse 572 bis Kilchbergstrasse*
N20	2	WO	1917	Liegt an der Grenze zwischen Stadt und Kilchberg
Grenzwiesweg				*von Rüteliweg bis Entlisbergkopf*
L21	2	WO	1956	Frei gewählter Name: Wiese an Stadtgrenze
Gretenweg				*von Haumesserstrasse 17 bis Bellariastrasse 63*
M17	2	WO	1894	Flurname «Gretenächerli» (1737): Eigentum einer Grete (Margret)
Griesernweg				*von Lehenstrasse 70 bis westl. Waidfussweg (Sackgasse)*
K8	10	WP	1941	Flurname Griessern: Sammelform zu Griess, Gelände mit grobsandigem, kiesigem Boden
Grimselstrasse				*von Badenerstrasse 649 bis Saumackerstrasse 77*
F/G10	9	AT	1933	Pass vom Haslital ins Oberwallis (2172 m)
Grossackerstrasse				*von Im Mittelleimbach 6 bis Risweg*
J21	2	LB	1897	Flurname
Grossalbis				*von Hegianwandweg bis Bachtobelstrasse*
J15	3	WD	1933	Flurname: Albis ist verwandt mit Alp = Bergweide; vgl. Albisstrasse
Grossmannstrasse				*von Am Wasser 48 bis westl. Sackgasse*
J8/9	10	HG	1961	Altes, schon im 14. Jahrhundert erwähntes Geschlecht von Höngg
Grossmünsterplatz				*von Kirchgasse 14 bis Zwingliplatz*
D3/4	1	RL	1865	Grossmünster, nach der Sage über den Gräbern von Felix und Regula erbaut. Zur Kirche gehörte ein Chorherrenstift mit der angeblich von Karl dem Grossen gegründeten Schule (Carolinum).
Grossrieglenweg				*von Oetlisbergweg/Allenwiesliweg bis Egglenweg*
V/W15	7	WT	1988	Flurname Grossrieglen: grösserer Durchgang in einem Zaun, der mit verschiebbaren Stangen geöffnet oder geschlossen werden konnte

Planfeld	Kreis	Quartier	Jahr	Erläuterung
Grosswiesenstrasse				*von Glattwiesenstrasse 80 bis Weibelackerweg*
S/T7	12	SW	1953	Flurname
Grubenackerstrasse				*von Eisfeldstrasse bis Schärenmoosstrasse 38*
O5	11	SB	1932	Flurname: Acker bei einer Kies- oder Lehmgrube
Grubenstrasse				*von Uetlibergstrasse 102 bis Räffelstrasse 29*
J/K15	3	WD	1931	Hauptzufahrt zur ehemaligen Lehmgrube im Binz
Grünauring				*von Bändlistrasse 20 bis Bändlistrasse 48*
F8/9	9	AT	1958	Siehe Grünaustrasse
Grünaustrasse				*von Bernerstrasse-Nord 158 bis Bändlistrasse 20*
F/G9	9	AT	1931	Bauherr: Baugenossenschaft Grünau
Grundstrasse				*von Freihofstrasse 25 bis Rudenzweg 34*
H10/11	9	AT	1910	Flurname: tiefe Lage
Grüngasse				*von Birmensdorferstrasse 32 bis Badenerstrasse 119*
L12/13	4	AS	1883	Ursprünglich wohl die Gasse im «Grünen», da jene Gegend damals nur wenig bebaut war
Grünhaldenstrasse				*von Schaffhauserstrasse 432 bis Schaffhauserstrasse 460*
O5	11	SB	1932	Frei gewählter Name
Grünmattstrasse				*von Friesenbergstrasse 223 bis westl. Sackgasse*
H14	3	WD	1928	Frei gewählter Name
Grünwaldstrasse				*von Bergholzweg bis Regensdorferstrasse 237*
F5/6	10	HG	1956	Wirtschaft zum «Grünwald», Regensdorferstrasse 237, 1922 erbaut
Grünwaldweg				*von Regensdorferstrasse bis Naglerwiesenstrasse 6*
F5/6	10	HG	1986	Siehe Grünwaldstrasse
Grütholzstrasse				*von Dreiwiesenstrasse bis Adlisbergstrasse*
R12	7	HO	1956	Waldname: Gehölz zwischen gerodetem Land (Dreiwiesen und Siedlung Adlisberg)
Grütlistrasse				*von Bederstrasse 25 bis Seestrasse 102*
M14	2	EN	1877	Haus zum «Grütli», Seestr. 36, 1924 abgetragen

Planfeld	Kreis	Quartier	Jahr	Erläuterung

Grütstrasse
von Mühlezelgstrasse 60 bis Fellenbergstrasse 296
G12　9　AR　1928　Flurname (1368): Sammelbezeichnung für «Rüti», ausgereutetes Holz

Gstalderweg
von Gustav Heinrich-Weg bis Entlisbergweg
L19　2　WO　1956　Flurname: Gstalder, Ableitung aus Stalden, ansteigender Weg; Grundstück, durch das der Stalden führt

Gsteigstrasse
von Regensdorferstrasse 2 bis Emil Klöti-Strasse
H7　10　HG　1932　Flurname «Gesteigge» (1326): ansteigender Weg

Gubelhangstrasse
von Regensbergstrasse 148 bis Franklinplatz
N6　11　OE　1933　Am Hang des Gubels; vgl. Gubelstrasse

Gubelstrasse
von Schaffhauserstrasse 316 bis Hofwiesenstrasse 322
N6　11　OE　1898　Gubel = rundliche Anhöhe

Gubristweg
von Rütihofstrasse 2 bis Hurdäckerstrasse
E5　10　HG　1986　Gubrist = Berg oberhalb Regensdorf (Molaserücken zwischen Limmattal und Furttal), wohl aus «Gubel» = Höhe und «Rist» = Rücken

Güetliweg
von Oberwiesenstrasse 75 bis Kügeliloostrasse 48
M6　11　OE　1929　Güetli, die von der Vereinigung für Innenkolonisation 1929 erbauten Heimwesen

Guggachstrasse
von Schaffhauserstrasse 113 bis Bucheggstrasse 102
M/N8　6　WP/US　1892　Flur- und Hausname, Rötelstr. 150: «Guggech», erleichtert aus Gugg-gauch, der alten Bezeichnung des Kuckucks

Guggerweg
von Wehntalerstrasse 13 bis Langackerstrasse 20
N8　6　US　1930　Zoologische Bezeichnung, mundartliche Bezeichnung für Kuckuck

Gugolzstrasse
von Hardplatz 21 bis Eichbühlstrasse 16
J/K11　4　AS　1931　Name eines Anstössers

Gujerstrasse
von Schaffhauserstrasse 424 bis Jungholzstrasse 43
N5　11　SB　1933　Name eines Anstössers

Planfeld	Kreis	Quartier	Jahr	Erläuterung

Guldinerweg | | | | *von Mühlezelgstrasse 45 bis südl. Sackgasse*
G12 | 9 | AR | 1933 | Altes, schon im 15. Jahrhundert erwähntes Geschlecht von Albisrieden

Gustav Heinrich-Weg | | | | *von Entlisbergstrasse 32 bis Bruchstrasse*
K/L19 | 2 | WO | 1928 | Gustav K.W. Heinrich (1874–1928) Zentralkassier der Allgemeinen Baugenossenschaft Zürich

Gutenbergstrasse | | | | *von Bederstrasse 4 bis Parkring 31*
M14 | 2 | EN | 1947 | Johannes Gensfleisch, genannt Gutenberg (gest. 1468). Erfinder der Buchdruckerkunst

Guthirtstrasse | | | | *von Nordstrasse 246 bis Geibelstrasse 15*
L9 | 10 | WP | 1935 | Benannt nach der Guthirtkirche; Christus, dem guten Hirten, geweiht

Gutstrasse | | | | *von Birmensdorferstrasse 280 bis Albisriederstrasse 155*
H12-J13 | 3 | WD/AS/AR | 1869 | Liegenschaft «Im Gut» (Nr. 85), 1952 überbaut

Gwandensteig | | | | *von Kürbergstrasse 12 bis Emil Klöti-Strasse*
J8 | 10 | HG | 1932 | Flurname «Gewande» (1331): Kopfende eines Ackers, wo man den Pflug wendet; vgl. Anwandstrasse

Habsburgstrasse | | | | *von Dammstrasse bis Röschibachstrasse 46*
L9 | 10 | WP | 1898 | Burg oberhalb Brugg und Grafenfamilie. Rudolf von Habsburg, der spätere König, war Anführer der Zürcher in der Regensbergerfehde 1262

Häderlihof | | | | *von Wehntalerstrasse 12 bis nordöstl. Sackgasse*
N8 | 6 | US | 1928 | Bauerngut «Häderli», Schaffhauserstrasse 157, 1943 abgetragen: Name oder Übername eines Besitzers; zu hädere(n) = eilig herumlaufen oder schnell reden

Hadlaubsteig | | | | *von Frohburgstrasse 34 bis Germaniastrasse 48*
O10 | 6 | OS | 1909 | Siehe Hadlaubstrasse

Hadlaubstrasse | | | | *von Toblerstrasse 35 bis Frohburgstrasse 106*
O9–11 | 6+7 | FL/OS | 1892 | Meister Johannes Hadlaub (um 1300) Zürcher Minnesänger, von Gottfried Keller in den «Zürcher Novellen» liebevoll geschildert. Denkmal von Viktor von Meyenburg in der Platzpromenade.

Planfeld	Kreis	Quartier	Jahr	Erläuterung

Hafnerstrasse
M11   5   IN   1880
von Zollstrasse 42 bis Sihlquai 67
Die ältesten Häuser an dieser Strasse (Nrn. 24, 27, 31) wurden von 1872 bis 1877 von Hafner Johann Conrad Oechslin erstellt.

Hägelerweg
H13   3   WD   1931
von Schweighofstrasse 415 bis Schweighofstrasse 427
Flurname (1570): wohl Übername eines Besitzers; zum mundartl. hägele(n) = sticheln, zänkeln

Hagenbuchrain
F13   9   AR   1933
von Triemlistrasse 11 bis Birmensdorferstrasse 636
Hagenbuech mundartlich für Hainbuche

Hagenholzstrasse
P5   11+12   SB/OE   1948
von Thurgauerstrasse 40 bis Aubruggstrasse
Waldname: Gehölz mit Hainbuchen

Hagwiesenweg
H14/15   3   WD   1900
von Döltschiweg bis Friesenbergstrasse/Zielweg
Flurname: Wiese an einem Lebhag

Hainerweg
P14/15   8   RB   1897
von Billrothstrasse 18 bis südl. Sackgasse
Süddeutsche Kurzform des Vornamens Heinrich

Häldeliweg
P12   7   FL   1890
von Gloriastrasse 18 bis Hochstrasse 65
Name der an einer Halde liegenden Häusergruppe Nrn. 3 und 5; 1959 abgetragen

Haldenbachstrasse
O11   6   OS   1883
von Sonneggstrasse 20 bis Hochstrasse 6
Verläuft in Richtung des nun eingedolten Haldenbaches

Haldeneggsteig
N/O11   6   US/OS   1894
von Weinbergstrasse 36 bis Sonneggstrasse 47
Flurname

Haldenstrasse
J/K13   3   WD   1880
von Uetlibergstrasse 54 bis Bertastrasse 90
Flurname

Hallenstrasse
O14   8   RB   1868
von Dufourstrasse 35 bis Seefeldstrasse 32
Gebäude zur «Industriehalle» zwischen Hallen-, Seefeld- und Kreuzstrasse, 1940 abgetragen

Hallerweg
F12   9   AR   1956
von Altstetterstrasse 332 bis Lyrenweg 8
Altes, schon im 15. Jahrhundert erwähntes Geschlecht von Albisrieden

Im Hof der 1863 erbauten und 1940 abgetragenen Kaufhallen, Ecke Seefeld-/Kreuzstrasse, fand ein Gemüsemarkt statt.

Mehrfamilienhaus-Zeile, Hammerstrasse 38–44, 1904 von Architekt Oscar Brennwald erbaut. Kopfbau mit wuchtigem Eckerker.

Planfeld	Kreis	Quartier	Jahr	Erläuterung

Hallwylplatz
L13 4 AS 1898 *von Hallwylstrasse bis Weber-/Morgartenstrasse*
Siehe Hallwylstrasse

Hallwylstrasse
L13 4 AS 1894 *von Werdplatz bis Manessestrasse 10*
Hans von Hallwyl (um 1434–1504)
Anführer der Vorhut in der Schlacht bei Murten 1476

Hambergersteig
P/Q16 8 RB 1896 *von Seefeldstrasse 233 bis Zollikerstrasse 188*
Name eines Anstössers

Hammersteig
P15 7 HI 1898 *von Drahtzugstrasse 21 bis Forchstrasse 120*
Siehe Hammerstrasse

Hammerstrasse
P/Q15 7+8 RB/HI 1892 *von Zollikerstrasse 81 bis Forchstrasse 224*
Hammerschmiede am Wehrenbach, schon 1368 erwähnt; «Obere Hammerschmiede», Drahtzugstrasse 72

Hanfrose
J14 3 WD 1939 *von Döltschiweg 9 bis Wasserschöpfi 24*
Flurname: Wassergrube zum Einlegen und Aufweichen der Hanfstengel

Hangelstrasse
P9 6 OS 1997 *von Letziweg bis Bannholzstrasse*
Nach «Hangel» = kleiner Abhang

Hans Behn-Eschenburg-Weg
M5 11 OE 1996 *von Robert Maillart-Strasse bis Kügeliloostrasse*
Hans Behn-Eschenburg (1864–1938)
Dr. h.c. der ETH 1919, Maschineningenieur, Pionier des elektrischen Bahnbetriebs, Technischer Generaldirektor der MFO

Hans Huber-Strasse
M16 2 EN 1922 *von Bellariastrasse 20 bis Bellariastrasse 32*
Hans Huber (1852–1921)
Solothurner Musiker und Komponist, in Basel tätig

Hans Roelli-Weg
S12/13 7 HO 1963 *von Breitweg bis Adlisbergstrasse*
Hans Roelli (1889–1962). Lyriker und Liederkomponist

Hanslinweg
P/Q10 7 FL 1972 *von Hinterbergstrasse/Orelliweg bis Letziweg*
Adolf Hanslin (1911–1971). Oberstkorpskommandant

Planfeld	Kreis	Quartier	Jahr	Erläuterung

Hardaustrasse
J12   3   WD   1899

von Albisriederplatz bis Aemtlerstrasse 180
Flurname; in der Hardau befand sich die älteste, 1892 errichtete Radrennbahn Zürichs

Hardauweg
J11   4   AS   1988

von Eichbühlstrasse 41 bis Bullingerstrasse
Flurname: lichter, als Weide benutzter Auenwald

Hardbrücke
K11–L9   4   AS   1899

von Hardplatz bis Rosengartenstrasse 3
Flurname: lichter, als Weide benützter Wald; vgl. auch Herdernstrasse

Hardeggsteg
H9   9+10   HG   1974

von Fischerweg bis Hardeggweg
Frei gewählter Name

Hardeggstrasse
H8/9   10   HG   1932

von Am Wasser 65 bis nordwestl. Sackgasse
Frei gewählter Name

Hardeggweg
H9   10   HG   1974

von Hardeggstrasse 11 bis Hardeggsteg
Frei gewählter Name

Hardgutstrasse
H11   9   AS/AT   1905

von Hohlstrasse 401 bis südl. Baslerstrasse (Sackgasse)
Haus zum «Hardgut» (Nr. 30), 1949 abgetragen

Hardhof

G8   9   IN   1976

von Meierwiesenstrasse 16 bis südöstl. Sackgasse (Sportanlage Hardhof)
Siedlung «Hardhof», 1924 erstellt

Hardplatz
K11   4   AS   1898

von Hard-/Hohlstrasse bis Sihlfeldstrasse
Siehe Hardstrasse bzw. Herdernstrasse

Hardstrasse
J12–K10   4+5   AS/IN   1869

von Albisriederplatz bis Escher-Wyss-Platz
Flurname: lichter, als Weide benutzter Wald; vgl. auch Herdernstrasse

Hardturm-Rampe
K/L9   5   IN   1972

von Hardbrücke bis Hardturmstrasse
Siehe Hardturmstrasse

Hardturmsteg
J/K9   5+10   IN   1931

von Hardturmweg bis Am Wasser
Siehe Hardturmstrasse

Planfeld	Kreis	Quartier	Jahr	Erläuterung
Hardturmstrasse				*von Escher-Wyss-Platz bis Berner-/Förrlibuckstrasse*
K9	5	IN	1878	Hardturm, Hardturmstrasse 136,: ein vermutlich im 12. Jahrhundert erbauter Wehrturm zur Sicherung eines Limmatübergangs (bis 1343 Brücke, später Fähre)
Hardturmweg				*von Hardturmstrasse 150 bis Hardturmsteg / Fischerweg*
J9	5	IN	1931	Siehe Hardturmstrasse
Häringsplatz				*von Niederdorfstrasse 46 bis Häringstrasse*
D2	1	RL	1865	Siehe Häringstrasse
Häringstrasse				*von Häringsplatz bis Seilergraben 43*
D2	1	RL	1877	Haus Häringstrasse 3 trägt seit 1649 den Namen zum «Häring», der vom Haus Oberdorfstr. 20 übernommen wurde und sich vom Familiennamen Häring herleitet.
Haselholzweg				*von Dangelweg bis Albisstrasse 250*
L20/21	2	WO	1956	Flurname: Wald mit Haselsträuchern
Haselmausweg				*von Hungerbergstrasse bis Holderbachweg*
G/H5	10	HG	1997	Zoologische Bezeichnung
Haselweg				*von Eleonorenstrasse 20 bis nordwestl. Sackgasse*
P12/13	7	FL	1924	Zugang zum Haus zur «Haselmuus» (Nr. 9)
Hasenrain				*von Dachsschleife bis Wehrlisteig*
K7/8	10	WP	1936	Zoologische Bezeichnung
Haslerstrasse				*von Weststrasse 169 bis Zentralstrasse 78*
K12/13	3	WD	1910	Name von Anstössern
Hätzlergasse				*von Rautistrasse 399 bis Grenze Schlieren*
D10	9	AT	1935	Flurname «Hegstel» (1430), «Hegstal» und «Hägstler» (1560): zusammengezogen aus «Häg(i)st(a)ler», Grundstück im Tal eines Eigentümers namens Hägi, und umgedeutet zu «Hätzler», mundartl. für Eichelhäher
Hauerweg				*von Buschbergstrasse bis Alte Gockhauserstrasse*
T11/12	7	HO	1997	Ev. von «Hauer» im Sinn von Wurzelhacker; oder beim Holzschlag benutzter Weg

Planfeld	Kreis	Quartier	Jahr	Erläuterung

Hauhölzliweg
U14   7   WT   1988
von Katzenschwanzstrasse bis östl. Kehrplatz
Flurname: Waldstück, das – in regelmässiger Reihenfolge – abgeholzt wird

Haumesserstrasse
M17   2   WO   1867
von Seestrasse 290 bis Staubstrasse 11
Flur- und Hausname (Nr. 22); Haumesser = zweischneidiges Beil des Metzgers

Hauriweg
L19   2   WO   1953
von Albisstrasse 118 bis Balberstrasse 83
Johann Rudolf Hauri (1878–1939). Pfarrer in Wollishofen von 1903 bis 1939, Kirchenratspräsident

Hausäcker
E9/10   9   AT   1948
von Dachslernstrasse 63 bis nördl. Sackgasse
Flurname: Äcker in nächster Hausnähe im Gegensatz zur Ackerflur in den Zelgen

Hauserstrasse
Q13   7   HO   1904
von Titlisstrasse 17 bis Dolderstrasse 94
Walter Hauser (1837–1902)
Von Wädenswil, Bauherr der Überbauung an dieser Strasse; Regierungsrat von 1881 bis 1888, Bundesrat von 1888 bis 1902

Hauswiesenstrasse
E5   10   HG   1980
von Rütihofstrasse bis Hauswiesenweg
Flurname: Wiesen, die in der Nähe der zugehörigen Bauernhäuser liegen

Hauswiesenweg
E5   10   HG   1986
von Hauswiesenstrasse bis Hurdäckerstrasse
Siehe Hauswiesenstrasse

Hechtplatz
D4   1   RL   1744
von Limmatquai 6 bis Limmatquai 10
Haus zum «Hecht» (Nr. 1); das zugehörige Tavernenrecht wurde 1871 auf das Haus Schiffländer 22 übertragen.

Hedwigsteig
Q15   7   HI   1900
von Forchstrasse 155 bis Hedwigstrasse 25
Weiblicher Vorname

Hedwigstrasse
Q15   7   HI   1894
von Hofackerstrasse 5 bis Rankstrasse 15
Weiblicher Vorname

Heerenschürlistrasse
T8   12   SW   1956
von Altwiesenstrasse 349 bis östl. und westl. Sackgasse
Flurname: Grundstück mit Scheune des «Heeren», des Pfarrers; vgl. auch «Heerenwiesen»

Planfeld	Kreis	Quartier	Jahr	Erläuterung

Heerenwiesen   *von Herzogenmühlestrasse 25 bis Winterthurerstrasse 559*
R7   12   SW   1946   Flurname (1541): Wiesen, die zum Gut des «Heeren», des Pfarrers, gehören

Hegarstrasse   *von Klosbachstrasse 10 bis Forchstrasse 28*
P14   7   HO   1909   Friedrich Hegar (1841–1927)
Musiker und Komponist, seit 1863 in Zürich tätig, Gründer des Konservatoriums für Musik, Dirigent des Tonhalle-Orchesters von 1868 bis 1906; Ehrenbürger der Stadt Zürich

Hegenmatt   *von Morgentalstrasse 85 bis Im Hummel*
L18   2   WO   1940   Hier frei gebildet nach dem Flurnamen «Hegetstürli» = Türe in Hecke; Hegenmatt = Matte zwischen Lebhägen (Hecken)

Hegianwandweg   *von Uetlibergstrasse 208 bis westl. Sackgasse*
K15–J16   3   WD   1898   Flurname: Anwand (Kopfende eines Ackers, worauf der Pflug gewendet wird), die an Einhegung stösst

Hegibachplatz   *von Forch-/Neumünsterstrasse bis Forch-/Hofackerstrasse*
P14/15   7   HI   1863   Siehe Hegibachstrasse

Hegibachstrasse   *von Hegibachplatz bis Klusstrasse 38*
Q14   7   HI   1880   Hegibach, ein Zufluss des Wehrenbachs, vom Hirslanderberg herkommend: Bach, der einem Hag entlangläuft

Hegnauweg   *von Schärenfeld 14 bis Schärenmoosstrasse 6*
O4   11   SB   1935   Dorf in der Gemeinde Volketswil

Heideggerweg   *von Schörlistrasse 13 bis Saatlenstrasse 120*
Q6/7   12   SW   1949   Hans Konrad Heidegger (1710–1778)
Zürcher Bürgermeister von 1768 bis 1778, bedeutender Staatsmann und Schulreformer

Heidegraben   *von Venusstrasse 6 bis Föhrenstrasse*
N7   11   OE   1936   Flurname «Heizegraben», urspr. «Heidengraben»: vielleicht Teil einer Anlage aus vorgeschichtlicher Zeit

Planfeld	Kreis	Quartier	Jahr	Erläuterung
Heidi Abel-Weg				*von Hagenholzstrasse 81 bis nördl. Sackgasse*
P5	11	OE	1996	Heidi Abel (1929–1986)
				Ansagerin und Moderatorin beim Schweizer Fernsehen (1954–1986)
Heidwiesen				*von Glattstegweg 31 bis Schürgistrasse 40*
R6/7	12	SW	1949	Flurname: Wiesen auf offener, abgelegener Heide, Allmend
Heilighüsli				*von Witikonerstrasse 278 bis südl. Sackgasse (Schulhaus Langenmatt)*
S/T15	7	WT	1937	Flurname «Im Heilighüsli»: wohl Standort einer ehemaligen Kapelle
Heimatstrasse				*von Eigenstrasse bis Dufourstrasse 163*
O/P16	8	RB	1894	Urspr. «Heimstrasse», 1892 gemeinsam mit der «Eigenstrasse» von der Genossenschaft Eigenheim erstellt
Heimplatz				*von Rämistrasse bis Kantonsschulstrasse*
E3	1	RL	1892	Ignaz Heim (1818–1880)
				von Laufenburg; Komponist, Förderer des Volksgesanges, seit 1852 in Zürich wirkend. Denkmal auf dem Platz von Baptist Hörbst 1883 errichtet.
Heimstrasse				*von Heimplatz bis Hirschengraben*
E3	1	RL	1892	Siehe Heimplatz
Heinrich Bosshardt-Strasse				*von Winterthurerstrasse 508 bis Hüttenkopfstrasse*
R7	12	SW	1932	Johann Heinrich Bosshardt (1811–1877)
				Lehrer in Schwamendingen von 1834 bis 1850, Dichter des Sempacherliedes
Heinrich Federer-Strasse				*von Kalchbühlstrasse 96 bis Widmerstrasse 72*
M19	2	WO	1934	Heinrich Federer (1866–1928)
				Katholischer Theologe, später Jounalist (seit 1899 in Zürich); zu seiner Zeit sehr erfolgreicher Schriftsteller
Heinrichstrasse				*von Ackerstrasse 39 bis Hardstrasse 305*
L10–M11	5	IN	1878	Vorname von Nationalrat Fierz; vgl. Fierzgasse
Heiri-Steg				*von Rudolf Brun-Brücke bis Schipfe*
C2	1	LL	1992	Heinrich («Heiri») Burkhardt (1918–1978)
				Dr. phil., Mittelschullehrer, Stadtrat von 1970 bis 1978

Planfeld	Kreis	Quartier	Jahr	Erläuterung

Heizenholz | | | | *von Regensdorferstrasse 109 bis Regensdorferstrasse 190*
F6 10 HG 1938 Waldname (1644), wahrscheinlich entstellt aus Heidenholz; vorgeschichtl. Grabhügel und römische Mauertrümmer legen diese Deutung nahe

Helen Keller-Strasse *von Altwiesenstrasse 371 bis Gemeinschaftszentrum Heerenschürli*
T8 12 SW 1971 Helen Keller (1880–1968)
Amerikanische Schriftstellerin; verlor als Kleinkind Augenlicht und Gehör. Trotzdem studierte sie und betätigte sich als sozialgesinnte Schriftstellerin. Ihre Familie soll angeblich ursprünglich aus Schwamendingen stammen.

Helenastrasse *von Korneliusstrasse 9 bis Seefeldstrasse 168*
P16 8 RB 1894 Weiblicher Vorname

Heliosstrasse *von Eidmattstrasse 30 bis Hegibachstrasse 9*
P14 7 HI 1895 Griechischer Sonnengott

Hellmutstrasse *von Hohlstrasse 78 bis Brauerstrasse 76*
L12 4 AS 1914 Männlicher Vorname

Hellrainweg *von Entlisbergweg bis Entlisbergkopf*
K20 2 WO 1956 Flurname: Rain oberhalb einer «Hell» = Hölle, wüster, unfreundlicher Ort

Helvetiaplatz *von Ankerstrasse bis Stauffacherstrasse*
L12 4 AS 1898 Helvetia = Personifizierung der Schweiz, gebildet aus dem Volksnamen der keltischen Urbevölkerung, der Helvetier

Herbartstrasse *von Brauerstrasse 60 bis Hohlstrasse*
L12 4 AS 1898 Johann Friedrich Herbart (1776–1841)
Deutscher Philosoph und Pädagoge

Herbstweg *von Schwamendingenstrasse 102 bis Saatlenstrasse 110*
P/Q7 11+12 OE/SW 1933 Frei gewählter Name

Herdernstrasse *von Badenerstrasse 501 bis Hohlstrasse 365*
H/J11 4 AS/IN 1900 Flurname: Mehrzahl von Hard, lichte, als Weide benutzte Waldstücke

Planfeld	Kreis	Quartier	Jahr	Erläuterung

Herman Greulich-Strasse — *von Kanzleistrasse 136 bis Hohlstrasse 122*
K12   4   AS   1930   Herman Greulich (1842–1925)
Bedeutender Führer des schweizerischen Sozialismus, ursprünglich aus Deutschland stammend

Hermetschloobrücke — *von Zürcherstrasse bis Bernerstrasse*
D9–E8   9   AT   1997   Siehe Hermetschloostrasse

Hermetschloostrasse — *von östl. Sackgasse (Schnellgutbahnhof) bis Badenerstrasse*
E9   9   AT   1933   Flurname, zusammengesetzt aus einem altd. Personennamen im Wesfall (z.B. Herimuot-es mundartlich verkürzt zu Hermets, Hermetsch) und Lob oder Loo = Gehölz

Herostrasse — *von Bernerstrasse-Süd 167 bis Vulkanstrasse 86*
F9   9   AT   1933   Anstösser: «Hero» Biscuits AG

Herrenbergstrasse — *von Stapferstrasse 51 bis Ottikerstrasse 56*
O10/11   6   OS   1907   Weiler in der Gemeinde Bergdietikon, am Hang des Heitersberges

Herrligstrasse — *von Hohlstrasse 609 bis Badenerstrasse 694*
F10   9   AT   1890   Flurname «am» und «im Herweg» (15./16. Jahrhundert), verderbt zu «im Herlig» (1698); Bezeichnung eines Grundstückes, das an den «Heerweg» (alte Landstrasse) stösst

Herrligweg — *von Herrligstrasse 22 bis Bachmattstrasse 39*
F10   9   AT   1933   Siehe Herrligstrasse

Hertensteinstrasse — *von Seebacherstrasse 56 bis Birchstrasse 627*
N3/4   11   SB   1949   Wilhelm Friedrich Hertenstein (1825–1888)
von Kyburg; Politiker: Regierungsrat 1872 bis 1879, Bundesrat 1879 bis 1888, Bundespräsident 1888

Herzogenmühlestrasse — *von Schwamendingerplatz bis Ueberlandstrasse*
R7   12   SW   1933   Mühle an der Glatt, zu Wallisellen gehörend, die ihren Namen nach einem frühern Eigentümer Heini Herzog (um 1429) führt

Herzogstrasse — *von Hinterbergstrasse 27 bis Toblerstrasse 62*
P11   7   FL   1910   Albin Herzog (1852–1909)
Prof. für technische Mechanik an der ETH von 1877 bis 1909

Planfeld	Kreis	Quartier	Jahr	Erläuterung

Hesenlooweg *von Entlisbergstrasse 4 bis Butzenstrasse*
L19   2   WO   1931   Flurname «Hesiloo» (1511): zusammengezogen aus «Hesilinloh», Wäldchen mit Haselgesträuch

Hessenweidweg *von Oberer Kalberhauweg bis Bachtobelweg*
D12   9   AT   1997   Flurname nördl. der Grenze Altstetten-Albisrieden-Uitikon, wohl nach dem Familiennamen «Hess»

Heubeeriweg *von Forsterstrasse 39 bis Frauenbrünnelistrasse*
Q10/11   7   FL   1912   Führt zum Heubeeribühl: Hügel mit Heidelbeerstauden bewachsen

Heuelsteig *von Bergstrasse 116 bis Aurorastrasse 82*
Q/R13   7   HO   1892   Siehe Heuelstrasse

Heuelstrasse *von Titlisstrasse 23 bis Aurorastrasse 90*
Q13   7   HO   1893   Flur- und Hausname (anstelle des «Sonnenberg»): gebildet aus dem Vogelnamen Hü(w)el, Heuel = Eule, vielleicht war an der 1712 erwähnten «Heuelschür» eine Eule angeheftet

Heuweg *von Hürstholzweg bis Hintereggweg*
L/M4   11   SB   1999   «Heuweg» steht wohl im Zusammenhang mit dem Flurnamen «Auf der Heu» bzw. «Untere Heu» im Gebiet des Schwandenholzes und des heutigen Friedhofs («Hau» = Holzschlag im Wald, Rodung).

Hildastrasse *von Sihlfeldstrasse 85 bis Elsastrasse 15*
K12   4   AS   1898   Weiblicher Vorname

Himmelsleiterli *von Zürichbergstrasse 53 bis Gloriastrasse 78*
P12   7   FL   1909   Frei gewählter Name

Himmeristrasse *von Birchstrasse 247 bis Seebacherstrasse 177*
M4/5   11   SB   1953   Flurname «Himmerich, Himmelrich» (1543): bildliche Bezeichnung für hohe, schöne Lagen, zuweilen aber auch ironisch für schlechtes Gelände

Himmeriweg *von Birchstrasse 231 bis westl. Sackgasse*
M/N5   11   SB   1913   Siehe Himmeristrasse

Planfeld	Kreis	Quartier	Jahr	Erläuterung
Hinterbergstrasse				*von Hochstrasse 57 bis Hanslin-Weg/Orelliweg*
P11/12	7	FL	1870	Hinterste der drei Siedlungen des alten Fluntern: Vorderberg (bei der Kirche), Mittelberg und Hinterberg
Hintereggweg				*von Schwandenholzstrasse bis Hürstholzweg*
L4	11	SB	1999	Flurnamen Egg und Hinteregg (Höhenzüge)
Hinterhagenweg				*von Scheibenrain bis Morgentalstrasse*
K17	2	WO	1911	Flurname (1531): Hagen = Nebenform zu Hag, Lebhag, besonders zwischen Kornflur und Allmend
Hintermeisterhof				*von Gustav Heinrich-Weg 10 bis südl. Sackgasse*
L19	2	WO	1928	Albert Hintermeister (1873–1927) Präsident der Allgemeinen Baugenossenschaft Zürich, Förderer des gemeinnützigen Wohnungsbaus
Hirschengasse				*von Limmatquai 80 bis Niederdorfstrasse 13*
D2	1	RL	1769	Gasthaus zum «Hirschen», Niederdorfstrasse 13, seit 1703 erwähnt
Hirschengraben				*von Rämistrasse 39 bis Auf der Mauer 2*
D/E2	1	RL		Urspr. Stadtgraben, in welchem Hirsche gehalten wurden; 1784 zur Fahrstrasse ausgebaut
Hirschenplatz				*von Niederdorfstrasse 11 bis Spital-/Brunngasse*
D2	1	RL	1917	Siehe Hirschengasse
Hirschgartnerweg				*von Schaffhauserstrasse 204 bis Hirschwiesenstrasse 26 und Schaffhauserstrasse 220*
N/O8	11	OE/US	1953	Alte Zürcher Familie, die einen Stadtarzt und mehrere bekannte Kunsthandwerker hervorgebracht hat
Hirschwiesenstrasse				*von Schaffhauserstrasse 188 bis Winterthurerstrasse*
N8	6	US/OS	1937	Flurname: Wiese, auf der zuweilen Hirsche erschienen
Hirslanderbergstrasse				*von Adlisberg-/Kurhausstrasse bis Katzentischstrasse*
S/T13	7	HI/WT	1956	Teil des Adlisbergs (beim Degenried)
Hirslandersteig				*von Hirslanderstrasse 44 bis südöstl. Sackgasse*
R15	7	HI	1955	Siehe Hirslanderstrasse

Planfeld	Kreis	Quartier	Jahr	Erläuterung

Hirslanderstrasse — *von Kapfsteig 16 bis Witikonerstrasse 82*
R15   7   HI   1911   Hirslanden = Pflanzstücke für Hirse, eine Hauptnahrung vor Einführung der Kartoffel

Hirtenweg — *von Burenweg 35 bis Waserstrasse 92*
S15   7   HI   1903   Frei gewählter Name: der Weg zur Weide

Hirzelstrasse — *von Sihlfeldstrasse 173 bis Bullingerstrasse 17*
K11   4   AS   1917   Hartmann Hirzel (1849–1917) Pfarrer von Aussersihl von 1885 bis 1917, Kirchenrat

Hirzenbachstrasse — *von Altenwiesenstrasse 224 bis Luchswiesenstrasse 197*
S/T7   12   SW   1956   Bachname: Hirz = ältere Form von Hirsch, somit Bach, an dem zuweilen Hirsche gesichtet wurden

Hitzigweg — *von Hegibachstrasse 127 bis Aurorastrasse 99*
Q14   7   HO/HI   1922   Zürcher Professorenfamilie: Ferdinand Hitzig (1807–1875), Theologieprofessor von 1833 bis 1861; sein Sohn Hermann Hitzig (1843–1918), Prof. für Klassische Philologie von 1886 bis 1918; sein Enkel Hermann Ferdinand Hitzig (1868–1911), Prof. für Römisches Recht von 1895 bis 1911

Hochfarbstrasse — *von Weinbergstrasse 25 bis Stampfenbachstrasse 34*
N11/12   6   US   1889   Färberei zur «Hohen Farb», Stampfenbachstrasse 32, 1899 abgetragen

Hochstrasse — *von Spyri-/Vogelsangstrasse bis südöstl. Kantstrasse (Sackgasse)*
O11   7   FL/OS   1870   Die hoch gelegene Strasse

Höcklerbrücke — *von Allmendstrasse 75 bis Höcklerweg/Zwirnerstrasse*
K18   2   LB   1893   Siehe Höcklerstrasse

Höcklerstrasse — *von Gänzilooweg bis Medikerweg*
J18/19   2   WO   1917   Flurname (1448) und abgegangenes Landgut: wahrscheinlich von einem Sitzplatz, Hock (Stein oder Baumstock) am Aufstieg des Medikerweges; mundartl. «höckle(n)» = gemütlich sitzen

Höcklerweg — *von Höcklerbrücke bis Frymannstrasse*
K18   2   LB   1897   Siehe Höcklerstrasse

Planfeld	Kreis	Quartier	Jahr	Erläuterung

Hofackerstrasse — *von Hegibachplatz bis Witikonerstrasse 43*
Q15　7　HI　1880　Flurname (1420) und Dorfteil von Hirslanden: ev. nach dem nahen, vor 1400 erwähnten Hofgericht an der Klus

Hoffeld — *von Wehntalerstrasse 139 bis Birchstrasse 80*
M7　6　US　1935　Flurname: Feld, zum Hof beim «Fallenden Brunnen» gehörend

Hoffnungsstrasse — *von Zellerstrasse 52 bis Kilchbergstrasse 39*
M18　2　WO　1893　Haus zur «Hoffnung», Hoffnungstrasse 7

Hoffnungsweg — *von Seestrasse 457 bis Zellerstrasse 52*
M18　2　WO　1900　Haus zur «Hoffnung», Hoffnungstrasse 7

Hofhölzliweg — *von Wehntalerstrasse 261 bis Anton Higi-Strasse 23*
L6　11　AF　1952　siehe Hoffeld

Höfliweg — *von Friesenbergstrasse 74 bis Birmensdorferstrasse 327*
J13　3　WD　1933　Nach einem «Höfli» genannten Landgut, das Erblehen der Abtei Fraumünster war

Hofstrasse — *von Baschligplatz bis Tobelhof-/Susenbergstrasse*
P13–Q12　7　HO　1881　Zugang zum «Spiegelhof», Bergstr. 47, 49

Hofwiesenstrasse — *von Schaffhauserplatz bis Ohmstrasse 20*
M7–9　6+11　US/OE　1910　Wiesen beim Hof zum «Fallenden Brunnen»

Hohe Promenade — *von Rämistrasse 28 bis Rämi-/Stadelhoferstrasse*
D3　1　RL　1999　1784 begonnener, 1789 fertiggestellter Spazierweg (=Promenade) der Stadtzürcher Bevölkerung

Hohenbühlstrasse — *von Merkurstrasse 4 bis nordwestl. Sackgasse*
F5　7　HO　1891　Flur- und Hausname: Anhöhe mit weiter Aussicht

Hohenklingenallee — *von Hohenklingenstrasse 45 bis Talchernsteig 1*
F/G7　10　HG　1930　Flurname «Klingen» (1371): Tobel mit rauschendem Bach (Mühle- oder Dorfbach), auch auf die anliegende Höhe übertragen. – «Hohen-Klingen», Burg über Stein am Rhein.

Hohenklingensteig — *von Winzerstrasse 52 bis Hohenklingenstrasse 43*
G7/8　10　HG　1932　Siehe Hohenklingenstrasse

Studierzimmer von Stadtpräsident Emil Klöti an der Hofstrasse 55.

Hohlweg im Gebiet «Steingasse», zwischen Zoo und Stettbach. Teil der alten Landstrasse über den Zürichberg (Beispiel für Hohlweg; Ursprung der Benennung der Hohlstrasse).

Planfeld	Kreis	Quartier	Jahr	Erläuterung

Hohenklingenstrasse *von Zwielplatz bis Limmattalstrasse 281*
G7/8   10   HG   1930   Flurname «Klingen» (1371): Tobel mit rauschendem Bach (Mühle- oder Dorfbach), auch auf die anliegende Höhe übertragen. – «Hohen-Klingen», Burg über Stein am Rhein.

Höhenring *von Schaffhauserstrasse 463 bis Buhnstrasse 11*
N4   11   SB   1932   Eine auf die Höhe des Buhnhügels führende «Ring»-Strasse

Höhensteig *von Witikonerstrasse 37 bis Höhenweg 18*
Q14   7   HI   1909   Zugang zum Höhenweg

Hohensteinstrasse *von Birmensdorferstrasse bis Gratstrasse*
D13–F16   3+9   AR/WD   1956   Flurname: vorspringender Fels am Üetliberg

Hohensteinweg *von Birmensdorferstrasse 511 (Triemli) bis Hohensteinstrasse/Schwendenholzweg*
G14–F15   3   WD   1928   Flurname: vorspringender Fels am Uetliberg

Höhenweg *von Klusstrasse 3 bis Biberlinstrasse 16*
Q14   7   HI   1909   Quartierstrasse auf der «Höhe» über der Witikonerstrasse

Hohlstrasse *von Ankerstrasse 123 bis Farbhof*
F9–L12   4+9   AS/AT   1869   Urspr. «Hohlweg» (1424): ein durch den Gebrauch im Lauf der Zeit ausgefahrener («ausgehöhlter») Weg

Hohmoos *von Dübendorfstrasse 342 bis Dübendorfstrasse 444*
T8   12   SW   1946   Flurname: Umdeutung aus «Huwenmoos» (14. Jahrhundert), nach dem Vogelnamen «Huw» = Eule

Holbeinstrasse *von Seefeldstrasse 19 bis Mühlebachstrasse 30*
O14   8   RB   1894   Hans Holbein der Jüngere (1497–1543). Basler Maler

Holbrigstrasse *von Regensdorferstrasse 22 bis Kappenbühlstrasse 60*
G/H7   10   HG   1918   Flurname (1447): aus «Hohlberg», ein zum Berg führender Hohlweg

Holderbachweg *von Schauenbergstrasse 20 bis Kappenbühl-/Michelstrasse*
G6–H5   10+11   AF/HG   1933   Bach mit Holunderstöcken

Hölderlinsteig *von Carmenstrasse bis Sonnenbergstrasse 31*
Q14   7   HO   1935   Siehe Hölderlinstrasse

Planfeld	Kreis	Quartier	Jahr	Erläuterung

Hölderlinstrasse
Q14   7   HO   1935
von Asylstrasse 106 bis Carmenstrasse 52
Friedrich Hölderlin (1770–1843)
Deutscher Dichter, der vorübergehend in der Schweiz (Hauptwil) lebte

Holunderhof
M6   11   OE   1933
von Regensbergstrasse 191 bis Regensbergstrasse 195
Botanische Bezeichnung

Holunderweg
M6   11   OE   1928
von Birchstrasse 111 bis Regensbergstrasse 203
Botanische Bezeichnung

Holzgasse
A4   1   LL   1863
von Gerechtigkeitgasse 20 bis Sihlamtsstrasse 16
Hier befand sich der Holzplatz, wo das auf der Sihl hergeflösste Holz gelagert wurde

Holzhofweg
L3   11   SB   1999
von Riedenholzstrasse bis Riedenholzweg
Wohl vom nahegelegenen «Reckenholzhof»

Holzmatt
L5/6   11   AF   1935
von Hürststrasse 31 bis westl. Sackgasse
Flurname: Matte bei einem Gehölz

Holzwiesweg
G12   9   AR   1935
von Albisriederstrasse 193 bis Mühlezelgstrasse 17
Flurname «Holzwiesen» (1415): Wiesen, die an ein Gehölz grenzen

Honeggerweg
M19   2   WO   1946
von Kalchbühlstrasse 75 bis Eggpromenade
Heinrich Honegger (1773–1845)
Tatkräftiger Förderer des Gemeindelebens von Wollishofen

Höngger-Rampe
G9   9   AT   1973
von Bernerstrasse-Nord bis Europabrücke
Siehe Hönggerstrasse

Hönggerstrasse
K/L9   10   WP   1892
von Wasserwerk-/Dammstrasse bis Limmattalstrasse 1
Höngg, «Hoinga» (um 820): die auf der Höhe wohnenden Leute

Honigstrasse
N3   11   SB   1932
von Glattalstrasse 79 bis Hertensteinstrasse 47
Umbenannt aus Bienenstrasse

Honrainweg
M17   2   WO   1945
von Mythenquai bis Bellariarain 6
Flurname «Honrain» (1259): zusammengezogen aus (am) hohen Rain

Planfeld	Kreis	Quartier	Jahr	Erläuterung

Hopfenstrasse — *von Uetlibergstrasse 20 bis Austrasse 30*
K14   3   WD   1895   Mit Malzstrasse Hinweis auf die ehemalige Brauerei am Üetliberg (heute Grossmetzgerei Geiser)

Horensteinstrasse — *von Zentenhaus-/Bärenbohlstrasse bis Grenze Rümlang*
H/J3   11   AF   1933   Flurname: wahrscheinlich der «(ge-)horen», d.h. der gespaltene Stein, ein Findling

Horgenweg — *von Wannenweg bis Wässerlingweg*
K/L7   10   HG   1956   Flurname «In der Horgen» (1474): aus altd. horag, Eigenschaftswort zu Horw = Sumpfgelände

Hornbachstrasse — *von Bellerivestrasse 150 bis Wildbachstrasse 42*
O/P16   8   RB   1877   Beim Zürichhorn, einem angeschwemmten Geländevorsprung, in den See mündender Bach, der im obern Lauf Wild- und Wehrenbach heisst

Horneggstrasse — *von Bellerivestrasse 217 bis Seefeldstrasse 224*
P16   8   RB   1868   Häuser zum «Hornegg», Wildbachstrasse 91, 93

Hornergasse — *von Steinmühleplatz bis Löwenstrasse 25*
B2   1   LL   1888   Friedrich Horner (1831–1886)
Prof. für Augenheilkunde an der Universität von 1862 bis 1886, bekannter Augenarzt und Wohltäter

Hörnlistrasse — *von Viktoriastrasse 11 bis Winterthurerstrasse*
O7/8   11   OE   1920   Aussichtsberg im Zürcher Oberland (1136 m)

Hortensienstrasse — *von Salvatorstrasse 4 bis Friedackerstrasse 12*
O7   11   OE   1933   Botanische Bezeichnung

Höschgasse — *von westl. Bellerivestrasse 44 (Sackgasse) bis Zollikerstrasse 82*
O/P15   8   RB   1838   Der seit altem bestehende «Höschweg» trägt seinen Namen wohl von der ausgestorbenen Zürcher Junkerfamilie Hösch, die um 1500 hier Grundbesitz hatte.

Hottingerbergstrasse — *von Waldhausstrasse bis östl. Sackgasse*
Q/R12   7   HO   1956   Teil des Adlisbergs, beim Grand-Hotel Dolder

Hottingerplatz — *von Hottingerstrasse 35 bis Gemeindestrasse 39*
O/R13   7   HO   1933   Siehe Hottingerstrasse

Planfeld	Kreis	Quartier	Jahr	Erläuterung

Hottingerstrasse   *von Heimplatz bis Asylstrasse 17*
E/F3, O13   7   HO   1881   Hottingen: Siedlung der Leute eines Alemannen namens Hotto

Hotzesteig   *von Hotzestrasse 72 bis Stüssistrasse 53*
N9   6   US   1929   Siehe Hotzestrasse

Hotzestrasse   *von Langmauerstrasse 35 bis Schaffhauserstrasse 68*
N9/10   6   US   1907   Heinrich Hotz (1828–1892)
Von Wädenswil; nannte sich «Henri Hotze»; war seit 1851 bis zu seinem Tod Lehrer in Unterstrass

Hubeggstrasse   *von Strickhofstrasse bis Streitholzstrasse/Unterholzweg*
P6   6+12   OS/SW   1956   Waldname bei der «Hueb»; vgl. In der Hub

Hubenstrasse   *von Winterthurerstrasse 348 bis Hüttenkopfstrasse 74*
P/Q7   12   SW   1932   In Schwamendingen gab es 16 «Huben», grosse Lehensgüter von rund 40 Jucharten Umfang, die dem Gross-münsterstift gehörten. – Vgl. auch «In der Hub».

Huberholzweg   *von Martinsrütistrasse bis Huberwiesenstrasse*
G5   10   HG   1997   Siehe Huberwiesenstrasse

Huberwiesenstrasse   *von Kappenbühlstrasse bis Regensdorfer-/Geissbergstrasse*
F4–G5   10   HG   1956   Nach einst den Hubern, d.h. den Inhabern der Hubhöfe, gehörenden Wiesen, die heute aufgeforstet sind

Huebweg   *von Riedweg bis Hohensteinstrasse*
E14   9   AR   1997   Hube = von Bauern bewirtschaftete Parzelle (40–48 Jucharten; 1 Jucharte = 36 Aren)

Hufgasse   *von Falkenstrasse 26 bis Othmarstrasse 8*
E5   8   RB   1868   Hinweis auf die benachbarte Reithalle

Hügelstrasse   *von Waffenplatzstrasse 56 bis Rieterstrasse 79*
L16   2   EN   1894   Lage auf dem früher «Spitalrain» genannten Hügelzug. – «Hügel» ist schriftdeutsch; die mundartl. Bezeichnung wäre «Hubel» oder «Büel».

Planfeld	Kreis	Quartier	Jahr	Erläuterung

Hugo Koblet-Weg — *von Wallisellenstrasse (östl. neben Messegebäude) bis Siewerdtstrasse*
P6 — 11 — OE — 1999 — Hugo Koblet (1925–1964)
Radrennfahrer, feierte in der Offenen Rennbahn Oerlikon und im Hallenstadion seine grössten Triumphe

Hugostrasse — *von Schwamendingenstrasse 5 bis Salerstrasse 19*
O6 — 11 — OE — 1933 — Hugo von Oerlikon
Vorname des um 1250 erwähnten Zürcher Ratsherrn

Hungerbergstrasse — *von Furttalstrasse 21 bis Kappenbühlstrasse*
G6–H4 — 10+11 — AF/HG — 1873 — Flurname (1466): magere Weide am Berghang

Hurdäckerstrasse — *von Rütihofstrasse bis Gubristweg und Alte Regensdorferstrasse*
E5 — 10 — HG — 1932 — Flurname: Äcker, die mit Zaun aus geflochtenen Ruten eingefasst sind

Hürstholzstrasse — *von Hürststrasse 81 bis westl. Hürstringstrasse 37 (Sackgasse)*
L5 — 11 — SB — 1933 — Wald mit «Ghürst» (Niedergehölz); vgl. Hürststrasse

Hürstholzweg — *von Seebacherstrasse bis Seebacherstrasse*
M4–L5 — 11 — SB — 1999 — Siehe Hürstholzstrasse

Hürstringstrasse — *von Hürststrasse 65 bis Hürstholzstrasse 20*
L5 — 11 — SB — 1933 — Siehe Hürststrasse

Hürststrasse — *von Regensbergstrasse 318 bis Seebacherstrasse*
L5 — 11 — AF/SB — 1930 — Waldname «Ghürst» (1545): Sammelform zu Hurst = Gesträuch

Hüslibachstrasse — *von Leimbachstrasse 125 bis Marbachweg 38*
K20 — 2 — LB — 1931 — Bach, der bei der Liegenschaft «Im Hüsli», Risweg 1, vorbeifliesst

Hüttenkopfstrasse — *von Winterthurerstrasse 480 bis Stadtweg*
R8–S9 — 12 — SW — 1932 — Anhöhe bei der Ziegelhütte

Hüttenrainstrasse — *von Waldgartenstrasse bis Hubenstrasse*
Q8 — 12 — SW — 1997 — Der waldige Hüttenrain lieferte vermutlich den nahegelegenen Ziegelhütten Holz für das Brennen der Ziegel.

Planfeld	Kreis	Quartier	Jahr	Erläuterung

Huttensteig — *von Universitätstrasse 80 bis Vogelsangstrasse 23*
O11   6   OS   1893   Siehe Huttenstrasse

Huttenstrasse — *von Winkelriedstrasse 4 bis Schmelzbergstrasse 40*
O11   6   OS/FL   1893   Ulrich von Hutten (1488–1523)
Deutscher Humanist und Dichter, kam 1523 schwerkrank nach Zürich und starb am 29. August 1523 auf der Ufenau. – C.F. Meyers Versdichtung schildert «Huttens letzte Tage».

Hüttisstrasse — *von Andreasstrasse 11 bis Binzmühlestrasse*
O5/6   11   SB   1925   Nach einem Anstösser namens Hüttis

Ida Bindschedler-Strasse — *von Seefeldstrasse 228 bis Bellerivestrasse*
P16   8   RB   1995   Ida Bindschedler (1854–1919)
Sekundarlehrerin und populäre Jugendbuchautorin («Die Turnachkinder»)

Idaplatz — *von Zurlinden-/Bertastrasse bis Idastrasse*
K12   3   WD   1898   Weiblicher Vorname

Idastrasse — *von Kalkbreitestrasse 88 bis Idaplatz*
K13   3   WD   1895   Weiblicher Vorname

Ilanzhofweg — *von Schaffhauserstrasse 86 bis Scheuchzerstrasse 179*
N9   6   US   1908   Bauernhof (Nr. 12), 1929 abgetragen. – Name umgedeutet aus «Filantshof» (1412), nach dem Namen eines Besitzers Filant oder Viland.

Ilgenstrasse — *von Schönbühlstrasse 16 bis Römerhofplatz*
P13   7   HO   1892   Botanische Bezeichnung: Ilge, mundartl. für Lilie

Im alten Brunnen — *von Bogenweg bis Grossrieglenweg*
V15   7   WT   1988   Flurname, bezeichnet vermutl. eine alte Quelle am Ötlisberg (beim heutigen Reservoir)

Im Altried — *von Zufahrt Ueberlandstrasse bis westl. Sackgasse*
T7   12   SW   1980   Flurname

Im Bergdörfli — *von Entlisbergstrasse 20 bis westl. Sackgasse*
L19   2   WO   1915   Wohnkolonie auf Anhöhe

Planfeld	Kreis	Quartier	Jahr	Erläuterung

Im Birkenhof | | | | *von Zeppelinstrasse 36 bis Guggachstrasse 9*
N9 | 6 | US | 1926 | Die zugehörige Anlage wurde mit Birken bepflanzt

Im Brächli | | | | *von Witikonerstrasse 229 bis Luegete 25*
S15 | 7 | WT | 1941 | Flurname: kleines Stück Brachland

Im eisernen Zeit | | | | *von Weinbergstrasse 157 bis Milchbuckstrasse 70*
N9 | 6 | US | 1907 | Haus zum «Eisernen Zeit», Schaffhauserstr. 36 (1930 abgetragen), das nach der eisernen Zeittafel einer Sonnenuhr benannt worden war

Im Glockenacker | | | | *von Oetlisbergstrasse 20 bis östl. Sackgasse*
U15 | 7 | WT | 1960 | Flurname «Gloggenacher» (1509), Acker, bei welchem «Gloggenblumen» blühten. Im 16. Jahrhundert bezeichnete man in Zürich mit diesem Namen die Winde.

Im Grossried | | | | *von Im oberen Boden bis östl. Sackgasse*
F5 | 10 | HG | 1980 | Flurname: grosses Ried (= feuchtes Gelände)

Im Grund | | | | *von Zehntenhausstrasse bis südöstl. Sackgasse*
J4 | 11 | AF | 1933 | Flurname: Grundstück in tiefer Lage

Im Hagacker | | | | *von Schweighofstrasse 181 bis Im Rossweidli 21*
H/J15 | 3 | WD | 1931 | Flurname: Acker an einem Lebhag

Im Hagenbrünneli | | | | *von Wehntalerstrasse 445 bis Lerchenhalde 40*
J5/6 | 11 | AF | 1933 | Flurname: Quelle bei einem Grünhag

Im Hau | | | | *von Katzenschwanzstrasse bis Katzenschwanzweg*
U14 | 7 | WT | 1984 | Flurname: Waldstück, das – in regelmässiger Reihenfolge – abgeholzt wird

Im Hegi | | | | *von Frauentalweg 26 bis Hegianwandweg 57*
J16 | 3 | WD | 1930 | Vgl. Flurname Hegianwand

Im Heimgärtli | | | | *von Goldackerweg 5 bis Läufebachweg 6*
F13 | 9 | AR | 1933 | Frei gewählter Name

Im Heuried | | | | *von Höfliweg 9 bis Wasserschöpfi 71*
J13 | 3 | WD | 1929 | Flurname: Riedland, das «geheuet» werden konnte, im Gegensatz zum anstossenden Streuried

Planfeld	Kreis	Quartier	Jahr	Erläuterung

Im Hofgarten | | | | *von Hofwiesenstrasse 50 bis Zeppelinstrasse 37*
M9 6 WP 1929 Bauherrin: Genossenschaft Hofgarten

Im Holzerhurd
G4 11 AF 1963

von Furttalstrasse 105 bis Wehntalerstrasse
Flurnamen «Holzern hort», «Holzeren acher», «Holzer wiss» (1543), Grundstücke, die einem Mann gehörten, der den Namen oder Übernamen Holzer trug. – Da Hurd ein geflochtener Zaun ist, dürfte im übertragenen Sinn darunter auch ein eingezäuntes Grundstück verstanden werden.

Im Hummel
L18 2 WO 1940

von Morgentalstrasse 99 bis Hegenmatt
Flurname «Humbel» (1795): aus Hohenbüel, wie Humberg aus Hohenberg; vgl. Hohenbühlstrasse

Im Isengrind
J4 11 AF 1933

von Stöckenackerstrasse 10 bis südöstl. Sackgasse
Flurname (16. Jahrhundert): sagenhafte, spukhafte Stelle, nach einer «Isengrind» genannten Schreckgestalt

Im jungen Berg
E/F5 10 HG 1986

von Geeringsteig bis Im oberen Boden 15 und 23
Flurname: Rebberg, wo junge Reben standen (im Gegensatz zum alten Berg)

Im Klösterli

R10 7 FL 1937

von Zürichbergstrasse 235 bis Klosterweg und Zürichbergstrasse 247
An der Stelle des «Alten Klösterli» befand sich das 1127 gestiftete Chorherrenstift St. Martin auf dem Zürichberg, dessen Kreuzgang sich bis ins 19. Jahrhundert erhalten hat.

Im Kratz
F12 9 AR 1928

von Triemlistrasse 6 bis Albisriederstrasse 395
Alte, enge Gasse, wo man sich gleichsam an den Mauern kratzte

Im Laubegg
K15 3 WD 1920

von Uetlibergstrasse 171 bis südl. Sackgasse
Frei gewählter Name

Im Maas
H7/8 10 HG 1932

von Bläsistrasse 10 bis Müseliweg
Flurname (1331): mundartl. für Moos

Im Mittelleimbach

K21 2 LB 1973

von nördl. Grossackerstrasse 1 (Sackgasse) bis Leimbachstrasse
Die mittlere Siedlungsgruppe im alten Leimbach

Planfeld	Kreis	Quartier	Jahr	Erläuterung
Im oberen Boden				*von Geeringstrasse 35 bis Hurdäckerstrasse 44*
E5	10	HG	1936	Flurname: erhöhtes, ebenes Gelände
Im Raindörfli				*von Rainstrasse 47 bis Speerstrasse 8*
L18	2	WO	1931	Flurname und Name einer Häusergruppe «Auf dem Rain», oberhalb des ehemaligen Dorfkernes
Im Rehsprung				*von Obere Waidstrasse 11 bis Waidbadstrasse*
L7/8	10	WP	1936	Frei gewählter Name
Im Rossweidli				*von Staudenweg bis Friesenbergstrasse 251*
H/J15	3	WD	1931	Flurname: Gehege für weidende Pferde
Im Sack				*von Strickhofstrasse bis Streitholzstrasse*
R9	12	OS	1993	Flurname: sackartige Geländeform oder -vertiefung
Im Schaber				*von Lyrenweg 7 bis westl. Sackgasse*
E/F12	9	AR	1916	Name eines Rebstückes (1484): wohl wegen seiner dreieckigen Form mit einem Schaber, Gerät zur Entfernung des Unkrautes, verglichen
Im Schellenberg				*von Ackersteinstrasse 106 bis Ottenbergstrasse 55*
J8	10	HG	1932	Flurname: nach Pfleger Hans Jakob Schellenberg, dem um 1715 hier Reben gehörten
Im Schilf				*von Hinterbergstrasse 53 bis Hadlaubstrasse 14*
P11	7	FL	1931	Flurname (19. Jahrhundert), Umdeutung aus «Schülff» (1429): nach dem Zunamen eines Eigentümers Joh. Bilgeri, genannt «Schülff», der um die Mitte des 14. Jahrhunderts hier Reben besass. – «Schülff» = Schale oder Muschel, wäre wohl als «Pilgermuschel», das Abzeichen der Pilger, zu verstehen.
Im St. Blasienhof				*von Horensteinstrasse 45 bis Blumenfeldstrasse 101*
H/J3	11	AF	1933	Das Kloster St. Blasien im Schwarzwald besass in Affoltern einen grossen Hof
Im Stadtgraben				*von Neumühlequai 8 bis Stampfenbachstrasse 15*
D1	1	RL	1909	Hier befand sich der Graben vor der ehemaligen Niederdorfporte

Planfeld	Kreis	Quartier	Jahr	Erläuterung

Im Stelzenacker *von Im oberen Boden 9 bis östl. Sackgasse*
F5 10 HG 1980 Flurname: Stelze, Stelzenacker (1801), Acker, der in ein anderes Grundstück hineinragt

Im Sträler *von Langgrütstrasse 43 bis südl. Sackgasse*
H13 9 AR 1970 Flurname: «Im Strähler» (1293 Streleren), nach dem Namen eines Eigentümers

Im Struppen *von Feldblumenstrasse 6 bis westl. Sackgasse*
F10 9 AT 1972 Flurname: Struppen, Struppenacker (1801), Gelände, das an ein grösseres Gestrüpp angrenzte

Im Stückler *von Dachslernstrasse 72 bis nordwestl. Sackgasse*
E9/10 9 AT 1948 Flurname: nach einem Apfel- oder Birnbaum, von dessen Früchten man «Stückli» machte

Im Sydefädeli *von Hönggerstrasse 77 bis Ackersteinstrasse 1*
K9 10 WP 1929 Haus zum «Sydefädeli», Hönggerstrasse 127, benannt nach einem früheren Besitzer. – Es steht wohl an der Stelle des Rebgutes, welches der Armbruster Hans Sidenfaden 1452 erwarb.

Im Tannegg *von Friesenbergstrasse 223 bis südöstl. Sackgasse*
H15 3 WD 1929 Bauherrin: Baugenossenschaft Tannegg

Im Tiergarten *von Friesenbergstrasse 94 bis südl. Sackgasse*
J14 3 WD 1987 Flurname: entweder ein ehemaliges Wildgehege, das zur Friesenburg gehörte, oder ein alter Schindanger, also ein Tierfriedhof

Im Trichtisal *von Trichtenhauserstrasse 127 bis nordöstl. Sackgasse*
U/V16 7 WT 1976 Flurname: Die Form «Trichtisal» wurde erst im 19. Jahrhundert gebildet durch Angleichung des frühern «Richtishol» (1528, 1801) und «Richtisahl» (nach 1801) an den Namen des benachbarten «Trichtenhausen». – Hol = Mulde, Vertiefung, und Richti = Name eines Besitzers.

Im Waidegg *von Bucheggplatz/Rötelstrasse bis westl. Sackgasse*
M8 10 WP 1927 Frei gewählter Name

Im Walder *von Enzenbühlstrasse 21 bis Grenze Zollikon*
R17 8 RB 1952 Flurname (1420): ein an den Wald grenzendes Grundstück

Planfeld	Kreis	Quartier	Jahr	Erläuterung
Im Wiesenbeetli				*von Wehntalerstrasse 576 bis In Büngerten*
H4	11	AF	1933	Frei gewählter Name, anlehnend an die Flurbezeichnung «Bettliacker»
Im Wingert				*von Appenzellerstrasse 31 bis Gwandensteig*
J8	10	HG	1971	Flurname: Wingert mundartlich für Weingarten
Im Wyl				*von Bühlstrasse 28 bis Friesenbergstrasse 35*
J13–K14	3	WD	1929	Flurname «Wile» (1367): aus villa = Gehöft aus spätrömischer Zeit
Imbisbühlhalde				*von Imbisbühlsteig bis westl. Sackgasse*
F7	10	HG	1981	Siehe Imbisbühlstrasse
Imbisbühlsteig				*von Imbisbühlstrasse 142 bis Imbisbühlhalde*
F7	10	HG	1981	Siehe Imbisbühlstrasse
Imbisbühlstrasse				*von Limmattalstrasse 227 bis Frankentalerstrasse 21*
F/G7	10	HG	1932	Flurname (1429): Hügel, wo die Feldarbeiter die Mahlzeit (den Imbiss) einzunehmen pflegten
Imbisbühlweg				*von Imbisbühlstrasse 88 bis Riedhofstrasse 176*
F7	10	HG	1951	Siehe Imbisbühlstrasse
Imfeldsteig				*von Wasserwerkstrasse 112 bis Imfeldstrasse 29*
M10	10	WP	1913	Siehe Imfeldstrasse
Imfeldstrasse				*von Nordstrasse 96 bis Rousseaustrasse 93*
M9/10	10	WP	1913	Franz Xaver Imfeld (1853–1909) von Sarnen, seit 1886 in Zürich; Ingenieur-Topograph und bekannt durch seine Alpenreliefs und Panoramen
Immenweg				*von Maienstrasse 22 bis Maienstrasse 8*
M6	11	OE	1928	Zoologische Bezeichnung: mundartl. für Biene und Bienenschwarm
In Böden				*von Riedenhaldenstrasse 57 bis Zehntenhausstrasse 12*
J4/5	11	AF	1933	Flurname: Grundstück in tiefer Lage unterhalb der Riedenhalde
In Büngerten				*von Zehntenhausstrasse 15 bis Wehntalerstrasse 580*
H/J4	11	AF	1933	Flurname: Mehrzahl von Bungert = Baumgarten

Planfeld	Kreis	Quartier	Jahr	Erläuterung
In den Rütenen G14	9	AR	1933	*von Kellerweg 34 bis südwestl. Sackgasse* Flurname «der Gemeind Rütinen» (1551): Mehrzahl von Rüti, ausgereutetes Waldstück
In der Breiti F12	9	AR	1928	*von Altstetterstrasse 307 bis Bachwiesenstrasse 115* Flurname «an der gebreiten» (1415): ein gut gelegenes, ausgeglichenes Ackergelände
In der Ey F12–G13	9	AR	1933	*von Albisriederstrasse 347 bis Triemlistrasse 117* Flurname: Ei = Nebenform von Au, Gelände an Gewässer
In der Hub O8	6	OS	1927	*von Frohburgstrasse 168 bis nordöstl. Sackgasse* Flurname «Hub» oder «Oberhub»: im 15. Jahrhundert erwähnt als «die obrist Hueb», als Teil einer damals bereits in Auflösung begriffenen Hub Attikon. Diese wies einen Umfang von rund 40 Jucharten auf, was der durchschnittlichen Grösse der als «Hueben» bezeichneten Lehengüter entsprach. Der Besitzer eines solchen Bauernhofes war der «Huber».
In der Looren T/U14	7	WT	1968	*von Loorenstrasse 74 bis Katzenschwanzstrasse* Ableitung von «Looren», Anhöhe im «Looren»-Wald, seit 1954 mit Aussichtsturm
In der Schüpf G7/8	10	HG	1932	*von Vorhaldenstrasse 9 bis Limmattalstrasse 245* Flurname, nach einer alten Uferverbauung im Mühlehaldentobel
In der Sommerau R14–S15	7	HI	1936	*von Witikonerstrasse 221 bis Eichhaldenweg* Flurname (1438): sonnige Au. Die Familie Sommerauer aus Hirslanden wird schon um 1400 erwähnt.
In der Wässeri F12/13	9	AR	1959	*von In der Ey 9 bis Triemlistrasse 33* Flurname: Wie «Wässerwiese», eine künstlich bewässerte Wiese
In Gassen C3	1	LL	1240	*von Storchengasse 5 bis Züghusplatz* Uralte Bezeichnung der langen, schmalen Gasse hinter dem Münsterhof, längs welcher Wirtschaftsgebäude der Abtei und Wohnhäuser ihrer Dienstleute standen

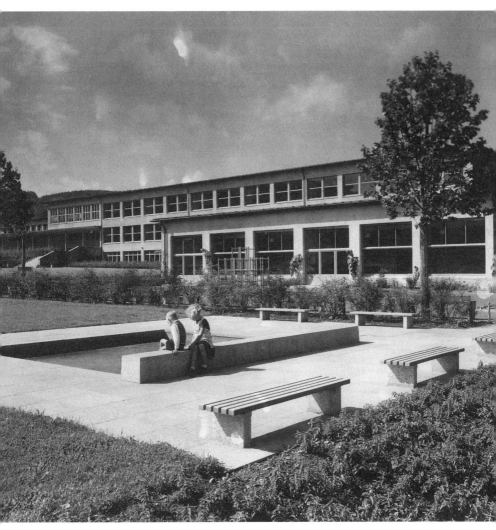

Das am 27./28. April 1935 eingeweihte Schulhaus «In der Ey», der Architekten Henauer & Witschi.

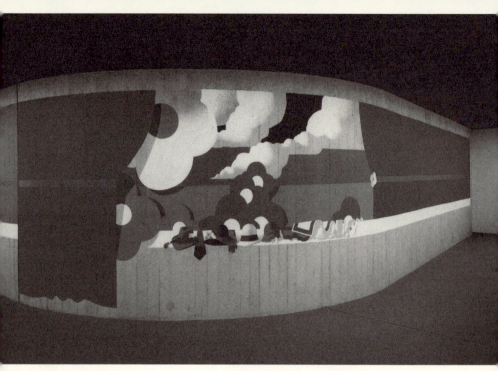

Wandmalerei von Harry Buser in der Alterssiedlung Wildbach, Inselhofstrasse 2.

Planfeld	Kreis	Quartier	Jahr	Erläuterung

Inselhofstrasse
P15   8   RB   1907
von Wildbachstrasse bis Mühlebachstrasse 145
Haus zum «Inselhof» (Nr. 2)

Irchelstrasse
N8/9   6   US   1893
von Schaffhauserstrasse 133 bis Winterthurerstrasse 164
Höhenzug zwischen Rhein und Töss (696 m)

Irisstrasse
P13   7   HO   1892
von Plattenstrasse 51 bis Pestalozzistrasse 58
Botanische Bezeichnung: Schwertlilie, in der griechischen Mythologie Personifikation des Regenbogens, Götterbotin

Irringersteig
O11   6   FL   1907
von Bolleystrasse 45 bis Huttenstrasse 56
Jörg Irringer stiftete um 1686 den Gemeindetrunk in Fluntern

Islerstrasse
K16   3   WD   1900
von Moosgutstrasse bis Gänzilooweg
Johann Isler (1840–1930)
Oberst, Kreisinstruktor der 6. Division von 1892 bis 1912

Jacob Burckhardt-Strasse
J8   10   HG   1950
von Kürbergstrasse 16 bis nördl. Sackgasse
Jacob Burckhardt (1818–1897)
von Basel, Kultur- und Kunsthistoriker; Prof. an der ETH von 1855 bis 1858

Jägergasse
M12   4   AS   1869
von Militärstrasse 42 bis nördl. Sackgasse
Frei gewählt, wohl wegen der Lage bei der Kaserne nach der Truppenbezeichnung «Jäger»; vgl. Reitergasse

Jakob Fügli-Strasse
F10   9   AT   1933
von Herrligweg bis Herrligstrasse 36
Jakob Fügli (1862–1925)
Gemeindepräsident von Altstetten 1901–1907, Bezirksrichter und Kantonsrat

Jakob Peter-Weg
H14   3   WD   1983
von Pappelstrasse 2 bis Pappelstrasse 29
Jakob Peter (1891–1980)
Stadtrat von 1938 bis 1958, Mitbegründer der Familienheimgenossenschaft Zürich. Kümmerte sich nach 1963 um die Waisen und das nach einem Flugzeugabsturz der meisten Erwachsenen verwaiste Dorf Humlikon im Zürcher Weinland. Frühere Bezeichnung des Weges: Maieriesliweg.

Planfeld	Kreis	Quartier	Jahr	Erläuterung

James Joyce-Strasse — *von Affolternstrasse bis Sophie Taeuber-Strasse*
N6 11 OE 1996 James Joyce (1882–1941)
Irischer Schriftsteller («Ulysses», «Dubliners»). Lebte von 1915 bis 1919 in Zürich. Tod in Zürich 1941, Grabstätte auf dem Friedhof Fluntern.

Jasminweg — *von Holunderweg 37 bis Goldregenweg 40*
M6 11 OE 1933 Botanische Bezeichnung

Jenatschstrasse — *von General Wille-Strasse 4 bis Splügenstrasse 6*
M14 2 EN 1898 Jürg Jenatsch (1596–1639)
Theologe und bedeutender Bündner Staatsmann; sein Leben schildert C.F. Meyers Roman «Jürg Jenatsch»

Joachim Hefti-Weg — *von Gablerstrasse 23 bis Schulhausstrasse 27*
L15 2 EN 1953 Joachim Hefti (1876–1949)
Stadtrat von 1931 bis 1942, Kirchgemeindepräsident von Enge

Johannastrasse — *von Zellerstrasse 62 bis Kilchbergstrasse 45*
M18 2 WO 1893 Vorname von Johanna Spyri; siehe Spyristrasse

Johannes Ott-Weg — *von Rötelstrasse 96 bis Seminarstrasse 101*
M9 6 WP 1934 Johann Jakob Ott (1715–1769)
Besitzer des Nürenberggutes, wo er botanische Versuche unternahm; Mitbegründer des Botanischen Gartens

Johannesgasse — *von Ackerstrasse 35 bis Langstrasse 230*
M11 5 IN 1878 Vorname von Nationalrat Fierz; siehe Fierzgasse

Jonas Furrer-Strasse — *von Zehntenhausplatz bis Riedenhaldenstrasse 263*
H/J4 11 AF 1952 Jonas Furrer (1805–1861)
Von Winterthur, Bürgermeister des Kantons Zürich 1846–1848, Bundesrat und erster Bundespräsident 1848

Josefstrasse — *von Zoll-/Hafnerstrasse bis Hardstrasse*
K10–M11 5 IN 1878 Vorname eines Anstössers

Jucheggstrasse — *von Kolbenhofstrasse bis Gänzilooweg*
H17–J18 3 WD 1956 Egg, Vorsprung, am Uetliberg oberhalb des Juch. – Juch, Flurname, urspr. Ackermass = Joch oder Juchart.

Grabanlage von James Joyce auf dem Friedhof Fluntern, Zürichbergstrasse bei 189

Am 10. Mai 1904 ist in Zürich die erste Kehrichtverbrennungsanlage der Schweiz – die vierte in Europa – in Betrieb genommen worden. 1975 wurde die Anlage an der Josefstrasse durch den heutigen Bau ersetzt.

Planfeld	Kreis	Quartier	Jahr	Erläuterung
Juchstrasse				*von Bändliweg bis nördl. Sackgasse*
F9	9	AT	1933	Flurname: urspr. Ackermass = Joch oder Juchart
Juchweg				*von Juchstrasse 3 bis südl. Sackgasse*
F9	9	AT	1933	Flurname: urspr. Ackermass = Joch oder Juchart
Juliastrasse				*von Hegarstrasse 19 bis Minervastrasse 94*
P14	7	HO	1909	Weiblicher Vorname
Jungholzhof				*von Wattstrasse 9 bis Jungholzstrasse 18*
N5/6	11	OE	1931	Siehe Jungholzstrasse
Jungholzstrasse				*von Affolternstrasse 10 bis Neunbrunnenstrasse 11*
N5/6	11	OE/SB	1898	Flurname: Name eines verschwundenen Wäldchens bei der Binzmühle; Jungholz = Nachwuchs im Waldschlag
Jungholzweg				*von Wattstrasse 3 bis Jungholzstrasse 16*
N6	11	OE	1931	Siehe Jungholzstrasse
Jungstrasse				*von Schaffhauserstrasse 413 bis westl. Jungholzstrasse 33 (Sackgasse)*
N5/6	11	SB	1932	Frei gewählter Name (im Gebiet des ehem. Jungholzes)
Jupitersteig				*von Bergstrasse 142 bis Kempterstrasse 17*
Q12	7	HO	1909	Siehe Jupiterstrasse
Jupiterstrasse				*von Heliosstrasse 29 bis Bergstrasse 142*
P/Q14	7	HI/HO	1898	Höchster römischer Gott, weitgehend dem griechischen Zeus entsprechend
Käferholzstrasse				*von Rötelstrasse 150 bis Wehntalerstrasse 330*
L7	6+10 +11	WP/AF	1893	Ein von (Mai-)Käfern bevorzugtes Gehölz
Kalchbühlstrasse				*von Albisstrasse 71 bis Grenze Kilchberg*
M18–20	2	WO	1894	Flurname: Anhöhe, wo Kalkstein gewonnen und gebrannt wurde
Kalchbühlweg				*von Alte Kalchbühlstrasse 11 bis Kalchbühlstrasse 20*
M18	2	WO	1979	Siehe Kalchbühlstrasse

Planfeld	Kreis	Quartier	Jahr	Erläuterung

Kalchtarenweg — *von Riedhofstrasse bis Rütihofstrasse*
E6   10   HG   1986   Flurname, nach einem 1549 erwähnten Kalkbrennofen (vergl. auch «Kalktaren» in Wollishofen)

Kalkbreitestrasse — *von Badenerstrasse 157 bis Goldbrunnenplatz*
K13   3+4   WD   1880   Flurname: gut gelegenes Ackerfeld, in welchem sich Kalksteine vorfanden, die gebrannt wurden

Kämbelgasse — *von Wühre 3 bis Münsterhof 18*
C3   1   LL   1637   Das Eckhaus Münsterhof 18 war von 1487 bis 1798 das Zunfthaus der Gremplerzunft zum «Kämbel», mundartl. für Kamel

Kaminfegergasse — *von Fortunagasse 22 bis Oetenbachgasse 1*
C2   1   LL   1835   Beruf von Anwohnern

Kanalstrasse — *von Allmendstrasse / Brunaubrücke bis nördl. Sackgasse*
L16   3   WD   1896   In der Nähe des Sihlkanals

Kanonengasse — *von Zeughausstrasse 60 bis Lagerstrasse 83*
L/M12   4   AS   1869   In der Nähe der Zeughäuser gelegen

Kantonsschulstrasse — *von Heimplatz bis Rämistrasse 74*
E3   1   RL   1897   Führt zu der 1842 von G.A. Wegmann erbauten alten Kantonsschule

Kantstrasse — *von Gloriastrasse 82 bis Hochstrasse 91*
P12   7   FL   1907   Immanuel Kant (1724–1804)
Deutscher Philosoph

Känzelistrasse — *von Adlisberg-/Loorenkopfstrasse bis Weiherholzstrasse*
T13   7   HO   1956   Nach einer 1884 erstellten, heute aber abgegangenen Aussichtsterrasse

Känzeliweg — *von Känzelistrasse bis Weiherholzstrasse*
T13   7   HO   1997   Siehe Känzelistrasse

Kanzleistrasse — *von Zweierplatz bis Zypressenstrasse 91*
K/L12   4   AS   1878   Die Strasse beginnt beim ehem. Gemeindehaus («Kanzlei») von Aussersihl, Badenerstrasse 65

Planfeld	Kreis	Quartier	Jahr	Erläuterung

Kapfsteig   *von Forchstrasse 204 bis Biberlinstrasse*
Q15–R14   7   HI   1912   Siehe Kapfstrasse

Kapfstrasse   *von Witikonerstrasse 82 bis Biberlin-/Kluseggstrasse*
R14/15   7   HI   1912   Flurname (1418): Punkt, von dem aus man Ausschau hält; kapfen (heute gaffen) = schauen

Kappelergasse   *von Stadthausquai 17 bis Bahnhofstrasse 20*
C4   1   LL   1892   Hier befand sich seit 1270 der «Kappelerhof», das Amtshaus des Klosters Kappel, 1878 abgetragen

Kappelerhof   *von Bahnhof- Börsenstrasse bis Kappelergasse /Fraumünsterstrasse*
C4   1   LL   1881   Siehe Kappelergasse

Kappeliholzstrasse   *von Kappenbühlstrasse 60 bis Holderbachweg*
G/H6   10   HG   1956   Waldstück, in welchem sich das den Heiligen Theodul und Erhard geweihte «Sant Joders Käppeli» mit einem Bruderhaus befand. Beide Gebäude wurden von den Hönggern in der Reformationszeit abgebrochen.

Kappelistrasse   *von Seestrasse 160 bis Bellariastrasse 45*
M16   2   EN/WO   1877   Landgut zum «Kappeli» (Nrn. 7, 15), das seinen Namen von einer 1502 hier erwähnten kleinen Kapelle trägt

Kappenbühlstrasse   *von Gsteigstrasse 73 bis Heizenholz 15*
F6–H7   10   HG   1932   Flurname, entstellt aus «Kappeli-Bühl»; vgl. Kappeliholzstrasse

Kappenbühlweg   *von Regensdorferstrasse 9 bis Kappenbühlstrasse*
H7   10   HG   1918   Siehe Kappenbühlstrasse

Karl Bürkli-Strasse   *von Seebahnstrasse 185 bis Erismannstrasse 61*
K12   4   AS   1930   Karl Bürkli (1823-1901)
Vorkämpfer des Sozialismus, Gründer des Konsumvereins

Karl Schmid-Strasse   *von Künstlergasse/Leonhardstrasse bis Rämistrasse 73*
E1/2   1   RL   1994   Karl Schmid (1907–1974)
Germanist und politischer Publizist, Prof. und Rektor der ETH, 1972 Träger der Medaille der Stadt Zürich für kulturelle Verdienste

Planfeld	Kreis	Quartier	Jahr	Erläuterung

Karl Stauffer-Strasse — *von Buchenweg bis Lenggstrasse 67*
R15/16   8   HI   1932   Karl Stauffer (1857–1891)
Berner Maler

Karlstrasse — *von Seefeldstrasse 173 bis Wildbachstrasse 58*
P16   8   RB   1894   Männlicher Vorname

Karstlernstrasse — *von Farbhof bis Dachslernstrasse 47*
E10   9   AT   1933   Flurname «Castel» (1474), «Castlern» (1560): Die heutige Form ist umgedeutet aus «Chastleren», einer Ableitung aus «Castel», verdeutscht aus lat. castellum = burgartiges Gebäude; der «Karstenbüel» enthält römische Bautrümmer.

Kartausstrasse — *von Zollikerstrasse 155 bis Wineggstrasse 80*
Q15   8   RB   1881   Liegenschaft zur «Kartause» (Nr. 17): Es befand sich hier keine Kartäuserniederlassung, der Name wurde im 18. Jahrhundert zuweilen für stille Landhäuser gewählt.

Kasernenstrasse — *von Badenerstrasse/Sihlbrücke bis Postbrücke*
A2   4   AS   1878   Bei der um 1873–75 erbauten Kaserne

Käshaldenstrasse — *von Rümlangstrasse 73 bis Affolternstrasse (Gde. Rümlang)*
K–M2   11   SB   1932   Flurname (1518): «Chäs» ist wohl in bildlich-vergleichendem Sinn zu verstehen; am obern Rand des Steilhanges tritt nämlich eine mächtige, gelblich-graue Sandsteinfluh zutage, die nur von einer geringen Humusschicht überdeckt ist und sicher vor langen Zeiten angeschnitten wurde.

Kasinostrasse — *von Hottingerplatz bis Merkurstrasse 56*
P13   7   HO   1889   Im Haus Gemeindestrasse 32 befand sich ursprünglich das Kasino Hottingen

Katharinenweg — *von Schulhausstrasse 32 bis nördl. Sackgasse*
L15   2   EN   1923   Katharina von Zimmern (1478-1545)
Letzte Äbtissin am Fraumünsterstift (seit 1496); übergab 1524 die Abtei dem Rat von Zürich

Katzenbachstrasse — *von Schaffhauserstrasse 491 bis Schwellistrasse /Birchstrasse*
N/O4   11   SB   1932   Katzenbach, ursprünglich Seebach, Ausfluss des Katzensees; vgl. Katzenseestrasse

Planfeld	Kreis	Quartier	Jahr	Erläuterung

Katzenbachweg *von Kirchenfeld 51 bis Am Katzenbach*
O4   11   SB   1938   Siehe Katzenbachstrasse

Katzenrütifussweg *von Horensteinstrasse bis Büsiseeweg*
J2/3   11   AF   1924   Weg zum Hof «Katzenrüti» in Rümlang, wo der Musterbauer Kleinjogg Gujer (1716–1785) gewirkt hat (vgl. Kleinjoggsteig). – Name bedeutet: Rüti beim Katzensee.

Katzenschwanzstrasse *von Witikonerstrasse 439 bis Dreiwiesen-/Adlisbergstrasse*
U12–14   7   HO/WT   1933   Waldname: vermutlich nach den dort auftretenden Schachtelhalmen, mundartl. «Chatzenschwanz» genannt

Katzenschwanzweg *von Im Hau bis Pfaffhauserweg*
V14   7   WT   1988   Siehe Katzenschwanzstrasse

Katzenseestrasse *von Unterdorfplatz bis Katzensee*
G3   11   AF   1933   Spöttische Bezeichnung für den kleinen, unbedeutenden See

Katzentischstrasse *von Dreiwiesenstrasse bis Eschenhaustrasse*
U13   7   HO   1956   Spassige Bezeichnung einer 1878 angelegten, aber längst wieder abgegangenen Anlage (mit Tisch und Bänken) oberhalb des Waldes «Katzenschwanz»

Kehlhofstrasse *von Birmensdorferstrasse 157 bis Schlossgasse 22*
K13   3   WD   1901   «Kehlhof», Zweierstrasse 161–169, 1899 abgetragen: Hof des «Kellers», des Beamten, der für den Grundherrn die Einkünfte bezog

Kelchweg *von Badenerstrasse 739 bis Dachslernstrasse 35*
E10   9   AT   1933   Frei gewählter Name

Kellerweg *von Bergwiesen bis Triemlihalde*
G14   9   AR   1932   Name eines Anstössers

Keltenstrasse *von Zürichbergstrasse 80 bis Ebelstrasse 40*
P/Q12   7   FL/HO   1901   Indogermanische Völkergruppe, der auch die Helvetier angehörten

Kempfhofsteig *von Limmattalstrasse 52 bis Kettberg 5*
J8   10   HG   1918   Siehe Kemphofweg

Planfeld	Kreis	Quartier	Jahr	Erläuterung

Kempfhofweg
J8/9   10   HG   1918

von Am Wasser 50 bis Limmattalstrasse 41
Wirtschaft zum «Kempfhof», benannt nach einem Eigentümer namens Kempf, Limmattalstr. 30, 1956 abgetragen

Kempterstrasse
Q14   7   HI/HO   1928

von Hegibachstrasse 121 bis Jupitersteig
Lothar Kempter (1844–1918)
Musiker, Komponist, Kapellmeister am Stadttheater

Kenngottweg
O12   6   US   1912

von Leonhardstrasse 19 bis Clausiusstrasse 25
Adolf Kenngott (1818–1897)
Aus Breslau; Prof. für Mineralogie an der ETH und an der Universität von 1856 bis 1893

Kernstrasse
L12   4   AS   1891

von Wengistrasse 7 bis Dienerstrasse 45
Johann Conrad Kern (1808–1888)
Politiker und Diplomat; Präsident des Eidg. Schulrates von 1854 bis 1857; Gesandter in Paris von 1857 bis 1883

Kettberg
J8   10   HG   1935

von Kürbergstrasse 50 bis östl. Wehrlisteig (Sackgasse)
Flurname: Kett, hölzerner Kanal, der das Wasser auf ein Mühlrad leitet; übertragen: Wasserleitung

Kiefernweg
M7   6   US   1935

von Hoffeld 42 bis Goldregenweg 5
Botanische Bezeichnung

Kienastenwiesweg
V/W16   7   WT   1933

von Trichtenhauserstrasse 93 bis Oetlisbergweg
Flurname: nach einem Eigentümer namens «Kienast». Kienast = Fackel aus harzigem Föhrenholz

Kieselgasse
P16   8   RB   1892

von Seefeldstrasse 159 bis Wildbachstrasse 37
Umbenannt aus Steingasse

Kilchbergsteig
M18   2   WO   1938

von Albisstrasse 19 bis Kilchbergstrasse 15
Siehe Kilchbergstrasse

Kilchbergstrasse
M18/19   2   WO   1892

von Albisstrasse 59 bis Grenze Kilchberg
Alte Landstrasse nach Kilchberg und den übrigen Gemeinden am linken Zürichsee-Ufer

Kinkelstrasse
N10   6   US   1892

von Stampfenbachstrasse 138 bis Möhrlistrasse 35
Gottfried Kinkel (1815–1882)
Prof. für Kunstgeschichte an der ETH von 1866 bis 1882

Planfeld	Kreis	Quartier	Jahr	Erläuterung
Kirchbühlweg				*von Berneggweg 3 bis Meiliweg 7*
K14	3	WD	1918	Bei der auf dem «Bühl» gelegenen Kirche Wiedikon
Kirchenackerweg				*von Magdalenenstrasse 9 bis Siewerdtstrasse 80*
O/P6	11	OE	1925	Flurname «Kirchäcker»: Äcker in der Nähe der vorreformatorischen St. Galluskapelle
Kirchenfeld				*von Landhusweg 10 bis Katzenbachstrasse 189*
N/O4	11	SB	1938	Flurname: Felder in der Nähe der Kirche
Kirchenfeldweg				*von Seebacherstrasse 44 bis Kirchenfeld 81*
N4	11	SB	1938	Siehe Kirchenfeld
Kirchenweg				*von Mühlebachstrasse 95 bis Zollikerstrasse 45*
P15	8	RB	1865	Weg zur Kirche Neumünster
Kirchgasse				*von Limmatquai 20 bis Hirschengraben 7*
D3	1	RL	1865	Seit dem 13. Jahrhundert gebräuchliche Bezeichnung für die am Grossmünster vorbeiführende Gasse
Klarastrasse				*von Holbeinstrasse 30 bis Kreuzstrasse 37*
O14	8	RB	1895	Weiblicher Vorname
Klausstrasse				*von Seefeldquai bis Seefeldstrasse 102*
O15	8	RB	1867	Führt zur Klaus- oder St. Niklausstud, die vor der Anlage des Quais draussen im Wasser stand und den Stadtbann und das Gebiet, in welchem ausschliesslich die Stadtbürger fischen durften, begrenzte. Der heutige Stein wurde 1812 anstelle eines 1798 zerstörten errichtet.
Klebestrasse				*von Leimbachstrasse 160 bis Grossackerstrasse*
J/K21	2	LB	1901	Flurname, mundartl. «Chläbi»: feuchte Halde mit lehmigem («klebrigem») Boden
Klebeweg				*von Im Mittelleimbach 26 bis Grenze Adliswil*
J/K21	2	LB	1973	Siehe Klebestrasse
Kleeweidstrasse				*von Leimbachstrasse 120 bis westl. Manegg-Promenade (Sackgasse)*
J20	2	LB	1897	Flurname: gutes, kleehaltiges Weideland

Planfeld	Kreis	Quartier	Jahr	Erläuterung

Kleinalbis
J15   3   WD   1931
von Staudenweg bis Im Hagacker
Flurname: Albis ist verwandt mit Alp = Bergweide; vgl. Albisstrasse

Kleinbühlstrasse
O5   11   SB   1926
von Allmannstrasse 44 bis Grubenackerstrasse
Flurname: Kleiner Hügel

Kleinertstrasse
L9   10   WP   1918
von Dorfstrasse 24 bis Trottenstrasse 15
Heinrich Kleinert (1853–1913)
Letzter Gemeindepräsident von Wipkingen von 1883 bis 1892

Kleinhölzliweg
U12   7   OS   1993
von Seewiesenstrasse bis Grenze Dübendorf
Liegt an einem kleinen Wald (kleines Holz) an der Stadtgrenze Dübendorf

Kleinjoggsteig
P11   7   FL   1916
von Hinterbergstrasse 40 bis Krönleinstrasse 37
Jakob Gujer, genannt Chlijogg (1716–1785)
Als «philosophischer» Bauer bekannter Musterlandwirt auf dem «Katzenrütihof» in Rümlang

Kleinstrasse
O14   8   RB   1951
von Kreuzstrasse 60 bis Ottenweg 19
Strasse von geringer Ausdehnung

Klingenstrasse
M11   5   IN   1869
von Zollstrasse/Neugasse bis Limmatstrasse 73
Flurname: Bachtobel oder allgemein Gelände am rauschenden Wasser

Klopstockstrasse
L14/15   2   EN   1907
von Brandschenkestrasse 170 bis Bederstrasse 102
Friedrich Gottlieb Klopstock (1724–1803)
Deutscher Dichter; weilte von 1750 bis 1751 in Zürich (bei Johann Caspar Lavater)

Klosbachstrasse
P14   7   HO   1881
von Kreuzplatz bis Titlisstrasse 22
Bachname: aus volkslat. closa = enges, «eingeschlossenes» Tälchen

Kloster Fahr-Weg
E7–N11   6+10   HG   1993
von Drahtschmidlisteig bis Grenze Oberengstringen
Rechter Limmatuferweg zum Kloster Fahr

Klosterfeldweg
R/S10   7   FL   1997
von Klosterholzweg/Zooweg bis Zürichbergstrasse
Feld beim ehemaligen Martinskloster beim heutigen Zoo; siehe auch Klosterweg

Planfeld	Kreis	Quartier	Jahr	Erläuterung

Klosterholzweg — *von Letziweg bis Hüttenkopfstrasse*
R10 7+12 FL 1997 Waldstück beim ehemaligen Martinskloster beim heutigen Zoo; siehe auch Klosterweg

Klosterweg — *von Zürichbergstrasse 231 bis Frauenbrünnelistrasse*
R10/11 7 FL 1908 An der Stelle des «Alten Klösterli» befand sich das 1127 gestiftete Chorherrenstift St. Martin auf dem Zürichberg, dessen Kreuzgang sich bis ins 19. Jahrhundert erhalten hat.

Klusdörfli — *von Klusstrasse 18 bis Hegibachstrasse 124*
Q14 7 HI 1925 Siedlung in der «Klus»; vgl. Klusplatz

Kluseggstrasse — *von Klusstrasse 18 bis Biberlin-/Kapfstrasse*
Q14 7 HI 1909 Freigewählte Ableitung vom Flurnamen «Klus»

Klusplatz — *von Hegibach-/Asylstrasse bis Witikonerstrasse*
Q14 7 HI 1897 Siehe Klusstrasse

Klusstrasse — *von Hegibachstrasse 112 bis Biberlinstrasse 60*
Q/R14 7 HI 1901 Flurbezeichnung «chlose» (1265) und Name einer Häusergruppe; «Chlus», lat. clusa, ist jüngere Form zu closa = Tobel, Tälchen vgl. Klosbach

Klusweg — *von Klusstrasse 32 bis Kapfsteig 54*
R14 7 HI 1910 Siehe Klusstrasse

Knüslistrasse — *von Hohlstrasse 355 bis Eichbühlstrasse 62*
J11 4 AS 1912 Die Knüsli sind ein alteigesessenes Geschlecht im Hard

Köchlistrasse — *von Ankerstrasse 11 bis Körnerstrasse*
L12/13 4 WD 1885 Name eines Anstössers

Kochstrasse — *von Sihlfeldstrasse 123 bis Zypressenstrasse 78*
K12 4 AS 1893 Name eines Anstössers

Kohlenplatzweg — *von Huebweg bis Hohensteinstrasse*
E14 9 AR 1999 In der Nähe soll sich früher eine Holzköhlerei befunden haben

Köhlerstrasse — *von Tobelhofstrasse bis Dreiwiesenstrasse*
S11 7 HO 1956 Früher soll in dieser Gegend Holzkohle gebrannt worden sein

Planfeld	Kreis	Quartier	Jahr	Erläuterung

Kolbenacker
O3   11   SB   1934
von Glattalstrasse 58 bis Stiglenstrasse 55 und südl. Sackgasse
Flurname: hier wohl Acker bei einem «Kolbenried», wo Rohrkolben wuchsen

Kolbenhofereggstrasse
H16   3   WD   1956
von Zielweg bis Jucheggstrasse
Vorsprung am Üetliberg über dem Kolbenhof

Kolbenhofstrasse
H16   3   WD   1900
von Uetlibergstrasse bis Bachtobelstrasse
Flur- und Hofname (1420): nach einem Besitzer namens Kolb

Kolibriweg
E10/11   9   AT   1933
von Stampfenbrunnenstrasse 60 bis westl. Sackgasse
Zoologische Bezeichnung: Vogel

Köllikerstrasse
Q12   7   HO   1905
von Hofstrasse 108 bis Ebel-/Keltenstrasse 52
Rudolf Albert Kölliker (1817–1905)
Professor für Anatomie an der Universität Zürich von 1844 bis 1847, an der Universität Würzburg von 1847 bis 1902

Köngengasse
D2   1   RL   1704
von Limmatquai 88 bis Niederdorfstrasse 19
Haus zu den «Drei Königen» (Nr. 6, 1940 abgetragen), welcher Hausname auf einen Besitzer Heinrich Küng (Ende 15. Jahrhundert) zurückgeht; Küng oder Köng, mundartl. für König

Konkordiastrasse
P14   7   HO   1896
von Freiestrasse 105 bis Asylstrasse 70
Vermutlich nach einem Hausnamen

Konrad Ilg-Strasse
E7   10   HG   1961
von Frankentalerstrasse 16 bis westl. Sackgasse
Konrad Ilg (1877–1954)
Präsident des Schweizerischen Metall- und Uhrenarbeiter-Verbandes von 1917 bis 1954, Mitbegründer des Friedensabkommens in der Maschinenindustrie

Konradstrasse
M11   5   IN   1879
von Sihlquai 9 bis Ackerstrasse 44
Vorname eines Grundeigentümers

Kornamtsweg
J3   11   AF   1933
von Unterdorfplatz bis Bärenbohlstrasse
Das städtische Kornamt besass in Affoltern einen Gutshof.

Korneliusstrasse
P16   8   RB   1894
von Hornbachstrasse 41 bis Fröhlichstrasse 37
Männlicher Vorname

Dorfpartie in Unteraffoltern gezeichnet von W.A. Lehmann.

Die noch ländlich wirkende Gegend vor dem Bau der Kornhausstrasse.

Planfeld	Kreis	Quartier	Jahr	Erläuterung

Körnerstrasse | | | | *von Badenerstrasse 153 bis Elisabethenstrasse 28*
L12 | 4 | WD | 1894 | Theodor Körner (1791–1813). Deutscher Dichter

Kornhausbrücke | | | | *von Limmatplatz bis Kornhaus-/Rousseaustrasse*
M10 | 5 | IN | 1928 | Siehe Kornhausstrasse

Kornhausstrasse | | | | *von Kornhausbrücke bis Rotbuch-/Rötelstrasse*
M10 | 5+6 | US/WP | 1906 | Schon 1899 geplant als Verbindung zu den damaligen Kornhäusern am Limmatplatz

Kosakenweg | | | | *von Stoffelstrasse 13 bis Grünhaldenstrasse 54*
O5 | 11 | SB | 1923 | Zur Erinnerung an die Kosaken, die anlässlich der Schlacht bei Zürich 1799 bei Seebach-Affoltern ihr Lager aufgeschlagen hatten

Köschenrütistrasse | | | | *von Seebacherstrasse 109 bis Käshaldenstrasse 45*
M3 | 11 | SB | 1911 | Flurname des «Köschen Rüti» (1521): ein gerodetes Grundstück, das um 1500 Hans Kösch gehörte

Köschenrütiweg | | | | *von Käshaldenstrasse 30 bis Rümlangstrasse 119*
M2/3 | 11 | SB | 1941 | Flurname des «Köschen Rüti» (1521): ein gerodetes Grundstück, das um 1500 Hans Kösch gehörte

Kraftstrasse | | | | *von Zürichbergstrasse 75 bis Toblerplatz*
P12 | 7 | FL | 1896 | Beim heutigen Strassenbahndepot befand sich die «Kraftstation» der damaligen Zürichbergbahn

Krähbühlsteig | | | | *von Susenbergstrasse 20 bis Schreberweg*
Q12 | 7 | FL | 1913 | Siehe Krähbühlstrasse

Krähbühlstrasse | | | | *von Toblerplatz bis Zürichberg-/Dreiwiesenstrasse*
Q12 | 7 | FL | 1878 | Bauerngehöft (Nr. 26, 1926 abgetragen) und Flurname «Kreihenbühl» (1650), umgedeutet aus «Kryenbühl» (1463): nach einem Eigentümer namens Kry oder Krig, welcher Name damals in der Umgebung Zürichs mehrfach belegt ist

Krähbühlweg | | | | *von Krähbühlstrasse bis Dreiwiesenstrasse*
R12 | 7 | FL | 1912 | Siehe Krähbühlstrasse

Planfeld	Kreis	Quartier	Jahr	Erläuterung

Kranzweg — *von Bläsistrasse 17 bis Gässli und Gsteigstrasse 26*
H7   10   HG   1928   Häusergruppe «Im Kranz». Der Hausname «Kranz» weist auf das Gewohnheitsrecht hin, dass jeder Weinbauer seinen eigenen Wein ausschenken durfte, sofern er an seinem Haus als «Wirtshausschild» einen Kranz (oder einen Besen) anbrachte.

Krattenturmstrasse — *von Frohburgstrasse 108 bis Germaniastrasse 89*
O9/10   6   OS   1908   Der Krattenturm befand sich als Stützpunkt des Letzigrabens beim Petertobel; er wurde am 30. April 1444 durch die Zürich belagernden Eidgenossen zerstört. Sein Bild führte Oberstrass im Gemeindewappen.

Kräuelgasse — *von Müllerstrasse 64 bis Zeughausstrasse 61*
L12   4   AS   1941   Flurname «Krewel» (1420), entstanden durch Vergleich des Zusammenflusses von Limmat und Sihl mit einem zweizinkigen Karst und Übertragung dieser bildlichen Bezeichnung auf das anstossende Ufergelände. – Die «Krewelfurt» (1335), eine Furt beim «Drahtschmidli».

Krautgartengasse — *von Heimplatz bis Hirschengraben 20*
E3   1   RL   1878   In einem Krautgarten beim heutigen Kunsthaus wurde in der Pestzeit 1610/11 ein Friedhof angelegt, der diesen hausbackenen Namen bis zu seiner Aufhebung im 19. Jahrhundert beibehielt. Die volkstümliche Bezeichnung dieser Gasse war «Hunds-Chehri».

Krebsgasse — *von Limmatquai 54 bis Münstergasse 25*
D3   1   RL   1402   Haus zum «Krebs», seit 1719 mit Zunfthaus zur Safran vereinigt

Kreuzbühlstrasse — *von Falkenstrasse 27 bis Kreuzplatz*
E/F5, O14   7   HO/RB   1867   Flurname «Krützbüchel» (1531): Bühl (Hügel) beim Kreuz am Kreuzplatz (siehe dort)

Kreuzplatz — *von Zeltweg/Kreuzbühlstrasse bis Klosbach-/Forchstrasse*
P14   7+8   HO/HI/RB   1839   Siehe Kreuzstrasse

Planfeld	Kreis	Quartier	Jahr	Erläuterung

Kreuzstrasse
F5, O14   7+8   RB   1867
von Utoquai 45 bis Zeltweg 87
Am Kreuzplatz stand als Markstein des städtischen Bannbezirkes ein «Kreuz» (vgl. auch Klausstrasse). Nach diesem Kreuz wurde die ganze Umgebung und auch die 1611 hier erbaute und 1839 – nach der Erstellung der Neumünsterkirche – abgebrochene «Kreuz-Kirche» benannt.

Kreuzwiesen
R7   12   SW   1949
von Glattstegweg 7 bis Schürgistrasse 24
Flurname (1520): Wiesen bei einer Wegkreuzung

Kripfstrasse
U12   7   HO   1956
von Katzenschwanzstrasse bis Seewiesenstrasse
Waldname «Kripf»: Einschnitt, natürliche oder künstliche Vertiefung oder Graben

Krokusweg
O7   11   OE   1933
von Viktoriastrasse 29 bis Dörflistrasse 8
Botanische Bezeichnung

Kronenstrasse
M10   6   US   1878
von Rousseaustrasse bis Schaffhauserstrasse 1
Gasthaus zur «Krone», Schaffhauserstrasse 1, 1935 durch einen Neubau ersetzt

Krönleinstrasse
P11   7   FL   1912
von Freudenberg-/Hinterbergstrasse bis Susenbergstrasse 124
Ulrich Krönlein (1847–1910)
Prof. für Chirurgie an der Universität von 1881 bis 1910

Kronwiesenstrasse
S7   12   SW   1948
von Altwiesenstrasse 40 bis Glattwiesenstrasse
Flurname (1533): Wiesen, die vermutlich zu einem Haus zur «Krone» gehörten

Kronwiesenweg
S7   12   SW   1948
von Glattwiesenstrasse bis Luchsweg
Siehe Kronwiesenstrasse

Kruggasse
D4   1   RL   1418
von Schifflände bis Oberdorfstrasse 5
Haus zum «Grünen Krug» oder «Krug» (Nr. 4)

Krummweg
S/T13   7   HO   1997
von Degenriedstrasse bis Adlisbergstrasse
Waldweg mit leichter Krümmung, vielleicht auch «schief» wegen des Gefälles

Kugelfangweg
S10   7   FL   1997
von Zürichbergstrasse bis Sagentobelstrasse
Weg hinter den Schützenscheiben und dem Erdwall (= Kugelfang) des Schiessplatzes Fluntern

Planfeld	Kreis	Quartier	Jahr	Erläuterung
Kügeliloostrasse				*von Wehntalerstrasse 261 bis Neunbrunnenstrasse 180*
L/M6	11	OE/AF	1933	Flurname: Loh, d.h. Gehölz eines Eigentümers namens Kügeli; die Familie Kügeli ist im 15. Jahrhundert in Seebach nachgewiesen; vgl. Loogartenstrasse.
Kühgasse				*von Kühweidweg bis Butzenstrasse*
K18/19	2	WO	1997	Früher eingehegter Viehweg, der zu den Weiden führte (Weidgang); im Zehntenplan von J. Feer (1788): «Die Küh Gass Aeker»
Kühriedweg				*von Kirchenackerweg 34 bis Riedgrabenweg 57*
P6	11	OE	1950	Flurname: nicht übermässig nasses Riedland, das zuweilen als Kuhweide diente
Kühweidweg				*von Butzenstrasse bis Hinterhagenweg*
K/L18	2	WO	1997	Flurname in Wollishofen, früher Acker- und Weideland (siehe auch Kühgasse)
Küngenmatt				*von Höfliweg 23 bis westl. Wasserschöpfi 75 (Sackgasse)*
H/J13	3	WD	1938	Flurname (1520): wohl nach einem Eigentümer namens Küng oder Köng
Künstlergasse				*von Hirschengraben 40 bis Karl Schmid-Strasse/Leonhardstrasse*
E2	1	RL	1865	Führte zum 1911 abgebrochenen «Künstlergütli» (Nrn. 6, 8), dem Sitz der Kunstgesellschaft
Künzlistrasse				*von Birchstrasse 19 bis Oberwiesenstrasse 8*
M7	6	US	1927	Emil Künzli (1858–1898) Gerbermeister; Stifter der Partizipantengenossenschaft Zürich-Unterstrass
Kunzweg				*von Riedenhaldenstrasse bis Fronwaldstrasse*
J4	11	AF	1987	Erwin Kunz (1910–1978) Dr. phil., Schulpräsident von Schwamendingen von 1963 bis 1978, Gemeinderat von 1958 bis 1974
Kürbergsteig				*von Ottenbergstrasse 69 bis Kürbergstrasse 24*
J8	10	HG	1932	Siehe Kürbergstrasse

Planfeld	Kreis	Quartier	Jahr	Erläuterung

Kürbergstrasse — *von Ottenbergstrasse 71 bis Emil Klöti-Strasse/Waidbadstrasse*
J8　10　HG　1928　Flurname «Kürnberg» (1343), «Kürenberg» (1344), «Küriberg» (1521): zu einem vom Vornamen Quirin abgeleiteten Personennamen «Küri»

Kürbergweg — *von Kürbergstrasse 50 bis Emil Klöti-Strasse 22*
J8　10　HG　1918　Siehe Kürbergstrasse

Kürbsensteig — *von Tannenrauchstrasse 46 bis Rainstrasse 86*
L17　2　WO　1932　Flurname: Kürbsenrain, «Chürbse» mundartl. für Kürbis

Kurfirstensteig — *von Steinhaldenstrasse 73 bis Kurfirstenstrasse 14*
L15/16　2　EN　1910　Siehe Kurfirstenstrasse

Kurfirstenstrasse — *von Scheideggstrasse 32 bis Scheideggstrasse 86*
L16　2　EN/WO　1902　Gebirgszug zwischen Walensee und oberem Toggenburg

Kurhausstrasse — *von Ebelstrasse 40 bis Adlisbergstrasse*
Q12–R13　7　HO　1896　Kurhaus bzw. «Waldhaus» Dolder (Nr. 18), erbaut 1894/1896

Kurt Guggenheim-Anlage — *von General Guisan-Quai / Bürkliplatz bis Kurt Guggenheim-Strasse*
C4/5　1　LL　1999　siehe Kurt Guggenheim-Strasse

Kurt Guggenheim-Strasse — *von Bahnhofstrasse 1 bis Talstrasse (vis-à-vis Hotel Baur au Lac)*
C4　1　LL　1999　Kurt Guggenheim (1896–1983). Zürcher Schriftsteller (Hauptwerk: «Alles in Allem») und Dramatiker; Literaturpreisträger der Stadt Zürich 1955

Kurvenstrasse — *von Beckenhof-/Waltersbachstrasse bis Beckenhofstrasse 37*
N10/11　6　US　1892　Hinweis auf die Bogenform der Strasse

Kurzgasse — *von Hohlstrasse 18 bis Brauerstrasse 15*
L12　4　AS　1878　Gasse von geringer Länge

Planfeld	Kreis	Quartier	Jahr	Erläuterung

Kuttelgasse
C2/3　1　LL　1541

von Rennweg 25 bis Bahnhofstrasse 50
Am unteren Ende der Gasse stand der 1816 abgebrochene Neuturm, der zuweilen auch Kuttelturm genannt wurde. Der Name der Gasse und des Turms weist auf den Beruf von Anwohnern hin, denn im 15. und 16. Jahrhundert wohnten hier mehrere Kuttler.

Kyburgstrasse
L9　10　WP　1898

von Landenbergstrasse 11 bis Röschibachstrasse 46
Burg bei Winterthur, urspr. Sitz der bedeutenden Grafen von Kyburg, seit 1424 resp. 1452 Amtssitz der grössten Landvogtei Zürichs

Lachenacker
G7　10　HG　1951

von Riedhofstrasse 104 bis Regensdorferstrasse 72
Acker in der Lachenzelg

Lachenzelgstrasse
G7　10　HG　1948

von Imbisbühlstrasse 39 bis Riedhofstrasse 76
Flurname: nach einer Sumpf- oder Wasserlache; vgl. auch Zelgstrasse

Lägernstrasse
M9　10　WP　1898

von Rotbuchstrasse 68 bis Rötelstrasse 95
Jurahöhenzug im Zürcher Unterland (863 m)

Lagerstrasse
M11/12　4　AS　1869

von Kasernenstrasse 95 bis Langstrasse 138
Hinweis auf Lagerhäuser längs der Bahn

Lamprecht-Weg
M5　11　OE　1996

von Birchstrasse bis Brown-Boveri-Strasse
Gummiwarenfabrik Lamprecht; Fritz Lamprecht (1875–1955)
Pionier der Kautschukverarbeitung in der Schweiz; verlegte 1911 die Produktion an den heutigen Standort im Industriegebiet Oerlikon.

Landenbergstrasse
L9　10　WP　1898

von Habsburgstrasse 9 bis Röschibachstrasse 72
Weitverzweigte Adelsfamilie des Zürcher Oberlandes, die verschiedene Burgen besass und in Zürich verbürgert war

Landhusweg
O4　11　SB　1938

von Seebacherstrasse 8 bis Katzenbachstrasse 9
Gasthaus zum «Landhus», Schaffhauserstrasse 499

Planfeld	Kreis	Quartier	Jahr	Erläuterung

Landisstrasse
N5/6 11 OE 1933

von Jungholzstrasse 6 bis nordwestl. Sackgasse
Albert Heinrich Landis (1877–1916)
Fabrikant (Kofferfabrik) und Stifter des «Albert Heinrich Landis-Fonds»

Landoltstrasse
O11 6 OS 1906

von Vogelsangstrasse 10 bis Bionstrasse 11
Elias Landolt (1821–1896)
Prof. an der ETH von 1855 bis 1893, Schöpfer der eidg. Forstgesetzgebung

Langackerstrasse
M/N8 6 US 1928

von Guggachstrasse 12 bis Grebelackerstrasse 7
Flurname

Langensteinenstrasse
O9 6 OS/US 1930

von Winterthurerstrasse 164 bis Letzistrasse 37
Flurname und Name einer Häusergruppe an der Frohburgstrasse (Nr. 106/110): vermutlich nach Findlingen so benannt

Langfachweg
E7 10 HG 1932

von Bombachhalde 24 bis Grenze Oberengstringen
Flurname: Fach = ausgemarchter Teil eines Rebberges

Langfurren
N7/8 6 US 1935

von Oerlikonerstrasse 9 bis Schürbungert 45
Flurname: langgezogener, niedriger Rain

Langgrütstrasse
G12–H13 9 AR/WD 1950

von Fellenbergstrasse 169 bis In der Ey 17
Flurname «im langen gerüt» (1405): Grüt = ausgereutetes Waldstück

Langgrütweg
F/G12 9 AR 1950

von Fellenbergstrasse 273 bis Triemlistrasse 58
Siehe Langgrütstrasse

Langhagweg
G/H12 9 AR 1933

von Letzigraben 145 bis Sackzelg 34
Flurname: Grundstück an einem langen Lebhag

Langmattweg
T15 7 WT 1933

von Witikonerstrasse 317 bis südl. Sackgasse (Schulhaus Langenmatt)
Flurname

Langmauerstrasse
N9/10 6 US 1878

von Röslistrasse 10 bis Winterthurerstrasse 138
Landhaus zur «Langmauer» (Nr. 65), 1958 abgetragen

Planfeld	Kreis	Quartier	Jahr	Erläuterung

Langstrasse
L12–M11 4+5 AS/IN 1869 *von Badenerstrasse 120 bis Limmatplatz*
Die «lange» Hauptstrasse Aussersihls (vor 1869 z.T. Langfurrenstrasse)

Langweid
J16 3 WD 1943 *von Frauentalweg bis Hegianwandweg*
Flurname: Weide im Tälchen oberhalb des Friesenberghofes

Langwiesstrasse
M6 11 OE 1927 *von Birchstrasse 145 bis Angelikaweg*
Flurname

Lärchenweg
C11–D12 9 AT 1997 *von Rosshauweg bis Mannshäuliweg*
Botanische Bezeichnung

Laternengasse
D4 1 RL 1790 *von Limmatquai 26 bis Kirchgasse 8*
Haus zur «Laterne» (Nr. 2)

Laubiweg
M9 6 WP 1928 *von Rötelstrasse 56 bis Hofwiesenstrasse 47*
Seit dem 17. Jahrhundert in Wipkingen ansässige Familie

Läufebachweg
F13 9 AR 1933 *von Triemlistrasse 90 bis Rossackerstrasse 119*
Bach im Wald «Läufi»

Läufeweg
E13-F14 9 AR 1956 *von Triemlihalde 30 bis Birmensdorferstrasse 660*
Flurnamen «Grossläufi», «Kleinläufi»: Läufi = Holzbahn durch den Wald

Laufferweg
N9 6 US 1925 *von Langmauerstrasse 93 bis Im eisernen Zeit 60*
Familie Lauffer, die im 19. Jahrhundert das Landgut «Langmauer» besass

Laurenzgasse
N10 6 US 1878 *von Nordstrasse 18 bis Stampfenbachstrasse 129*
Männlicher Vorname

Lavaterstrasse
M15 2 EN 1886 *von Gotthardstrasse 69 bis Conrad Ferdinand Meyer-Strasse 14*
Johann Caspar Lavater (1741–1801)
Pfarrer am St. Peter, berühmter Kanzelredner und Verfasser religiöser und physiognomischer Schriften

Lavendelweg
O6/7 11 OE 1939 *von Kirchenackerweg 11 bis Salvatorstrasse 26*
Botanische Bezeichnung

Planfeld	Kreis	Quartier	Jahr	Erläuterung
Lebriststrasse				*von Gsteigstrasse bis Am Hönggerberg*
H7	10	HG	1918	Flurname (1644): zusammengesetzt aus «Lew», Grabhügel, und «Rist», somit Erhebung mit frühgeschichtlichen Grabhügeln
Lebristweg				*von Müseliweg bis Am Hönggerberg*
J7	10	HG	1932	Siehe Lebriststrasse
Leebernweg				*von Winterthurerstrasse 297 bis Friedheimstrasse 50*
P7	11	OE	1920	Flurnamen Leweren oder Leberen (Mehrzahl von Lew): frühgeschichtliche Grabhügel
Lehensteig				*von Rosengartenstrasse 9 bis Zschokkestrasse 15*
L9	10	WP	1894	Haus zum «Lehen» (Lehenstrasse 29, 1927 abgetragen), ursprünglich ein obrigkeitlicher Lehenshof
Lehenstrasse				*von Rosengartenstrasse 40 bis Nordstrasse 320*
L8	10	WP	1866	Haus zum «Lehen» (Lehenstrasse 29, 1927 abgetragen), ursprünglich ein obrigkeitlicher Lehenshof
Lehfrauenweg				*von Witikonerstrasse 353 bis Buchholzstrasse 120*
T15	7	WT	1867	Flurname «Lehfrawenacker» (1529): Grundstück, das ausnahmsweise an eine Frau verliehen wurde; Lehenfrau ist Gegenstück zu Lehenmann (Lehmann)
Lehmgrubenweg				*von Hungerbergstrasse bis Holderbachweg*
G/H5	10	HG	1997	Lehmgrube im Hönggerbergwald
Leimbachsteg				*von SZU-Station Leimbach bis Leimbachweg*
K20	2	LB	1992	Siehe Leimbachstrasse
Leimbachstrasse				*von Maneggbrücke bis Grenze Adliswil*
K20/21	2	LB	1897	Siedlungs- und Bachname (946): Bach in lehmigem Gelände
Leimbachweg				*von Leimbachsteg bis Gstalderweg*
K/L20	2	LB	1990	Siehe Leimbachstrasse
Leimgasse				*von Wildbachstrasse 42 bis südwestl. Sackgasse*
P15/16	8	RB	1868	Es befand sich hier eine Leimsiederei.

Planfeld	Kreis	Quartier	Jahr	Erläuterung

Leimgrübelstrasse   *von Glattalstrasse 109 bis Rümlangstrasse 43*
N3   11   SB   1932   Flurname nach einer Berufsbezeichnung Leimgrübel, d.h. lehmgrabender Mann; vgl. Grebel für Gräber und Steinbrüchel für Steinbrecher. Grundstück eines Leimgrübels, wo Lehm gegraben wurde.

Lenggfussweg   *von Lengghalde bis Witellikerstrasse 20*
R16   8   RB   1982   Siehe Lenggstrasse

Lengghalde   *von Lenggstrasse bis südöstl. Sackgasse*
R16   8   RB   1982   Siehe Lenggstrasse

Lenggstrasse   *von Südstrasse 85 bis Forchstrasse 326*
R16   8   RB/HI   1867   Flurname «Länggwis» (1497) und «Längg», eine Ableitung von lang: häufige Bezeichnung für langgezogene Flächen

Leonhard Ragaz-Weg   *von Gutstrasse 7 bis Goldbrunnenstrasse 160*
J13   3   WD   1950   Leonhard Ragaz (1868–1945)
Prof. der Theologie an der Universität von 1908 bis 1921; Mitbegründer der religiös-sozialen Bewegung

Leonhardshalde   *von Auf der Mauer 7 bis südl. Sackgasse*
D1   1   RL   1903   Siehe Leonhardstrasse

Leonhardstrasse   *von Weinbergstrasse 34 bis Karl Schmid-Strasse/Künstlergasse*
D/E1, N/O12   1+6   RL/US   1895   Unterhalb der «Haldenegg» stand die 1240 erstmals erwähnte St. Leonhardskapelle.

Leonhardstreppe   *von Stampfenbachstrasse 26 bis Hochfarbstrasse 2*
N12   1   RL   1890   Siehe Leonhardstrasse

Lerchenberg   *von Lerchenhalde 2 bis nordwestl. Sackgasse*
J6   11   AF   1968   Flurname: Ort, wo Lerchen sich hören liessen, vgl. auch Flurname «Im Lerchengsang» in Albisrieden

Lerchenhalde   *von Glaubtenstrasse bis Schauenbergstrasse 53*
J5/6   11   AF   1968   Ableitung von «Lerchenberg»

Planfeld	Kreis	Quartier	Jahr	Erläuterung
Lerchenrain J5	11	AF	1971	*von Lerchenhalde 41 bis Schauenbergstrasse* Ableitung von Lerchenberg; Flurname: Ort, wo Lerchen sich hören liessen, vgl. auch Flurname «Im Lerchengsang» in Albisrieden
Lerchenstrasse K/L15	3	WD	1901	*von Edenstrasse 9 bis Giesshübelstrasse 12* Zoologische Bezeichnung: Vogel
Lerchenweg M4	11	SB	1999	*von Schwandenholzstrasse bis Schiffliwiesenweg* Siehe Lerchenstrasse
Lessingstrasse L15	2	EN	1892	*von Bederstrasse 123 bis Brunaustrasse 87* Gotthold Ephraim Lessing (1729–1781) Deutschen Dramatiker und Literaturkritiker. Strasse benannt nach dem anstossenden «Lessingwäldchen», in welchem 1835 ein deutscher Student namens Lessing ermordet wurde; Umwidmung 1955 für den deutschen Dramatiker Gotthold Ephraim Lessing.
Lettenfussweg L9/10	10	WP	1913	*von Wasserwerkstrasse 141 bis Imfeldstrasse 95* Flurname: lehmiger Boden durch Schlammablagerungen der Bäche
Lettenholzstrasse L18/19	2	WO	1893	*von Albisstrasse 92 bis Frohalp-/Entlisbergstrasse* Flurname «Lettenhölzli»: ein Wäldchen mit lehmigem Grund
Lettensteg M10	5+10	IN	1885	*von Sihlquai bis Röhrenweg* Siehe Lettenstrasse
Lettenstrasse M10	10	WP	1878	*von Imfeldstrasse 60 bis Nordstrasse 147* Flurname: lehmiger Boden durch Schlammablagerung der Bäche
Lettenviadukt L/M10	5	IN	1999	*von Abgang zu Wasserwerkstrasse 119 bis Limmatstrasse* Flurname: siehe Lettenstrasse; stillgelegt bei Inbetriebnahme S-Bahn 1990, jetzt als Fuss- und Radweg genutzt
Letzigraben G13–H11	3+9	AR/AT/AS	1928	*von Badenerstrasse 501 bis In der Ey 85* Mittelalterliche Grenzbefestigung mit Wall und Wassergraben, vom Döltschi bis zum Hardturm reichend

Planfeld	Kreis	Quartier	Jahr	Erläuterung

Letzistrasse   *von Winterthurerstrasse 86 bis Frohburgstrasse 106*
O9   6   OS/SW   1883   Mittelalterliche Letzi (Grenzbefestigung) längs des Letzibaches vom Krattenturm bis zur Limmat (Letten)

Letziweg   *von Krattenturmstrasse 1 bis Streitholzstrasse/Klosterholzweg*
P8   6+12   OS/SW   1958   Siehe Letzistrasse

Leuengasse   *von Marktgasse 18 bis Spiegelgasse 18*
D3   1   RL   1637   Haus zum «Roten Leu» (Nr. 4), schon 1298 erwähnt, 1937 abgetragen

Leutholdstrasse   *von Hönggerstrasse 45 bis Kyburgstrasse*
L9   10   WP   1898   Heinrich Leuthold (1827–1879)
Bedeutender Lyriker, von Wetzikon, vorübergehend in Zürich wohnhaft und hier gestorben

Leutschenbachstrasse   *von Andreasstrasse 55 bis Grenze Opfikon*
O/P5   11   SB   1948   Bachname (1450): zu «Läutsch» = herumstreifender Hund (oder Wolf)

Libellenweg   *von Meientalstrasse 71 bis südl. Sackgasse*
E10   9   AT   1933   Zoologische Bezeichnung: Insekt, «Wasserjungfer»

Liebensteinstrasse   *von Ginsterstrasse 53 bis Fellenbergstrasse 286*
G12   9   AR   1933   Seit dem 15. Jahrhundert erwähnte, heute ausgestorbene Familie von Albisrieden

Liebiseggweg   *von Polenweg / Schwendenholzweg bis Polenweg*
E14/15   9   AR   1997   Egg = Bergrippe, wohl zu einem Eigennamen wie «Lieb», auf dem Albisriederberg (Liebenseckhau, Lübisegghau u.ä.)

Liebwiesweg   *von Frauenbrünnelistrasse bis Letziweg*
E14/15   7   FL   1997   Flurname Liebwies: wohl zum einstigen Besitzernamen «Lieb»

Ligusterstrasse   *von Allenmoosstrasse 112 bis Venusstrasse*
N7   11   OE   1922   Hinweis auf die damals angelegten Ligusterhecken

Lilienstrasse   *von Asylstrasse 98 bis Fichtenstrasse 2*
Q14   7   HO   1881   Botanische Bezeichnung

1995 konnte das vierte World Trade Center, Leutschenbach-/Schärenmoosstrasse, bezogen werden. Architekt Ernst Gisel.

Reste des spätrömischen Kastells und der mittelalterlichen Pfalz auf dem Lindenhof können unter dem heutigen Logengebäude (Lindenhof 3) besichtigt werden.

Planfeld	Kreis	Quartier	Jahr	Erläuterung

Limmatplatz　　　　　　　　　*von Langstrasse bis Limmatstrasse*
M10/11　　5　　IN　　1890　Siehe Limmatstrasse

Limmatquai　　　　　　　　　*von Bellevueplatz bis Central*
D1-4　　1　　RL　　1863　Siehe Limmatstrasse

Limmatstrasse　　　　　　　　*von Sihlquai 9 bis Escher-Wyss-Platz*
L10–M11　5　　IN　　1869　Flussname «Lindemaga» (um 1150): Zusammensetzung aus gallisch «linta», die Geschmeidige, die Schlange (vgl. Lindwurm), und gallisch «maga», die Grosse (vgl. die Tessiner Maggia aus magia). Im 14. Jahrhundert wurde der dunkle Namen teilweise umgedeutet; daher die Form Lintmagt (1328). Durch Konsonantenschwund und Angleichung ergab sich allmählich die heutige Form (noch 1692 Lindmat, im 18. Jahrhundert Limmat). Der Vergleich von Flüssen mit Lebewesen ist bei vielen Völkern verbreitet.

Limmattalstrasse　　　　　　　*von Hönggerstrasse 148 bis Grenze Oberengstringen*
F7–H8　　10　　HG　　1932　Rechtsufrige Landstrasse ins Limmattal

Lindenbachstrasse　　　　　　*von Stampfenbachstrasse 151 bis Kornhaus-/Weizenstrasse*
M/N10　　6　　US　　1894　Der Lindenbach – im obern Lauf Letzibach genannt – bildete die Grenze zwischen Unterstrass und Wipkingen

Lindenhof　　　　　　　　　　*von Pfalzgasse bis Fortunagasse*
C2/3　　1　　LL　　　Auf dem Lindenhof fanden sich die ersten Siedlungsreste aus keltischer und römischer Zeit; es befanden sich dort ein spätrömisches Kastell und eine mittelalterliche Pfalz. Seit dem 15. Jahrhundert wurde der «Hof» als Festplatz benützt und mit Linden bepflanzt.

Lindenhofstrasse　　　　　　　*von Fortunagasse bis Werdmühle- und Uraniastrasse*
C2　　1　　LL　　1881　Siehe Lindenhof

Lindenplatz　　　　　　　　　*von Altstetterstrasse 150 bis Badenerstrasse 681*
F10　　9　　AT　　1953　Hinweis auf Bepflanzung

Lindenstrasse　　　　　　　　*von Seefeldquai bis Seefeldstrasse 124*
O15　　8　　RB　　1871　Hinweis auf Bepflanzung

Planfeld	Kreis	Quartier	Jahr	Erläuterung

Lindenweg | | | | *von Im Rehsprung/Wolfgrimweg bis Im Rehsprung/ Dachsschleife*
L8 | 10 | WP | 1997 | Botanische Bezeichnung

Lindenzelgweg | | | | *von Zürichbergstrasse bis Zürichbergstrasse*
S10 | 7 | FL | 1997 | Flurname: (bestelltes) Feld, Flurstück, vermutlich bei einer Linde

Lintheschergasse | | | | *von Uraniastrasse 6 bis Bahnhofplatz 7*
B2–C1 | 1 | LL | 1863 | Hans Konrad Escher von der Linth (1767–1823) Liberaler Politiker und Schöpfer der Linthkorrektion; «von der Linth» war der ihm und seinen Nachkommen verliehene Ehrenname.

Linthescherhof | | | | *von Lintheschergasse 13 bis Löwenstrasse 54*
B/C1 | 1 | LL | 1921 | Siehe Lintheschergasse

Lochbrunnenweg | | | | *von Loorenstrasse 6 bis Berghaldenstrasse 91*
U15 | 7 | WT | 1933 | Flurname: Quelle aus einer Bodensenkung

Lochenweg | | | | *von Entlisbergweg bis Dangelweg*
L20 | 2 | WO | 1968 | Waldname «Im Lochen», Loo oder Loh, ein lichtes Gehölz

Lochmannstrasse | | | | *von Stadthausquai bis Fraumünsterstrasse*
C4 | 1 | LL | 1951 | Ausgestorbene Zürcher-Familie, die in einzelnen Zweigen bedeutende Offiziere stellte

Lommisweg | | | | *von Altstetterstrasse 124 bis Herrligstrasse 21*
F9/10 | 9 | AT | 1938 | Die Zürcher-Familie von Lommis, ausgestorben 1443, war in Altstetten begütert.

Loogartenstrasse | | | | *von Dachslernstrasse 71 bis Eugen Huber-Strasse 151*
D/E10 | 9 | AT | 1933 | Flurname (1560): (Baum-)Garten in der Nähe eines «Lohes» (= lichtes Gehölz)

Loorenbachweg | | | | *von Stöckentobelstrasse bis Loorenbach*
S14 | 7 | HI | 1956 | Flurname: steiniges, kiesiges Gelände, Weg entlang des Baches

Planfeld	Kreis	Quartier	Jahr	Erläuterung

Loorengutweg   *von Eschenhaustrasse bis Weiherholzstrasse*
T14   7   WT/HI   1956   «Loorengut», Eschenhaustrasse 39; vgl. Loorenstrasse

Loorenhalde   *von Loorenstrasse 57 bis westl. Sackgasse*
T14   7   WT   1958   Siehe Loorenstrasse

Loorenkopfstrasse   *von Adlisbergstrasse bis Weiherholzstrasse*
T13   7   HO   1956   Anhöhe im «Looren»-Wald (690 m), seit 1954 mit Aussichtsturm; vgl. Loorenstrasse

Loorenkopfweg   *von Adlisbergstrasse bis Katzentischstrasse*
T/U13   7   HO   1997   Siehe Loorenkopfstrasse bzw. Loorenstrasse

Loorenrain   *von An der Specki 15 bis In der Looren 40*
T/U14   7   WT   1948   Siehe Loorenstrasse

Loorenrank   *von Loorenstrasse 18 bis nördl. Sackgasse*
U15   7   WT   1963   Siehe Loorenstrasse

Loorenstrasse   *von Berghaldenstrasse 62 bis Eschenhaustrasse 34*
T14–U15   7   WT   1932   Flurname: steiniges, kiesiges Gelände

Loorentorweg   *von Eschenhaustrasse bis Loorengutweg*
T14   7   HI   1997   Siehe Loorenstrasse

Louis Häfliger-Park   *von Paul Grüninger-Weg/Regina Kägi-Strasse bis Binzmühlestrasse*
M6   11   OE   1996   Louis Häfliger (1904–1993)
Chef der Abteilung Fremde Währungen am Hauptsitz der Bank Leu (bis 1945). Freiwilliger des IKRK zum Besuch deutscher Konzentrationslager, «Retter von Mauthausen» (NS-Konzentrationslager in Oberösterreich). Lebte von Geburt an bis 1945 in Oerlikon.

Löwenplatz   *von Löwenstrasse bis Usteristrasse/Seidengasse*
B1/2   1   LL   1863   Siehe Löwenstrasse

Löwenstrasse   *von Sihlporte bis Bahnhofplatz 9*
B1/2   1   LL   1863   Am südlichen Ende der Strasse lag das «Löwenbollwerk», Teil der im 17. Jahrhundert angelegten vierten Stadtbefestigung.

Planfeld	Kreis	Quartier	Jahr	Erläuterung

Luchsweg | | | | *von Grosswiesenstrasse 46 bis Winterthurerstrasse 686*
S7 | 12 | SW | 1951 | Frei gewählte Ableitung von «Luchswiesen»

Luchswiesenstrasse | | | | *von Altwiesenstrasse 170 bis Winterthurerstrasse 698*
S7 | 12 | SW | 1956 | Flurname, Umdeutung aus «Lusswis» (1415, 1525): Luss, Nebenform von Los, ein durch Verlosung zugeteiltes Grundstück

Luchswiesenweg | | | | *von Dübendorfstrasse 209 bis Altwiesenstrasse 170*
S7/8 | 12 | SW | 1956 | Siehe Luchswiesenstrasse

Luckenholzweg | | | | *von Oetlisbergweg bis Alte Zürichstrasse*
W15 | 7 | WT | 1988 | Flurname Luckenholz: Lucke, Durchgang in einem Zaun oder einer Hecke, der mit Stangen abgesperrt werden konnte

Luegete | | | | *von Witikonerstrasse 271 bis nördl. Sackgasse*
S15 | 7 | WT | 1934 | Flurname: mundartl. Bezeichnung für aussichtsreiche Stelle

Luegislandstrasse | | | | *von Winterthurerstrasse 398 bis Winterthurerstrasse 661*
Q7-S6 | 12 | SW | 1933 | Mundartl. Bezeichnung für Aussichtslage; vgl. «Luegete»

Luggwegstrasse | | | | *von Hohlstrasse 539/Europabrücke bis Rautistrasse 96*
G10/11 | 9 | AT | 1930 | Flurname «Lukenweg» (15. Jahrhundert): Weg auf lockerem, kiesig-sandigem Grund

Luisenstrasse | | | | *von Röntgenstrasse 16 bis Heinrichstrasse 74*
L/M11 | 5 | IN | 1894 | Weiblicher Vorname

Lunastrasse | | | | *von Heliosstrasse 8 bis Böcklinstrasse 4*
P14 | 7 | HI | 1898 | Römische Mondgöttin

Lureiweg | | | | *von Kartausstrasse 15 bis Südstrasse 13*
Q16 | 8 | RB | 1868 | Name einer Häusergruppe (Nrn. 11–19), abgeleitet von «Lur», dem Zunamen der hier sesshaften Familie Reinacher; Lur = Auflaurer oder Schlaukopf

Lutherstrasse | | | | *von Badenerstrasse 21 bis Rotwandstrasse 38*
L12 | 4 | AS | 1901 | Martin Luther (1483–1546). Deutscher Reformator

Planfeld	Kreis	Quartier	Jahr	Erläuterung

Lux Guyer-Weg — *von Wasserwerkstrasse 25 bis Wasserwerkstrasse/Kornhausbrücke*
M10–N11 6 WP 1995 Lux Guyer (1894–1955) Erste Schweizer Architektin, 1928 leitende Architektin der SAFFA in Bern, Frauenwohnkolonie «Lettenhof» (1926/37) in Zürich

Lybensteinweg — *von Witikoner- /Alte Zürichstrasse bis Bannholzweg (Gde. Dübendorf)*
W14 7 WT 1988 Flurname Lybenstein: zum ehemaligen Besitzernamen «Libenstein», einem ausgestorbenen Zürcher Geschlecht

Lyrenweg — *von Albisriederstrasse 398 bis Salzweg*
D11-E12 9 AR/AT 1928 Flurname, urspr. «Lirer» (1541): Grundstück eines «Lirers», d.h. Leierspielers, in Albisrieden als Zuname belegt

Magdalenenstrasse — *von Dörflistrasse 58 bis Ueberlandstrasse 25*
O/P7 11+12 OE/SW 1933 Weiblicher Vorname

Magnolienstrasse — *von Mainaustrasse 32 bis Feldeggstrasse 37*
O15 8 RB 1909 Botanische Bezeichnung

Magnusstrasse — *von Brauerstrasse 80 bis Schöneggplatz*
L11/12 4 AS 1894 Männlicher Vorname

Maienburgweg — *von Krönleinstrasse 44 bis südöstl. Sackgasse*
P/Q11 7 FL 1897 Haus zur «Maienburg», Forsterstrasse 40, 1897 erbaut

Maienstrasse — *von Wehntalerstrasse 224 bis Affolternstrasse 179*
L/M6 11 OE 1928 Monatsname oder «Maie», mundartl. für Blumenstrauss

Maienweg — *von Wehntalerstrasse 233 bis Käferholzstrasse 177*
L6 6 AF 1979 Siehe Maienstrasse

Mainaustrasse — *von Seefeldquai bis Feldeggstrasse 61*
O15 8 RB 1873 Haus zur «Mainau» (Maien-Au), Seefeldstrasse 80

Malergasse — *von Niederdorfstrasse 40 bis Zähringerstrasse 13*
D2 1 RL 1865 Beruf eines Anstössers

Malojaweg — *von Feldblumenstrasse 21 bis Stampfenbrunnenstrasse 15*
E/F10 9 AT 1946 Malojapass (1817 m) verbindet das Engadin mit dem Bergell

Planfeld	Kreis	Quartier	Jahr	Erläuterung

Malvenstrasse
N7 11 OE 1933
von Ringstrasse 38 bis Allenmoosstrasse 104
Botanische Bezeichnung: Blume

Malzstrasse
K14 3 WD 1895
von Manesseplatz bis Austrasse 19
Mit Hopfenstrasse Hinweis auf die ehem. Brauerei am Uetliberg (heute Grossmetzgerei Geiser)

Maneggbrücke
K19 2 LB 1893
von Allmendstrasse bis Leimbachstrasse
Manegg (verkürzt aus Manessenegg), Vorsprung am Uetliberg, auf welchem sich die gleichnamige Burg befand

Manegg-Promenade
J/K20 2 LB 1957
von Rebenweg 73 bis Leimbachstrasse 144
Promenadenstrasse bei der Manegg; vgl. Maneggbrücke

Manesseplatz
K/L14 3 WD 1935
von Manesse-/Steinstrasse bis Malzstrasse
Siehe Manessestrasse

Manessestrasse
L13/14 3+4 AS/WD 1892
von Stauffacherquai 58 bis Giesshübelstrasse/Utobrücke
Ritter Rüdiger Manesse (gest. 1304)
Zürcher Ratsherr, Förderer des Minnesanges; Gedenktafel bei der Ruine seiner Burg Manegg

Mannshäuliweg
D11/12 9 AT 1997
von Tannenweg/Lärchenweg bis Rosshauweg
Möglicherweise tief ausgehöhlter Waldweg, allenfalls Flurname «Häuli» oder «Höli» im Sinn von «Höhle»

Mantelgasse
P15/16 8 RB 1911
von Wildbachstrasse 37 bis Mühlebachstrasse 172
Name eines Anstössers: Gärtner Mantel

Marbachweg
K20 2 LB 1931
von Leimbachstrasse 107 bis Hüslibachstrasse 102
Der «Marbach» – heute Soodbach – war früher die Grenzmarch des Hofes Niederleimbach

Marchwartstrasse
L19 2 WO 1931
von Lettenholzstrasse 39 bis Paradiesstrasse 25
Die Marchwart, auch «von Wollishofen» genannt, ein Zürcher Ratsgeschlecht des 13. und 14. Jahrhunderts

Margaretenweg
H/J14 3 WD/AR 1925
von Friesenbergstrasse 145 bis Schweighofstrasse 334
Weiblicher Vorname

Planfeld	Kreis	Quartier	Jahr	Erläuterung

Margrit Rainer-Strasse — *von Ruedi Walter-Strasse bis Stierenriedweg*
N5 11 OE 1996 Margrit Rainer (1914–1982)
Beliebte Zürcher Volksschauspielerin und Cabarettistin; zahlreiche Rollen in Filmen von Kurt Früh, Bühnen- und Radio-Partnerin von Ruedi Walter

Marie Heim-Vögtlin-Weg — *von Schweighofstrasse 334 bis Hohensteinweg/Triemlihalde*
G/H14 3 WD 1995 Marie Heim-Vögtlin (1845–1916)
Erste Schweizer Ärztin; Mitbegründerin von Pflegerinnenschule und Frauenspital

Marienstrasse — *von Meinrad Lienert-Strasse 10 bis Weststrasse 172*
K12 3 WD 1893 Weiblicher Vorname

Marktgasse — *von Limmatquai 62 bis Stüssihofstatt*
D3 1 RL 1527 Schon im 13. Jahrhundert als Markt erwähnt; auf dem oberen Teil beim «Elsasser» war der Salzmarkt

Marktplatz Oerlikon — *von Nansenstrasse bis Edison-/Querstrasse*
N6 11 OE 1960 Ort des Oerliker Wochenmarktes (am Mittwoch und Samstag)

Markusstrasse — *von Kronenstrasse 33 bis Schindlerstrasse 4*
M10 6 US/WP 1909 Hinweis auf den Namen des Evangelisten. Von 1908 bis 1966 befand sich hier eine Markuskapelle.

Marmorgasse — *von Langstrasse 63 bis Kernstrasse 50*
L12 4 AS 1892 Im Eckhaus Langstr. 63 befand sich eine Firma der «Marmorindustrie»

Marsstrasse — *von Mythenquai 10 bis Alfred Escher-Strasse 57*
M15 2 EN 1928 Römischer Kriegsgott; Name eines Planeten

Marstallweg — *von Konradstrasse 78 bis Limmatstrasse 90*
M11 5 IN 1932 Flurname «Marstallermatte»: Pferdeweide des städtischen Marstalles

Martastrasse — *von Agnesstrasse 1 bis Aemtlerstrasse 106*
K12 3+4 WD/AS 1898 Weiblicher Vorname

Martinsrütistrasse — *von Kappenbühlstrasse bis Hungerbergstrasse*
G5/6 10 HG 1956 Flurname (1526): «Rüti» = Reutung, nach einem Besitzer namens Martin benannt; heute wieder aufgeforstet.

Planfeld	Kreis	Quartier	Jahr	Erläuterung

Martinstrasse — *von Funkwiesenstrasse 77 bis Tramstrasse 136*
P7　12　SW　1931　Vorname des Bauherrn

Mascha Kaléko-Weg — *von Sophie Taeuber-Strasse bis Binzmühlestrasse*
N6　11　OE　1996　Mascha Kaléko (1912–1975)
Deutsche Lyrikerin aus Berlin («Das lyrische Stenogrammheft»), emigrierte 1938 in die USA, dann nach Israel; hielt sich wiederholt in Zürich auf, wo sie auch starb

Maschinenstrasse — *von Pfingstweidstrasse 51 bis südl. Naphtastrasse (Sackgasse)*
K10　5　IN　1895　Bei der Maschinenfabrik Escher Wyss

Massénastrasse — *von Orellistrasse bis Hanslinweg*
Q10　7　FL　1900　André Masséna (1758–1817)
Herzog von Rivoli, Fürst von Essling, Marschall von Frankreich, Führer der französischen Invasionstruppen 1798/99, Sieger in der 2. Schlacht bei Zürich im September 1799.

Massholderweg — *von Buchhölzlistrasse bis Waldhüsli-/Bannholzstrasse*
P9　6　OS　1956　Botanische Bezeichnung; Baumart: Feldahorn

Mathysweg — *von Bachwiesenstrasse bis Altstetterstrasse 247*
F11　9　AR/AT　1949　Alte, seit dem 16. Jahrhundert in Albisrieden erwähnte Familie

Mattackerstrasse — *von Glattalstrasse 10 bis Stiglenstrasse 7*
O3/4　11　SB　1933　Flurname: Acker auf umgebrochener Wiese

Mattengasse — *von Zollstrasse 122 bis Limmatstrasse 111*
M11　5　IN　1882　Flurname: Marstallermatte; vgl. Marstallweg

Mattenhof — *von Altwiesenstrasse 381 bis Dübendorfstrasse 444*
T/U8　12　SW　1946　Flurname

Mattensteg — *von Platzpromenade bis Sihlquai 55*
M/N11　5　IN　1885　Flurname: Marstallermatte; vgl. Marstallweg

Planfeld	Kreis	Quartier	Jahr	Erläuterung

Max Bill-Platz | | | | *von Binzmühlestrasse bis Armin Bollinger-Weg/Fritz Heeb-Weg*
N5 11 OE 1996 Max Bill (1908–1994)
Zürcher Maler und Plastiker, Architekt und Graphiker, wichtiger Vertreter der konstruktiven und konkreten Kunst; Erbauer (1950/52) und Gründungsrektor (1951 bis 1956) der Hochschule für Gestaltung Ulm; 1968 Träger des Kunstpreises der Stadt Zürich

Max Frisch-Platz *von Affolternstrasse bis Therese Giehse-Strasse/Jungholzstrasse*
N6 11 OE 1996 Max Frisch (1911–1991)
Zürcher Schriftsteller («Stiller», «Mein Name sei Gantenbein», usw.) und Dramatiker («Nun singen sie wieder», «Don Juan oder Die Liebe zur Geometrie», «Andorra»), ursprünglich Architekt (Freibad Letzigraben 1949).

Max Högger-Strasse *von Europabrücke und Bernerstrasse-Süd bis Vulkanstrasse*
F/G9 9 AT 1967 Max Högger (1881–1966)
Zürcher Platzkommandant während des Zweiten Weltkrieges

Medikerweg *von Höcklerweg bis Gratstrasse*
J18 2+3 LB 1902 Gut Medikon («Mädikon») auf dem Albis; urspr. Madinghofen, bei den Höfen der Madinge, der Leute des Alemannen Mado

Meientalstrasse *von Friedhofstrasse 27 bis Girhaldenstrasse 55*
E10 9 AT 1933 Tal im Kanton Uri, Zugang zum Sustenpass

Meier-Bosshard-Strasse *von Altstetterstrasse 132 bis Herrligstrasse 29*
F10 9 AT 1933 Johann Jakob Meier-Bosshard (1838–1928)
Posthalter in Altstetten, Stifter des Meier-Bosshard-Fonds

Meierhofplatz *von Limmattalstrasse 161 bis Rebstockweg*
H7/8 10 HG 1933 «Meierhof», Limmattalstrasse 117/119, urspr. Hof des Meiers des Grossmünsterstiftes. – Der Meier war der lokale Vertreter des Grundherrn. In kleineren Grundherrschaften, wo kein besonderer «Keller» (vgl. Kehlhof-Strasse) vorhanden war, übernahm er auch dessen Aufgabe, den Bezug der Grundabgaben.

Planfeld	Kreis	Quartier	Jahr	Erläuterung
Meierholzstrasse				*von Gänzilooweg bis Gänzilooweg*
J17	3	WD	1956	Flurname: Waldpartie, die urspr. zum Meierhof Wiedikon oder einem Bewohner namens Meier gehörte
Meierweg				*von Meinradstrasse 5 bis Schindlerstrasse 20*
N10	6	US	1910	Name des Bauherrn
Meierwiesenstrasse				*von Europabrücke (Hardhof) bis Bernerstrasse-Nord*
G9	9	AT	1967	Flurname: Wiese, die einem Meier gehörte
Meierwiesenweg				*von Meierwiesenstrasse bis Parkplatz unter Europabrücke*
G9	9	AT	1973	Flurname: Wiese, die einem Meier gehörte
Meiliweg				*von Wiedingstrasse 26 bis Haldenstrasse 107*
K14	3	WD	1918	Friedrich Meili (1852–1904) Pfarrer in Wiedikon von 1876 bis 1904; Förderer des Turnens
Meinrad Lienert-Strasse				*von Seebahnstrasse 145 bis Badenerstrasse 219*
K12	3	WD	1934	Meinrad Lienert (1865–1933) Aus Einsiedeln stammender Schriftsteller und Dialekt-Lyriker, von 1899 bis 1925 in Zürich
Meinradstrasse				*von Lindenbachstrasse 24 bis Schaffhauserstrasse 7*
M/N10	6	US	1907	St. Meinrad (gest. 861) Klausner in Einsiedeln, 861 von Räubern erschlagen, die nach der Sage nach Zürich flohen, wo sie an der Schifflände – im Haus, das seit alter Zeit zum «Raben» heisst – von Meinrads Raben aufgespürt und verraten wurden. Aus Meinrads Klause entwickelte sich das Kloster Einsiedeln.
Meisenweg				*von Butzenstrasse 16 bis nordwestl. Sackgasse*
L18	2	WO	1924	Zoologische Bezeichnung: Vogel
Meret Oppenheim-Weg				*von Affolternstrasse bis Sophie Taeuber-Strasse*
N6	11	OE	1996	Meret Oppenheim (1913-1985). Basler Malerin und Objektkünstlerin
Merkurplatz				*von Minervastrasse 46 bis Neptunstrasse 29*
P14	7	HO	1891	Siehe Merkurstrasse

Planfeld	Kreis	Quartier	Jahr	Erläuterung

Merkurstrasse — *von Kreuzbühlstrasse 36 bis Freiestrasse 68*
F5, O/P14 7 HO 1875 Römische Bezeichnung für Hermes, den Götterboten und Gott des Handels, der Klugheit und der Beredsamkeit

Metzgergasse — *von Limmatquai 64 bis Marktgasse 17*
D3 1 RL 1865 Führte zur 1962 abgetragenen «Fleischhalle», wo sich früher auch die städtische Metzg befunden hatte

Metzgerweg — *von Breitenackerstrasse bis Riedweg*
D14 9 AR 1997 Allenfalls nach einem früheren Landbesitzer «Metzger» benannter Waldweg in Albisrieden

MFO-Park — *von James Joyce-Allee/Ricarda Huch-Allee bis Sophie Taeuber-Strasse*
N6 11 OE 1996 Maschinenfabrik Oerlikon (MFO), später BBC, heute ABB. Die 1876 gegründete Maschinenfabrik Oerlikon ist für den Weltruf Oerlikons als Industrieort mitverantwortlich. Park befindet sich an der Stelle des abgebrochenen MFO-Hauptsitzes.

Micafilstrasse — *von Badenerstrasse 774 bis Hermetschloostrasse*
E9 9 AT 1996 Micafil AG, heute Micafil Isoliertechnik AG und Micafil Vakuumtechnik AG; seit 1918 produzierendes Unternehmen der Isolier- und Vakuumtechnik

Michelstrasse — *von Regensdorferstrasse 22 bis Kappenbühlstrasse*
G6/7 10 HG 1918 Flurname «Im Michel», nach einem Eigentümer (Heinrich Appenzeller um 1640) mit dem Zunamen «Michel» = Michael

Milchbuckstrasse — *von Schaffhauserstrasse 111 bis Langensteinenstrasse 32*
N9 6 US/OS 1927 Flurname: Geländebuckel, der sich durch den Milchertrag fördernden Graswuchs auszeichnete

Militärbrücke — *von Gessnerallee 8 bis Kasernenstrasse 49*
A2 4 LL 1885 Verbindung zwischen der Kaserne und den Militärstallungen

Militärstrasse — *von Kasernenstrasse 67 bis Langstrasse 132*
A1, L/M12 4 AS 1869 In der Nähe der Kaserne

Mimosenstrasse — *von Schaffhauserstrasse 231 bis Oerlikonerstrasse 49*
N/O7 11 OE 1933 Botanische Bezeichnung

Planfeld	Kreis	Quartier	Jahr	Erläuterung
Minervastrasse				*von Steinwiesplatz bis Hegibachplatz*
F4, P14	7	HO/HI	1889	Römische Göttin der Weisheit und Kunstfertigkeit
Mirabellenstrasse				*von Dachslernstrasse 61 bis Schächenstrasse 4*
E10	9	AT	1933	Botanische Bezeichnung: Pflaumenart
Mittagweg				*von Hammerstrasse 101 bis Forchstrasse 182*
Q15	7	HI	1928	Ein gegen «Mittag» (Süden) führender Weg
Mittelbergsteig				*von Freudenbergstrasse 4 bis Forsterstrasse 51*
P11	7	FL	1912	Die mittlere der drei alten Bergstrassen, vgl. Hinterbergstrasse
Mittelstrasse				*von Klausstrasse 37 bis Alderstrasse 26*
O15	8	RB	1881	Damals die «mittlere» Strasse zwischen Dufourstrasse und Seefeldquai
Mittelwaldstrasse				*von Kappenbühlstrasse bis Emil Klöti-Strasse*
G/H6	10	HG	1997	Name eines Waldes auf dem Hönggerberg
Möcklistrasse				*von Berghaldenstrasse 71 bis Oetlisbergstrasse 28*
U15	7	WT	1933	Heinrich Möckli (1882–1930) Schlossermeister, welcher der Gemeinde Witikon 10 000 Franken vermachte
Möhrlistrasse				*von Frohburgstrasse 34 bis nördl. Milchbuckstrasse (Sackgasse)*
O9/10	6	OS	1875	Flurname «Mörli» (1520): nach einem Eigentümer namens Mohr
Molkenstrasse				*von Ankerstrasse 113 bis Hohlstrasse 27*
L12	4	AS	1895	In der Nähe befand sich «Dr. N. Gerbers Molkerei», die 1909 mit den Zürcher Molkereien vereinigt wurde
Mommsenstrasse				*von Hochstrasse 73 bis Kraftstrasse 35*
P12	7	FL	1918	Theodor Mommsen (1817–1903) Deutscher Historiker; Prof. für Römisches Recht an der Universität von 1851 bis 1854
Monikastrasse				*von Eugen Huber-Strasse 3 bis südl. Sackgasse*
F11	9	AT	1933	Weiblicher Vorname

Planfeld	Kreis	Quartier	Jahr	Erläuterung

Moosacker
T8   12   SW   1943
von Dübendorfstrasse 300 bis Altwiesenstrasse 333
Flurname: Acker in der Nähe von Riedland

Moosbergerweg
M10   10   WP   1923
von Rousseaustrasse 38 bis Nordstrasse 115
Konrad Moosberger (1863–1921)
Arzt; Präsident der Kreisschulpflege IV von 1904 bis 1921

Moosgutstrasse
K15/16   3   WI   1979
von Allmendstrasse bis Wannerstrasse 22
Flurname «Moos» und «Moosgut» bedeutet feuchtes, sumpfiges Gelände

Moosholzstrasse
P9/10   6   OS   1956
von Hanslin-Weg bis Bannholzstrasse
Waldstück «Im Moos», mit feuchtem Grund

Mööslistrasse
L17   2   WO   1905
von Mutschellenstrasse 160 bis Tannenrauchstrasse 71
Flurname: kleines Moos

Moosstrasse
L19   2   WO   1894
von Lettenholzstrasse 11 bis Paradiesstrasse 5
Ein grosses «Moos» erstreckte sich in der Senke längs der Albisstrasse

Moränenstrasse
L/M18   2   WO   1898
von Ziegelstrasse 6 bis Lettenholzstrasse 4
Im Gebiet der Seitenmoränen des Linthgletschers

Morgartenstrasse
L13   4   AS   1895
von Stauffacherplatz bis Birmensdorfer-/Werdstrasse
In der Schlacht am Morgarten (15. November 1315) errangen die Waldstätte einen bedeutenden Sieg über die Habsburger. Die Zürcher kämpften damals auf habsburgischer Seite mit und sollen 50 Mann verloren haben.

Morgentalstrasse
L18   2   WO   1924
von Mutschellenstrasse 197 bis Hinterhagenweg
Wirtshaus zum «Morgental», Mutschellenstrasse 200, erbaut 1854, abgetragen 1942

Morgenweg
Q13   7   HO   1939
von Aurorastrasse 88 bis Oberer Heuelsteig 14
Ein gegen «Morgen» (Osten) führender Weg

Mösliweg
C/D10   9   AT   1997
von Salzweg bis Grenze Schlieren
Flurname: feuchtes, sumpfiges Waldstück in der Nähe des Schwimmbades Im Moos (Schlieren)

Planfeld	Kreis	Quartier	Jahr	Erläuterung

Motorenstrasse *von Limmatstrasse 175 bis Josefstrasse 140*
L10/11   5   IN   1897   Frei gewählter Name

Mötteliweg *von Binzmühlestrasse 319 bis nördl. Sackgasse*
L5   11   AF   1951   Rudolf Mötteli von Rappenstein (gest. 1482) Besass von 1458 bis 1466 die Burg Alt-Regensberg, die er erneuern liess. Rudolf Mötteli war der Begründer des Hauses Mötteli in Spanien und in der Schweiz nacheinander Bürger von Zürich und Luzern und Landmann zu Unterwalden. Er wurde gezwungen, Alt-Regensberg an die Stadt Zürich abzutreten. Als Hintersasse in Lindau wurden er und sein Sohn auf kaiserlichen Befehl gefangengesetzt.

Moussonstrasse *von Gloriastrasse 18 bis Gloriastrasse 54*
O/P12   7   FL   1894   Albert Mousson (1805–1890) Prof. für Physik und Geographie an der Universität von 1836 bis 1878 und an der ETH 1855 bis 1878

Muggenbühlerhölzliweg *von Entlisbergweg bis Dangelweg/Grenzwiesweg*
L20   2   WO   1956   Wäldchen, das zum Gut «Muggenbühl» gehörte

Muggenbühlstrasse *von Mutschellenstrasse 52 bis Redingstrasse*
L16/17   2   WO   1894   Flurname (1637) und Landgut (Nr. 15), seit 1830 Wirtshaus; benannt nach dem Mückentanz am sonnigen Hang

Mühlackerstrasse *von Zehntenhausstrasse 63 bis Wehntalerstrasse 760*
G/H3   11   AF   1933   Flurname: Acker, der zu einer einst vom Holderbach getriebenen Mühle gehörte

Mühlebachstrasse *von Kreuzbühlstrasse 1 bis Zollikerstrasse 164*
E/F5, O14–P16   8   RB   1867   Der 1869/70 eingedolte «Mühlebach» war ein vom Wehrenbach abgezweigter Mühlekanal zur ehemaligen Stadelhofer Mühle (Nr. 6)

Mühlegasse *von Limmatquai 96 bis Seilergraben*
D2   1   RL   1445   Ehemaliger Zugang zu den Mühlen am Oberen Mühlesteg, der 1943 beseitigt wurde

Mühlehalde *von Hirslanderstrasse 40 bis südöstl. Sackgasse*
R15   7   HI   1923   Flurname: Halde oberhalb der Mühle Hirslanden, Forchstrasse 244-248

1901/02 baute und bewohnte Architekt und Stadtbaumeister Gustav Gull die Doppelvilla an der Moussonstrasse 15/17.

Elegant und feingliedrig, die Münsterbrücke von Alois Negrelli, 1899 wurde der linksufrige Brückenkopf, das Kornhaus, abgetragen.

| Planfeld | Kreis | Quartier | Jahr | Erläuterung |

Mühlehaldensteig *von Forchstrasse 251 bis Mühlehalde 6*
R15 7 HI 1955 Zugang zur «Mühlehalde»

Mühlesteg *von Bahnhofquai 5 bis Limmatquai 118*
D1 1 RL/LL 1982 Zur Erinnerung an die 1943/50 abgetragenen Mühlestege; siehe auch Mühlegasse

Mühleweg *von Hardturmstrasse 135 bis Pfingstweidstrasse 96*
J9 5 IN 1869 Nach einer Mühle im oberen Hard

Mühlezelgstrasse *von Letzigraben 136 bis Albisriederstrasse 271*
G12 9 AR 1928 Flurname: Kornflur in der Nähe der ehemaligen Mühle

Müllerstrasse *von Kasernenstrasse 11 bis Hohlstrasse 18*
A2 4 AS 1878 Name des damaligen Eigentümers des Eckhauses an der Kasernenstrasse

Münchhaldenstrasse *von Dufourstrasse 189 bis Zollikerstrasse 144*
P16 8 RB 1867 Flurname «Münchhalden» (1540): Güter, die im 15. und 16. Jahrhundert einer Familie Münch gehörten

Münchsteig *von Mühlebachstrasse 173 bis Zollikerstrasse 138*
P15/16 8 RB 1908 Siehe Münchhaldensteig

Münsterbrücke *von Stadthausquai bis Limmatquai 31*
C4–D3 1   1837 Verbindung zwischen den beiden Münstern. Die heutige Brücke wurde anstelle der hölzernen Oberen Brücke von Ing. Alois Negrelli in den Jahren 1836 bis 1838 erbaut.

Münstergasse *von Zwingliplatz bis Marktgasse 12*
D3 1 RL 1493 Führt zum Grossmünster

Münsterhof *von Stadthausquai/Poststrasse bis Storchen-/Waaggasse*
C3/4 1 LL 1225 Platz beim Fraumünster, früher z.T. Friedhof

Münzplatz *von Bahnhofstrasse 40 bis Augustinergasse 15*
C3 1 LL 1840 Im Chor der benachbarten Augustinerkirche befand sich von 1596 bis 1842 die städtische Münze.

Planfeld	Kreis	Quartier	Jahr	Erläuterung

Murhaldenweg
O7–P8 11 OE 1951
von Winterthurerstrasse 282 bis Frohburgstrasse 244
Frei gewählter Name: unter Anlehnung an den Flurnamen «Mur» (1525), der auf das Vorkommen alten (römischen) Gemäuers hinweist

Mürtschenstrasse
G10 9 AT 1933
von Flurstrasse 15 bis Baslerstrasse 102
Mürtschenstock in den Glarner-Alpen (2442 m)

Murwiesenstrasse
O8–P7 11 OE 1951
von Frohburgstrasse 269 bis Murhaldenweg 10
Siehe Murhaldenweg

Murwiesenweg
P8 12 OE 1993
von Frohburgstrasse 269 bis Streitholzstrasse
Siehe Murhaldenweg

Müseliweg
J7/8 10 HG 1932
von Im Maas bis Emil Klöti-Strasse
Flurname: Verkleinerungsform von Moos

Museumstrasse
N12 1 LL 1893
von Bahnhofquai bis Zollbrücke
Strasse beim damals projektierten, 1898 eingeweihten Schweizerischen Landesmuseum

Mutschellenstrasse
L16/17 2 EN/WO 1792
von Brunaustrasse 61 bis Albisstrasse 44
Flurname (1366) und Name einer Häusergruppe; wohl nach dem Strauch «Pfaffenchäppeli», dessen sonderbar geformte Früchtchen mit einem «Mutschällen» genannten, kreuzförmig eingeschnittenen Gebäck verglichen wurden

Mythenquai
M14-17 2 EN/WO 1887
von General Guisan-Quai/Breitingerstrasse bis Seestrasse 395
Grosser und Kleiner Mythen ob Schwyz (1903 und 1815 m)

Näfgasse
P14/15 8 RB 1895
von Forchstrasse 76 bis südöstl. Sackgasse
Heinrich Näf (1830–1888)
War von 1864 bis zu seinem Tod Lehrer an der Sekundarschule Neumünster, 1868 Erziehungsrat, Lehrer für Pädagogik am Seminar Küsnacht und von 1874 bis 1888 an der Universität

Nägelihof
D3 1 RL 1985
von Rüdenplatz bis nördl. Sackgasse
Hof, benannt nach einem Anwohner im 13. Jahrhundert

Planfeld	Kreis	Quartier	Jahr	Erläuterung

Nägelistrasse
P12 7 FL 1878
von Moussonstrasse 15 bis Zürichbergstrasse 42
Führte zum «Nägelihaus» (Haus der Familie Nägeli von Fluntern), Zürichbergstrasse 42, 1928 abgetragen

Naglerwiesenstrasse
E/F6 10 HG 1982
von Regensdorferstrasse 189 bis Giblenstrasse 55
Flurname: Im Nagler (1801), eine Wiese, die einem Nagler = Nagelschmied gehörte

Nansenstrasse
N6 11 OE 1933
von Schaffhauserstrasse 363 bis Schulstrasse 40
Fridtjof Nansen (1861–1930)
Norwegischer Polarforscher, 1921 bis 1923 Leiter der Hilfsaktionen in den russischen Notgebieten; Nansen erhielt 1922 den Friedensnobelpreis.

Napfgasse
D3 1 RL 1790
von Münstergasse 24 bis Obere Zäune 19
Benannt nach dem Haus zum «Napf» (Nr.6)

Naphtastrasse
K10 5 IN 1902
von Turbinenstrasse 10 bis Maschinenstrasse
Naphta, griechisch für Erdöl; in der Nähe befanden sich Petroleumlager

Narzissenstrasse
N/O11 6 OS 1907
von Scheuchzerstrasse 4 bis Stapferstrasse 11
Botanische Bezeichnung

Nebelbachstrasse
P16 8 RB 1867
von Bellerivestrasse 207 bis Seefeldstrasse 212
Der Nebelbach, im 15. Jahrhundert «Näppelbach» genannt, ist ein Zufluss des Riesbaches. Name vielleicht nach dem häufig aus dem Bachgraben und dem Ried aufsteigenden Nebel entstanden.

Neeserweg
D9/10 9 AT 1952
von Dachslernstrasse 85 bis westl. Sackgasse
Altes Altstettergeschlecht, das seit etwa 1500 hier erwähnt wird

Nelkenstrasse
N/O11 6 OS 1883
von Sonneggstrasse 66 bis Culmannstrasse 43
Botanische Bezeichnung

Neptunstrasse
P14 7 HO/HI 1877
von Gemeindestrasse 35 bis Minervastrasse 128
Römischer Meergott

Planfeld	Kreis	Quartier	Jahr	Erläuterung

Neudorfstrasse | | | | *von Birnbaumstrasse 9 bis Dörflistrasse 112 und Siewerdtstrasse 18*
O6 11 OE 1927 Neue Siedlung beim «Dörfli»

Neue Hard | | | | *von Viaduktstrasse bis Hardstrasse 234*
K10 5 IN 1983 Bis 1983 Teilstück der Neugasse; Flurname «Hard» = lichter, als Weide benützter Wald; vgl. auch Herdernstrasse

Neuer Salzweg | | | | *von Salzweg / Lyrenweg bis Grenze Schlieren*
C/D10 9 AT 1997 Siehe Salzweg: alte Weg- und Flurbezeichnung (1566): Weg auf das Weidland, wo dem Vieh Salz gegeben wurde

Neufrankengasse | | | | *von Langstrasse 135 bis Schöneggplatz*
L11 4 AS 1869 Das Quartier unterhalb der Langstrasse, westlich der Bahn, wurde «Neufrankental» genannt

Neugasse | | | | *von Zoll-/Klingenstrasse bis Viaduktstrasse*
L/M11 5 IN 1878 Die «neue» Gasse im damals nur schwach überbauten Industriequartier

Neugutstrasse | | | | *von Steinhaldenstrasse 48 bis Engimattstrasse 22*
L15 2 EN 1887 Haus zum «Neugut», Bederstr. 119/121, 1928 abgetragen

Neuhausstrasse | | | | *von Zürichberg-/Toblerstrasse bis Ackermannstrasse 21*
Q12 7 FL 1966 In der Nähe des 1929 abgebrochenen Bauernhauses zum «Neuhaus», Schneckenmannstrasse 23

Neumarkt | | | | *von Rindermarkt/Froschaugasse bis Seilergraben 1*
D3–E2 1 RL 1145 Im 12. Jahrhundert neue Vorstadt mit neuem Markt im Gegensatz zum «alten Markt» an der Marktgasse oder vielleicht auf der Stüssihofstatt

Neumühlequai | | | | *von Central bis Wasserwerkstrasse 17*
D1, N11 1+6 RL/US 1909 Die «Neumühle» wurde um 1648 bei der Niederdorfporte angelegt. Hier wurde 1805 die Maschinenfabrik Escher Wyss gegründet, die von 1892 bis 1895 ihre Werke ins Hardquartier verlegte.

Neumünsterallee | | | | *von Signaustrasse 6 bis Neumünsterstrasse*
P14/15 8 RB 1895 Zugang zur 1836–1839 erbauten Kirche Neumünster

Planfeld	Kreis	Quartier	Jahr	Erläuterung
Neumünsterstrasse				*von Zollikerstrasse bis Hegibachplatz*
P15	8	RB/HI	1894	Bei der Kirche Neumünster
Neunbrunnenstrasse				*von Schaffhauserstrasse 445 bis Hürststrasse 66*
M5	11	SB/AF	1932	Flurname, eigentlich «Neubrunnen», denn die ältesten Belege lauten «Nübrunnen» und «Nüwbrunnen»
Neustadtgasse				*von Trittligasse 16 bis Kirchgasse 22*
D3/4	1	RL	1865	Die «Neustadt» ist ein im 13./14. Jahrhundert angelegtes neues Stadtquartier in der rechtsufrigen Altstadt, das erstmals 1355 erwähnt wird.
Neuwiesenstrasse				*von Wehntalerstrasse 430 bis In Böden 22*
K5	11	AF	1902	Flurname
Nidelbadstrasse				*von Widmerstrasse 71 bis Grenze Kilchberg*
M19/20	2	WO	1905	Führt zum «Nidelbad» in Rüschlikon, einem früher vielbesuchten Heilbad
Niederdorfstrasse				*von Stüssihofstatt bis Limmatquai 142/Central*
D1/2	1	RL	1865	Das «Niederdorf» urspr. eine ländliche Vorstadt der rechtsufrigen Altstadt, wurde vermutlich im 12. Jahrhundert in die Stadt einbezogen
Niederhofenrain				*von Im Walder 4 bis Grenze Zollikon*
R17	8	RB	1952	Flurname, urspr. «Nid den Höfen»: Gelände unterhalb der Höfe Witellikon
Nietengasse				*von Brauerstrasse 74 bis nördl. Rolandstrasse (Sackgasse)*
L11/12	4	AS	1894	Hinweis auf die Spenglerei eines Anstössers
Niklaus Meienberg-Weg				*von Max Frisch-Platz bis Annemarie Schwarzenbach-Weg*
N6	11	OE	1996	Niklaus Meienberg (1940-1994) In Zürich-Nord wohnhafter Schriftsteller, Journalist und Historiker, Verfasser zeitkritischer Recherchen zur neueren Schweizer Geschichte
Niklausstrasse				*von Stampfenbachstrasse 142 bis westl. Sackgasse*
M/N10	6	US	1878	Männlicher Vorname
Norastrasse				*von Badenerstrasse 406 bis Bullingerstrasse 60*
J11	4	AS	1930	Weiblicher Vorname

Planfeld	Kreis	Quartier	Jahr	Erläuterung

Nordbrücke — *von Nordstrasse/Rötelsteig bis Nord-/Scheffelstrasse*
L/M9 10 WP 1910 Teil der Nordstrasse

Nordheimstrasse — *von Wehntalerstrasse 129 bis Käferholzstrasse*
M7 6 US 1901 Führt zum 1899 angelegten Friedhof Nordheim

Nordsteig — *von Wasserwerkstrasse 20 bis Nordstrasse 7*
N11 6 US 1894 Zugang zur Nordstrasse

Nordstrasse — *von Stampfenbachstrasse 109 bis Ottenbergstrasse 5*
K9-N10 6+10 US/WP 1878 Der älteste (innere) Teil dieser Strasse war die nach Norden führende Ausfallstrasse der Gemeinde Unterstrass

Notzenschürlistrasse — *von Kappenbühlstrasse / Heizenholz bis Kappenbühlstrasse*
F/G6 10 HG 1956 Flurname (16. Jahrhundert): Grundstück mit einer Scheune, benannt nach einem Besitzer Notz

Nötzlistrasse — *von Gsteigstrasse bis Vogtsrain 51*
H7 10 HG 1953 Altansässige Familie von Höngg

Nürenbergstrasse — *von Nordstrasse 172 bis Rötelstrasse 61*
M9 10 WP 1891 Landgut zum «Nürenberg», dessen Gebäude 1924 und 1942 abgetragen wurden; Name vermutlich nach einem Besitzer aus der ausgestorbenen Zürcher Familie Nürenberger

Nürenbergweg — *von Nordstrasse 175 bis Rousseaustrasse 84*
M9 10 WP 1931 Landgut zum «Nürenberg», dessen Gebäude 1924 und 1942 abgetragen wurden; Name vermutlich nach einem Besitzer aus der ausgestorbenen Zürcher Familie Nürenberger

Nüschelerstrasse — *von St. Peterstrasse 18 bis Am Schanzengraben*
A2-B3 1 LL 1910 Zürcher Familie, die von 1698 bis 1948 im Talackerquartier (Häuser zum «Grünenhof» und «Neuegg») wohnte

Nussbaumstrasse — *von Aemtlerstrasse 35 bis Goldbrunnenstrasse 120*
K13 3 WD 1911 Botanische Bezeichnung

Nussgasse — *von Seefeldstrasse 218 bis Horneggstrasse 9*
P16 8 RB 1894 Botanische Bezeichnung

Planfeld	Kreis	Quartier	Jahr	Erläuterung

Ober Betentalweg
A/B/C11 9 AT 1997
von Lärchenweg bis Grenze Uitikon
Flurname Betental: schon 1429 urkundlich belegt als «Bettental»; möglicherweise zum altdt. Personennamen «Betto»

Oberdorfstrasse
D4 1 RL 1865
von Rämistrasse 7 bis Kirchgasse 14
Das «Oberdorf», urspr. eine ländliche Vorstadt der rechtsufrigen Altstadt, wurde wie das Niederdorf vermutlich im 12. Jahrhundert in die Stadt einbezogen.

Obere Waidstrasse
K/L8 10 WP 1894
von Käferholz-/Rötelstrasse bis Waidbadstrasse 45
Flur- und Hausname: Weidland am Käferberg. Die Häuser zur «Waid», Obere Waidstr. 123/125, wurden um 1830 zu einem vielbesuchten Gasthaus eingerichtet, seit 1907 Krankenheim Waid, 1962/63 durch Neubauten ersetzt.

Obere Weiherstrasse
L8 10 WP 1894
von Wibichstrasse 37 bis Weihersteig 16
Höfe zum «Obern» und «Untern Weiher», 1935 und 1942 abgetragen

Obere Zäune
D/E3 1 RL 1314
von Kirchgasse 33 bis Spiegelgasse 13
Die Oberen und Unteren Zäune waren Pfahlgehege zwischen «Steinhaus» an der Kirchgasse und dem «Brunnenturm», die zu einer ältern Stadtbefestigung (10.–12. Jahrhundert) gehört haben.

Oberer Bodenweg
E5 10 HO 1986
von Rütihof-/Hurdäckerstrasse bis Im oberen Boden 140
Flurname

Oberer Gloriasteig
P12 7 FL 1922
von Gloriastrasse 70 bis Gellert-/Kantstrasse
Vermutlich nach einem Hausnamen

Oberer Heuelsteig
Q/R13 7 HO 1911
von Aurorastrasse 73 bis östl. Carl Schröter-Strasse (Sackgasse)
Flur- und Hausname (anstelle des «Sonnenberg»): gebildet aus dem Vogelnamen Hü(w)el, Heuel = Eule; vielleicht war an der 1712 erwähnten «Heuelschür» eine Eule angeheftet

Oberer Kalberhauweg
D11–E12 9 AT 1997
von Hessenweidweg bis Oberer Kalberhauweg
Flurname Kalberhau: gerodetes Waldstück, das als Kälberweide genutzt wurde

Planfeld	Kreis	Quartier	Jahr	Erläuterung

Oberer Selnauweg — *von Stöckentobelstrasse bis Wallisackerweg*
S14 7 HI/WT 1997 Flurname: «Sel(l)nau»

Oberholzstrasse — *von Batteriestrasse/Reservoirweg bis Batteriestrasse/Hanslin-Weg*
Q10 7 FL 1956 Waldteil nördlich der Escherhöhe

Oberleestrasse — *von Alte Regensdorferstrasse bis Sonderistrasse*
F5 10 HG 1997 Flurname Oberlee: zu Lee, d.h. Lehen, geliehenes Gut

Oberscheunenweg — *von Seeblickstrasse bis Talweg*
M19 2 WO 1999 Flurname Oberscheuer (1665), Oberscheuren (1788): ehem. Rebgelände und Äcker an der Seeblickstrasse 20-46 und 25-41

Oberwiesenstrasse — *von Wehntalerstrasse 192 bis Binzmühlestrasse 207*
M6 6+11 US/OE 1915 Flurname

Obmannamtsgasse — *von Untere Zäune 11 bis Neumarkt 28*
D/E3 1 RL 1865 Das Obergerichtsgebäude (Hirschengraben 13/15), das im 13. Jahrhundert als Barfüsserkloster erbaut worden war, diente seit 1557 bis ins 19. Jahrhundert als Amtshaus des «Obmanns gemeiner Klöster», der die Güter einiger in der Reformationszeit aufgehobener Klöster verwaltete.

Obstgartensteig — *von Stampfenbachstrasse 85 bis Obstgartenstrasse 19*
N11 6 US 1967 Bis 1967 Teilstück der Obstgartenstrasse

Obstgartenstrasse — *von Sumatrastrasse 25 bis Weinbergstrasse 85*
N11 6 US 1893 Landgut zum «Obstgarten» (Nr. 21)

Obsthaldenstrasse — *von südöstl. Glaubtensteig bis Im Hagenbrünneli 6*
K5 11 AF 1933 Flurname

Oerliker Park — *von Ellen Widmann-Weg/Brown-Boveri-Strasse bis Armin Bollinger-Weg/Emil Rütti-Weg*
M/N5 11 OE 1996 Zentrale Parkanlage des neuen Stadtteils im Planungsgebiet Oerlikon 2011. Oerlikon ist eines der 1934 eingemeindeten Dörfer; «Oerlikon» = «bei den Höfen der Leute des Orilo».

Planfeld	Kreis	Quartier	Jahr	Erläuterung

Oerlikonerstrasse
N/O7 6+11 US/OE 1880
von Schaffhauserstrasse 167 bis Schaffhauserstrasse 315
«Orlinchova» (946): Orlinghofen, auf den Höfen des Alemannen Orilo

Oetenbacherholz
T12 7 HO 1993
von Oetenbacherholzstrasse bis Alte Gockhauserstrasse
Wald, der einst dem Kloster Oetenbach gehörte

Oetenbacherholzstrasse
T12 7 HO 1956
von Alte Gockhauserstrasse bis Kripfstrasse
Waldgebiet, das einst dem Kloster Oetenbach gehörte

Oetenbachgasse
C2 1 LL 1314
von Uraniastrasse/Rudolf Brun-Brücke bis Bahnhofstrasse 70
Die Gasse führte vom Rennweg zum Kloster Oetenbach, das 1286 vom Hornbach (Oetenbach) hierher verlegt worden war und 1902/03 beim Durchbruch für die Uraniastrasse abgetragen wurde.

Oetlisbergstrasse
U15 7 WT 1934
von Witikonerstrasse 426 bis Oetlisbergweg/Bogenweg
Waldname (1492): Wald eines Eigentümers Oetli, Kurzform eines alemannischen Namens wie Otmar, Otfried

Oetlisbergweg
W15 7 WT 1988
von Oetlisbergstrasse/Bogenweg bis Zollikonstrasse (Gde. Maur)
Siehe Oetlisbergstrasse

Ohmstrasse
N/O6 11 OE 1933
von Albert Näf-Platz bis Schaffhauserstrasse 380
Georg Simon Ohm (1787–1854)
Deutscher Physiker; nach ihm wird die Einheit des elektrischen Widerstandes benannt

Okenstrasse
M10 10 WP 1929
von Rousseaustrasse 19 bis Nordstrasse 89
Lorenz Oken (1779–1851)
Deutscher Naturforscher und Naturphilosoph, Prof. an der Universität von 1833 bis 1851, deren erster Rektor er war

Oleanderstrasse
N6 11 OE 1933
von Affolternstrasse 77 bis Regensbergstrasse 176
Botanische Bezeichnung

Olgastrasse
E4 1 RL 1900
von Schanzengasse bis nördl. Sackgasse
Weiblicher Vorname

Olivengasse
P14 7 HI 1894
von Forchstrasse 37 bis nordöstl. Sackgasse
Botanische Bezeichnung

Planfeld	Kreis	Quartier	Jahr	Erläuterung

Opfikonstrasse — *von Aubrugg (Glatt) bis Grenze Opfikon*
Q5　12　SW　1933　Strasse führt nach Opfikon

Orellistrasse — *von Zürichberg-/Dreiwiesenstrasse bis Susenbergstrasse 106*
Q11　7　FL　1903　Susanna Orelli-Rinderknecht (1845–1939)
Erste Frau, die den Dr. h.c. der Medizinischen Fakultät der Universität für ihre Verdienste um die Volksgesundheit erhielt: Gründerin des Frauenvereins für alkoholfreie Wirtschaften.

Orelliweg — *von Orellistrasse bis Hanslin-Weg*
P/Q10　7　FL　1950　Siehe Orellistrasse

Oscar Bonomo-Weg — *von Siewerdtstrasse bis Andreasstrasse*
P6　11　OE　1996　Oscar Bonomo (1901–1984)
Bauunternehmer, Mitbegründer des Hallenstadions und der Messe Zürich (früher «Züspa»), Förderer des Radsports

Oskar Bider-Strasse — *von Hofwiesenstrasse 44 bis Zeppelinstrasse 31*
M/N9　6　US/WP　1920　Oskar Bider (1891–1919)
Schweizerischer Flugpionier, erster Chefpilot der Fliegertruppe

Ostbühlstrasse — *von Nidelbadstrasse 79 bis Grenze Kilchberg*
M20　2　WO　1930　Frei gewählter Name

Othmarstrasse — *von Seefeldstrasse 9 bis Holbeinstrasse 31*
E5,O14　8　RB　1895　Männlicher Vorname

Ottenbergstrasse — *von Nordstrasse 397 bis Limmattalstrasse 111*
J8　10　HG　1928　Flurname (1711): Rebberg, welcher der Zürcher Familie Ott gehörte, die im 17. Jahrhundert das benachbarte «Schwertgut» besass

Ottenbühlweg — *von Eichholzweg bis Wannenweg*
K7　10　HG　1946　Flurname (1644): wohl ebenfalls Eigentum der Familie Ott, vgl. Ottenbergstrasse

Ottenweg — *von Mühlebachstrasse 65 bis Kreuzplatz 16*
O/P14　8　RB　1867　Führte zu dem nach der Eigentümerin, der Zürcher Familie Ott, benannten «Ottengut», dessen Herrschaftshaus zum «Kreuzhof», Kreuzbühlstr. 44, 1951 abgetragen wurde

Erweiterungsbau des Hotels Zürichberg, Orellistrasse 21, der Architekten Burkhalter und Sumi.

Eckbau der Häuserzeile Ottikerstrasse 14 bis 24 die Architekt O. Burkhart 1905 für den Bankier Sali Hermann Noerdlinger erbaute.

Planfeld	Kreis	Quartier	Jahr	Erläuterung

Ottikerstrasse — *von Kurvenstrasse 36 bis Rigiplatz*
N10 6 OS/US 1896 Name des Eigentümers der ehem. Güter «Riedtli» und «Tobel»

Ottikerweg — *von Ottikerstrasse 53 bis Winterthurerstrasse 4*
O10 6 OS 1894 Siehe Ottikerstrasse

Ottilienstrasse — *von Stationsstrasse 48 bis Kalkbreitestrasse 83*
K13 3 WD 1901 Ottilie Wildermuth (1817–1877)
Deutsche Jugendschriftstellerin. Benennung erfolgte wegen dem nahegelegenen Schulhaus.

Otto C. Bänninger-Weg — *von Hegibachstrasse 105 bis Sackgasse NW Richtung*
Q14 7 HO 1998 Otto C. Bänninger (1897–1973)
Zürcher Bildhauer; Kunstpreisträger der Stadt Zürich 1956. Am Ende der nach ihm benannten Sackgasse befand sich sein Atelier.

Otto Lang-Weg — *von Toblerstrasse 21 bis Hadlaubstrasse 15*
O/P11 7 FL 1939 Otto Lang (1863–1936)
Jurist (Oberrichter), Genossenschafter und Sozialpolitiker; Stadtrat von 1915 bis 1920

Otto Schütz-Weg — *von Ruedi Walter-Strasse bis Ellen Widmann-Weg*
N5 11 OE 1996 Otto Schütz (1907–1975)
In Affoltern wohnhafter sozialdemokratischer Politiker (Gemeinderat von 1938 bis 1975, Nationalrat von 1947 bis 1975) und Gewerkschaftsführer

Ottostrasse — *von Limmatstrasse 214 bis Neugasse 145*
L10 5 IN 1899 Männlicher Vorname

Owenweg — *von Albisstrasse 108 bis Entlisbergstrasse 20*
L19 2 WO 1929 Robert Owen (1771–1858)
Englischer Sozialpolitiker, Förderer des Genossenschaftswesens

Panoramaweg — *von Uetlibergstrasse bis Hohensteinweg*
G14–H15 3 WD 1973 Aussichtsreiche Lage am Hang des Uetlibergs

Planfeld	Kreis	Quartier	Jahr	Erläuterung

Panweg
O11   6   OS   1894
von Culmannstrasse 46 bis Universitätstrasse 63
Haus zum «Pan», Universitätsstrasse 56. Name des griechischen Wald- und Weidegottes

Pappelstrasse
H/J14   3   WD   1925
von Friesenbergstrasse 191 bis Margaretenweg 9
Pappeln, die als Blitzschutz für das ehemalige Pulverhäuschen dienten

Paradeplatz
B/C4   1   LL   1863
von Bahnhofstrasse 28 bis Bleicherweg/Talacker
Auf diesem Platz – in der Nähe der Zeughäuser – fanden militärische Aufzüge statt. Seit 1667 diente der Platz als Viehmarkt, daher Bezeichnung «Säumarkt», seit 1819 «Neumarkt».

Paradiesstrasse
L19   2   WO   1898
von Albisstrasse 146 bis Entlisbergstrasse
Flurname «Im Berendyss» (1632): poetische Bezeichnung für Grundstücke in guter Lage, zuweilen aber auch ironisch für schlechtes, schwer zu bearbeitendes Gelände

Parkring
A4/5,M14   2   EN   1876
von Freigutstrasse 15 bis Brandschenkestrasse 60
Ringförmige Strasse im damals angelegten Villenquartier Enge

Paul Clairmont-Strasse
H14   3   AR   1962
von Birmensdorferstrasse 485 bis Schweighofstrasse 357
Paul Clairmont (1875–1942)
Prof. für Chirurgie an der Universität von 1918 bis 1941

Paul Grüninger-Weg

M6   11   OE   1996
von Binzmühlestrasse bis entlang Louis Häfliger-Park (Ostseite)
Paul Grüninger (1891–1972)
Verschaffte 1938 als St. Galler Polizeikommandant durch Fälschung der Einreisedaten Hunderten von deutschen – v.a. jüdischen – Flüchtlingen einen Aufenthalt in der Schweiz. Er wurde unehrenhaft aus dem Dienst entlassen und erst 1995 postum rehabilitiert.

Paulstrasse
P16   8   RB   1889
von Dufourstrasse 197 bis Seefeldstrasse 198
Vorname eines Anstössers

Pelikanplatz
B3   1   LL   1948
von Pelikanstrasse bis Talacker
Siehe Pelikanstrasse

Planfeld	Kreis	Quartier	Jahr	Erläuterung

Pelikanstrasse — *von Bahnhofstrasse 53 bis Selnaubrücke*
B3　　1　　LL　　1864　Haus zum «Pelikan» (Nr. 25), dessen prachtvolles Hauszeichen von 1690 den Pelikan zeigt, der sich für seine Jungen opfert

Pestalozzianlage — *von Bahnhof-/Usteristrasse bis Linthescher-/Schweizergasse*
C1/2　　1　　LL　　1958　Johann Heinrich Pestalozzi (1746–1827)
Standort seines Denkmals. Siehe auch Pestalozzistrasse. Aus Zürich stammender Schriftsteller («Lienhard und Getrud»), Erzieher, Reformator des Schulunterrichts).

Pestalozzistrasse — *von Gloriastrasse 16 bis Steinwiesstrasse 76*
P12/13　　7　　FL　　1876　Johann Heinrich Pestalozzi (1746-1827)
Aus Zürich stammender Schriftsteller («Lienhard und Gertrud»), Erzieher, Reformator des Schulunterrichtes. Pestalozzi betrieb im benachbarten Haus Plattenstrasse 16 in den Jahren 1796 bis 1798 mit seinem Verwandten Notz ein Seidengeschäft.

Peterstobelstrasse — *von Peterstobelweg bis Batteriestrasse*
O9–P10　　6　　OS　　1997　Strasse beim Peterstobelbach (auch Letzibach) am Zürichberg; Name wohl nach einem früheren Anstösser benannt

Peterstobelweg — *von Peterstobelstrasse bis Germaniastrasse*
O9/10　　6　　OS　　1956　Siehe Peterstobelstrasse

Pfaffhauserweg — *von Katzenschwanzweg bis Geerenstrasse (Gde. Fällanden)*
W14　　7　　HO/WT　　1956　Pfaffhausen, Weiler in der Gemeinde Fällanden, urspr. dem Grossmünsterstift in Zürich gehörend, daher «Häuser der Pfaffen» (der Geistlichen)

Pfalzgasse — *von Strehlgasse 22 bis Lindenhof*
C2/3　　1　　LL　　1880　Auf dem Lindenhof stand im Mittelalter eine kaiserliche Pfalz, ein burgartiger «Palast».

Pfarrhausstrasse — *von Altstetterstrasse 162 bis Spirgartenstrasse 9*
F10　　9　　AT　　1933　Zugang zum Pfarrhaus Altstetten

Pfarrweg — *von Unterdorfplatz bis östl. Sackgasse*
J3　　11　　AF　　1933　Weg zum Pfarrhaus Affoltern

Planfeld	Kreis	Quartier	Jahr	Erläuterung

Pfingstweidbrücke
H9   9   AT   1972   *von Pfingstweidstrasse bis Bernerstrasse-Nord*
Siehe Pfingstweidstrasse

Pfingstweidstrasse
J9–K10   5   IN   1869   *von Hardstrasse 235 bis Bernerstrasse*
Liegenschaften zur «Pfingstweid» (Nrn. 20 und 37): Weide, die um Pfingsten bestossen wurde

Pfirsichstrasse
M/N10   6   US   1910   *von Schindlerstrasse 20 bis Pflugstrasse 6*
Botanische Bezeichnung

Pflanzschulstrasse
K12   4   AS   1882   *von Badenerstrasse 172 bis Hohlstrasse 115*
Haus zur «Pflanzschule» (Nr. 33), 1867 erbaut, 1933 abgetragen

Pflugstrasse
M10   6   US   1907   *von Kornhausstrasse 47 bis Schaffhauserstrasse 35*
Hinweis auf die Pflugschar im Wappen der Gemeinde Unterstrass

Phönixweg
F2   7   FL   1894   *von Schönleinstrasse 16 bis Zürichbergstrasse 19*
Haus zum «Phönix», Zürichbergstrasse 19

Physikstrasse
O12   7   FL   1907   *von Schmelzbergstrasse 26 bis südöstl. Sackgasse*
Physikgebäude der ETH, erbaut von 1886 bis 1889

Pilatusstrasse
Q13   7   HO   1896   *von Ebelstrasse 25 bis östl. Sonnenbergstrasse 128 (Sackgasse)*
Gebirgsgruppe bei Luzern (2122 m)

Pilgerweg
Q/R11   7   FL   1927   *von Krähbühlweg bis Zürichbergstrasse 158*
Waldname «Pilgerholz» nach einem Eigentümer aus der Zürcher Ritterfamilie Bilgeri; Heinrich Bilgeri besass vor 1365 in dieser Gegend Waldungen. – Die Deutung als Weg für Einsiedlerpilger ist somit hinfällig; sie wäre auch an dieser Stelle wenig wahrscheinlich.

Plätschweg
H5   11   AF   1933   *von Holderbachweg 21 bis Tobelholzweg*
Flurname «Bletschacker» (1474): Plätsch, kleiner Wasserfall des Holderbaches

Plattenholzweg
X15/16   7   WT   1988   *von Weidstrasse (Gde. Maur) bis Zollikonstrasse (Gde. Maur)*
Flurname Plattenholz: auf einer Ebene gelegenes Waldstück

Planfeld	Kreis	Quartier	Jahr	Erläuterung

Plattenstrasse
F2,O/P13 7 FL/HO 1870
von Gloriastrasse 19 bis Baschligplatz
Flurname «uff der Blatten» (1650): Geländestufe (Plateau) am Berghang

Platzpromenade
N11 1 LL 1878
von Museumstrasse bis Matten- und Drahtschmidlisteg
«Platz» hiess schon um 1418 die grosse freie Fläche zwischen Stadtbefestigung, Limmat und Sihl. Der obere Teil diente bis zur Erbauung des Bahnhofs um 1847 als Schützenplatz, während im untern Teil (Platzspitz) Ende des 17. Jahrhunderts Alleen angelegt wurden.

Plenterweg
T13 7 HO 1997
von Känzelistrasse bis Krummweg
Flurname: Plenterwald = von der Forstwirtschaft bewirtschafteter Wald, der regelmässig ausgeholzt wird

Polenweg
E/F15 9 AR 1956
von SZU Haltestelle Ringlikon bis Arthur Rohn-Strasse
Der Weg wurde 1941/42 von polnischen Internierten angelegt.

Postbrücke
B1 1+4 LL 1927
von Gessnerallee/Bahnhofplatz bis Kasernenstrasse 111
Führt zu der 1927 bis 1930 erbauten Sihlpost.

Poststrasse
C4 1 LL 1838
von Fraumünsterstrasse 29 bis Paradeplatz
Im Gebäude des heutigen «Zentralhofs» befand sich von 1838 bis 1872 die Zürcher Post

Predigergasse
D2 1 RL 1503
von Neumarkt 21 bis Predigerplatz 34
Siehe Predigerplatz

Predigerplatz
D2 1 RL 1871
von Zähringerplatz bis Seilergraben 17
Prediger- oder Dominikanerkloster um 1230 erbaut, von dem nur die Kirche mit dem hochgotischen Chor erhalten blieb. Der Predigerplatz diente bis ins 16. Jahrhundert als Friedhof, weshalb er bis 1871 «Predigerkirchhof» genannt wurde.

Preyergasse
D2 1 RL 1548
von Limmatquai 92 bis Zähringerplatz 17
1461: «kleines Predigergässli», 1548: «Breygergässli»; «Preyer» mundartl. für Prediger

Primelstrasse
K5/6 11 AF 1933
von Glaubtenstrasse 19 bis Erchenbühlstrasse 16
Botanische Bezeichnung

Planfeld	Kreis	Quartier	Jahr	Erläuterung
Probsteistrasse				*von Stettbachstrasse 85 bis über Probstei / Dübendorfstrasse 223*
S8	12	SW	1932	Flurname: Name eines Grundstückes, das urspr. der Probstei zum Grossmünster gehörte
Probusweg				*von Bülachstrasse 25 bis Viktoriastrasse 7*
O7	11	OE	1933	Männlicher Vorname, vermutlich nach Paul Ilgs Oskar-Bider-Roman «Probus»
Promenadengasse				*von Schanzengasse 29 bis Rämistrasse 26*
E4	1	RL	1880	Bei der 1748 auf dem «Geissberg» angelegten «Hohen Promenade»
Püntstrasse				*von Albisriederstrasse 363 bis Triemlistrasse 11*
F12	9	AR	1928	Flurname «Pünt» oder «Bünt»: eingehegter «Pflanzblätz» (aus dem Tätigkeitswort biwinden = umzäunen)
Quaibrücke				*von Bürkliplatz bis Bellevueplatz*
D4/5	1		1887	Gleichzeitig mit den Quaianlagen an beiden Seeufern (See-feld-, Uto- und Alpen- [heute: General Guisan-] Quai) 1882 bis 1884 erbaut
Quellenstrasse				*von Röntgenstrasse 39 bis Limmatstrasse 189*
L10/11	5	IN	1886	Frei gewählter Name
Querstrasse				*von Albert Näf-Platz bis Franklinplatz*
N6	11	OE	1898	Querverbindung vom neuen Dorfzentrum Oerlikon zum Franklinplatz
Radgasse				*von Zollstrasse 6 bis Limmatstrasse 5*
M11	5	IN	1883	Wohl nach dem «Flügelrad» als Hinweis auf die benachbarte Eisenbahn
Räffelstrasse				*von Binzstrasse 18 bis Grubenstrasse 54*
J14	3	WD	1934	Flurname: vermutlich nach einem Personen- oder Übernamen, vielleicht abgeleitet von (zusammen)«raffe(n)»
Rainfussweg				*von Tannenrauchstrasse 112 bis Rainstrasse 14*
L/M18	2	WO	1867	Zugang zur Rainstrasse

Planfeld	Kreis	Quartier	Jahr	Erläuterung

Rainriegelweg
S/T12 7 HO 1997

von Wildfangweg bis Alte Gockhauserstrasse
Flurname Rainriegel: zusammengesetzt aus Rain (= Abhang) und Riegel (= Durchgang in einem Zaun oder einer Hecke, der mit verschiebbaren Stangen geöffnet oder geschlossen werden konnte)

Rainstrasse
L17/18 2 WO 1867

von Butzenstrasse 4 bis Scheibenrain
Flurname und Name einer Häusergruppe «Auf dem Rain», oberhalb des ehemaligen Dorfkernes

Raintobelweg
R/S15 7 WT 1934

von Waserstrasse/Wasersteig bis Witikonerstrasse 204
Flurname: der untere Teil des Stöckentobels, das oben in einen Rain ausläuft

Rämistrasse
D4–E1 1 RL/HO/FL/OS 1865

von Bellevueplatz bis Tannen-/Universitätstrasse
Die Strasse wurde 1836 nach Beseitigung des «Rämibollwerkes» erstellt. Dieses nannte sich nach einer Flurbezeichnung, die ihrerseits sich vom Namen eines Grundeigentümers herleitet («vinea Remis», d.h. Weinberg des Remi, 1289). Rämi, vielleicht Übername zu altd. ram = schmächtig, hager.

Rankstrasse
Q15 7 HI 1880

von Forchstrasse 173 bis Freiestrasse 204
Urspr. Teil der Forchstrasse, die, vom Dorfkern von Hirslanden herkommend, hier abbog (einen «Rank» machte) und dann im Zuge der Hofackerstrasse zum Hegibachplatz führte

Rässlerweg
O7 11 OE 1933

von Berninastrasse 13 bis Friedheimstrasse 28
Flurname (1415), vermutlich nach dem Übernamen eines Eigentümers; mundartl. «Rässler», Prasser, Schlemmer

Rathausbrücke
C/D3 1 LL/RL 1893

von Weinplatz/Schipfe bis Limmatquai 61
Das heutige Rathaus anstelle eines ältern Gebäudes in den Jahren 1692–1698 erbaut. – Der volkstümliche Name «Gemüsebrücke» erinnert an den Gemüsemarkt, der sich früher hier befand.

Räuberweg
F4–G5 10 HG 1997

von Sonderistrasse bis Martinsrütistrasse
Frei gewählter Name

Planfeld	Kreis	Quartier	Jahr	Erläuterung
Rautihalde				*von Eugen Huber-Strasse 123 bis Rautistrasse 331*
E10	9	AT	1958	Rautispitz, Bergstock im Glarnerland (2284 m)
Rautistrasse				*von Albisriederstrasse 226 bis Eugen Huber-Strasse/ Hätzlergasse*
D10–G11	9	AR/AT	1933	Rautispitz, Bergstock im Glarnerland (2284 m)
Rebbergsteig				*von Ottenbergstrasse 2/Nordstrasse bis Rebbergstrasse 37*
K8	10	HG	1933	Führt durch ehemaliges Rebgelände
Rebbergstrasse				*von Wunderlistrasse 67 bis Kürbergstrasse 32*
J8	10	HG/WP	1928	Führt durch ehemaliges Rebgelände
Rebeggstrasse				*von Friesenbergstrasse 380 bis Kolbenhofereggstrasse*
G15–H16	3	WD	1956	Vorsprung am Uetliberg, an dessen Fuss sich früher ein Rebberg befand
Rebeggweg				*von Bachtobelstrasse bis Kolbenhofereggstrasse*
H16	3	WD	1997	Siehe Rebeggstrasse
Rebenstrasse				*von Frymannstrasse 21 bis Manegg-Promenade 80*
K19	2	LB	1921	Nördlich des Rütschlibaches gab es früher Reben.
Rebenweg				*von Manegg-Promenade 80 bis südwestl. Sackgasse (Rütschlibach)*
J19/20	2	LB	1950	Siehe Rebenstrasse
Rebgasse				*von Bäckerstrasse 10 bis Müllerstrasse 23*
M12	4	AS	1892	Vor 1892 Weingasse; es befand sich hier eine Weinhandlung.
Rebhaldenstrasse				*von Steinhaldenstrasse 39 bis Gablerstrasse 30*
L15	2	EN	1898	An der «Steinhalden» befanden sich ausgedehnte Weinberge.
Rebhügelstrasse				*von Wiedingstrasse 89 bis Schulhaus Rebhügel*
K14	3	WD	1949	Am Südhang des «Bühl» gab es grosse Weinberge.
Rebhüsliweg				*von Glaubtenstrasse 22 bis Althoosstrasse*
K6	11	AF	1933	Hinweis auf die Reben im «Glaubten»
Rebstockweg				*von Bauherrenstrasse 44 bis Meierhofplatz*
H8	10	HG	1918	«Rebstock», das alte Gesellen- und Gemeindehaus von Höngg, Limmattalstrasse 123

Planfeld	Kreis	Quartier	Jahr	Erläuterung

Reckenholzstrasse — *von Fronwaldstrasse 94 bis Grenze Rümlang*
K2/4   11   AF   1848   Flurname «Rechenholz» (1212), «Rekeholze» (1305), ein nach dem Personen- oder Übernamen Reck (= Krieger, Abenteurer) benannter Hof und Wald

Reckenholzweg — *von Riedenholzstrasse bis Riedenholzweg*
L/M3   11   AF   1997   Siehe Reckenholzstrasse

Redingstrasse — *von Thujastrasse 17 bis westl. Sackgasse (Allmendstrasse)*
L17   2   WO   1894   Aloys von Reding (1765–1818)
von Schwyz, 1801 bis 1802 Landammann der Schweiz

Regensbergstrasse — *von Ueberlandstrasse 15 bis Wehntalerstrasse 299*
M6–O7   11   OE/AF   1933   Regensberg, das um 1244 von den Freiherren von Regensberg auf einem Sporn der Lägern gegründete Städtchen

Regensdorferstrasse — *von Limmattalstrasse 178 bis Grenze Regensdorf*
F5–G7   10   HG   1918   «Reganesdorf» (870), abgeleitet vom altd. Personennamen Ragan, Ragin, d.h. Rat, erhalten in Reinhard (Raginhard)

Regina Kägi-Hof — *von Regina Kägi-Strasse/Chaletweg bis Oberwiesenstrasse/Binzmühlestrasse*
M6   11   OE   Siehe Regina Kägi-Strasse

Regina Kägi-Strasse — *von Rosa Bloch-Weg bis Binzmühlestrasse*
M6   11   OE   1996   Regina Kägi-Fuchsmann (1896–1972)
Mitbegründerin und Geschäftsführerin des Schweizerischen Arbeiterhilfswerks (SAH) und engagierte Frauenrechtlerin. Sie setzte sich zeitlebens bedingungslos für Flüchtlinge ein.

Reginastrasse — *von Lettenholzstrasse 3 bis Owenweg 11*
L18–M19   2   WO   1896   Weiblicher Vorname

Regulastrasse — *von Wehntalerstrasse 461 bis Wehntalerstrasse 499*
J5   11   AF   1949   Zürcher Stadtheilige, die mit ihrem Bruder Felix Anfang des 4. Jahrhunderts unter dem römischen Statthalter Decius den Märtyrertod erlitt. Siehe auch: Felix und Regula-Platz.

Rehalpstrasse — *von Forchstrasse 359 bis Grenze Zollikon*
S16   8   HI   1932   Haus zur «Rehalp», Forchstrasse 395, 1861/62 erbaut

Planfeld	Kreis	Quartier	Jahr	Erläuterung
Rehgässchen				*von Obmannamtsgasse 5 bis Neumarkt 4*
D3	1	RL	1875	Beim Haus zum «Rech» (alte Form für Reh), Neumarkt 4
Reinacherstrasse				*von Konkordiastrasse 12 bis Eidmattstrasse 45*
P14	7	HO	1896	Name eines Anstössers
Reinhardstrasse				*von Seefeldstrasse 45 bis Mühlebachstrasse 64*
O14	8	RB	1895	Hans von Reinhard (1755–1835) Zürcher Bürgermeister von 1803 bis 1830, Landammann der Schweiz 1807 und 1813
Reinhold Frei-Strasse				*von Riedhofstrasse bis nördl. Sackgasse (Giblenstrasse)*
F6	10	HG	1962	Reinhold Frei (1881–1960) Lehrer, Förderer der Heimatkunde von Höngg
Reishauerstrasse				*von Limmatstrasse 73 bis Konradstrasse 76*
M11	5	IN	1932	früherer Anstösser: Reishauer-Werkzeuge AG
Reitergasse				*von Militärstrasse 16 bis Lagerstrasse*
M12	4	AS	1869	Wegen ihrer Lage bei der Kaserne wohl Hinweis auf die Reitertruppen (Kavalleristen und Guiden); vgl. Jägergasse
Reitweg				*von Wannnenweg/Steigholzweg bis Im Rehsprung/Wolfgrimweg*
K/L7	10	WP	1997	Für den Reitsport verwendeter Waldweg
Rellstabstrasse				*von Rebenstrasse 67 bis Rellstabweg*
K19	2	LB	1963	Altes Geschlecht von Leimbach
Rellstabweg				*von Rellstabstrasse 23 bis Frymannstrasse 75*
K19	2	LB	1963	Altes Geschlecht von Leimbach
Remisenstrasse				*von Hohlstrasse 147 bis nördl. Sackgasse (SBB-Areal)*
K/L11	4	AS	1963	Zugang zum Areal der Bundesbahnen
Renggersteig				*von Seestrasse 354 bis Renggerstrasse 43*
M17	2	WO	1901	Siehe Renggerstrasse
Renggerstrasse				*von Staubstrasse 11 bis Wettsteinstrasse 2*
M17	2	WO	1896	Albrecht Rengger (1764–1835) Von Brugg; Arzt in Bern, Staatsmann der Helvetik

Planfeld	Kreis	Quartier	Jahr	Erläuterung

Rennweg | | | | *von Widdergasse 1 bis Bahnhofstrasse 70*
C2/3 1 LL 1221 Die «Rennwege» sind mittelalterliche Reitwege für die berittenen staatlichen Boten; zuweilen wurden sie auch für Wettrennen und wohl auch für Turniere benützt.

Resedastrasse — *von Flühgasse 17 bis nördl. Sackgasse*
Q16/17 8 RB 1905 Botanische Bezeichnung

Reservoirweg — *von Orellistrasse bis Batterie-/Oberholzstrasse*
Q11 7 FL 1997 Weg, der beim Wasserreservoir am Zürichberg vorbeiführt

Restelbergstrasse — *von Toblerstrasse 62 bis Germaniastrasse 64*
P11 6+7 FL/OS 1918 Flurname «Restilberch» (1252): wohl nach einem Grundeigentümer namens Rastilo, Restilo

Ricarda Huch-Strasse — *von entlang MFO-Park (Westseite) bis Sophie Taeuber-Strasse*
N6 11 OE 1996 Ricarda Huch (1864–1947)
Deutsche Schriftstellerin und Historikerin; Promotion an der Universität Zürich. Arbeitete von 1891 bis 1896 an der Stadtbibliothek (später Zentralbibliothek) in Zürich als Bibliothekarin.

Richard Kissling-Weg — *von Susenbergstrasse/Krähbühlsteig bis südl. Sackgasse*
Q12 7 FL 1935 Richard Kissling (1848–1919)
Solothurner Bildhauer, seit 1883 in Zürich; Schöpfer des Tell-Denkmals in Altdorf und des Alfred-Escher-Denkmals beim Bahnhof

Richard Wagner-Strasse — *von Schulhausstrasse 5 bis Conrad Ferdinand Meyer-Strasse 14*
M15 2 EN 1926 Richard Wagner (1813–1883)
Deutscher Komponist. Lebte und wirkte von 1849 bis 1855 und von 1856 bis 1858 in Zürich. Wohnhaft beim Fabrikanten-Ehepaar Wesendonck in deren Villa im (heutigen) Rieter-Park.

Rickenstrasse — *von Weisshau bis Birchstrasse 230*
N5 11 SB 1933 Passübergang von Uznach nach dem Toggenburg; der Rickentunnel wurde 1904 bis 1906 erbaut.

Riedackerstrasse — *von Dübendorfstrasse 227 bis Altwiesenstrasse 202*
S/T8 12 SW 1931 Flurname «Riettacher» (1533): Acker am Rand des Altriedes

Planfeld	Kreis	Quartier	Jahr	Erläuterung

Riedenhaldensteig
J5 11 AF 1933
von Wehntalerstrasse 475 bis Riedenhaldenstrasse 121
Flurname: Halde über den feuchten «Böden»

Riedenhaldenstrasse
J4–K5 11 AF 1902
von Fronwald-/Binzmühlestrasse bis Zehntenhausstrasse 31
Flurname: Halde über den feuchten «Böden»

Riedenholzstrasse
M3 11 SB 1933
von Köschenrütistrasse 99 bis Käshaldenstrasse
Flurname «Rietholz» (1295): Gehölz, das an ein Ried (Bennenried) stösst

Riedenholzweg
L2/3 11 AF 1999
von Reckenholzweg bis Stadtgrenze Rümlang
Siehe Riedenholzstrasse

Riedgrabenweg
P6/7 11+12 OE/SW 1933
von Ueberlandstrasse 115 bis Hagenholzstrasse 77
Flurname: Gelände an einem Entwässerungsgraben im Ried

Riedhoferrain
F6/7 10 HG 1918
von Imbisbühlstrasse 165 bis Riedhofstrasse 355
Siehe Riedhofstrasse

Riedhofstrasse
E6–G7 10 HG 1918
von Regensdorferstrasse 20 bis Rütihofstrasse
«Riedhof», ein vermutlich im 16. Jahrhundert angelegter Bauernhof beim Ried unterhalb der Regensdorferstrasse

Riedhofweg
F6 10 HG 1918
von Riedhofstrasse 351 bis Reinhold Frei-Strasse 35
Siehe Riedhofstrasse

Riedmattstrasse
J13 3 WD 1929
von Haldenstrasse 157 bis Talwiesenstrasse 160
Flurname: Wiesen beim «Heuried»

Riedtlistrasse
N10 6 US/OS 1878
von Weinbergstrasse 157 bis Winterthurerstrasse 25
Flurname (kleines Ried) und Name des 1926 abgetragenen Hauses Kinkelstrasse 40

Riedweg
D5 10 HG 1932
von Hurdäckerstrasse 23 bis Grenze Oberengstringen
Weg durch die Rieder beim Rütihof

Riesbachstrasse
P15 8 RB 1936
von nördl. Sackgasse bis Höschgasse 61
Der Name der Gemeinde leitet sich vom Bachnamen ab; der Riesbach (urspr. Ried(e)sbach) entspringt dem Ried bei Zollikon.

Wohnkolonie Riedtli, Modell der Siedlung von 1910. Beilage zur Weisung an die Stimmberechtigten.

Die Villa Wesendonck, «Rietberg», wurde 1853–57 von Architekt Leonhard Zeugheer für Otto Wesendonck erbaut.

Planfeld	Kreis	Quartier	Jahr	Erläuterung

Rieterplatz — *von Waffenplatzstrasse 74 bis Rieterstrasse 59*
L15/16   2   EN   1893   Siehe Rieterstrasse

Rieterstrasse — *von Bederstrasse 109 bis Muggenbühlstrasse*
L16   2   EN   1891   Name der nachmaligen Eigentümer des Wesendonck-Gutes («Rietberg»), das 1945 von der Stadt erworben und als öffentliche Anlage eingerichtet wurde und Erbauer der Parkvilla Rieter (heute ebenfalls zum Museum Rietberg gehörig)

Rigiplatz — *von Universitätstrasse bis Rigi-/Vogelsangstrasse*
O11   6   OS   1898   Siehe Rigistrasse

Rigistrasse — *von Rigiplatz bis Hadlaubstrasse 80*
O10   6   OS   1891   «Rigiviertel», nach dem bekannten Aussichtsberg am Vierwaldstättersee, der von hier aus gut sichtbar ist

Rindermarkt — *von Marktgasse 20 bis Froschaugasse/Neumarkt*
D3   1   RL   1277   Ursprünglich Viehmarkt, der aber schon früh in den «Neumarkt» und 1339 in den Burggraben beim «Neumarkttor» verlegt wurde

Ringstrasse — *von Schaffhauserstrasse 210 bis Hofwiesenstrasse 262*
N7   6+11   OE   1898   Halbkreisförmige Strasse an der Peripherie der ehem. Gemeinde Oerlikon

Rislingstrasse — *von Mommsenstrasse 17 bis Herzogstrasse 17*
P11/12   7   FL   1910   In den benachbarten Weinbergen wurden wohl RieslingX-Sylvaner-Trauben gezogen.

Risweg — *von Leimbachstrasse 153 bis Grenze Stallikon (Baldern)*
H/J21   2   LB   1897   Flurname und Hof im «Ris» (Nr. 115): Ris = Rinne, Schneise im Bergwald, wo man gefälltes Holz «risen» (abgleiten) lässt

Ritterstrasse — *von Steinwiesstrasse 66 bis Hofstrasse 5*
P13   7   HO   1870   Name eines früheren Eigentümers des Eckhauses Hofstr. 5

Robert Maillart-Strasse — *von Binzmühlestrasse bis Neunbrunnenstrasse*
M5   11   OE   1996   Robert Maillart (1872–1940)
Bauingenieur, Pionier des Brückenbaus (Stauffacherbrücke in Zürich, Salginatobelbrücke bei Schiers)

Planfeld	Kreis	Quartier	Jahr	Erläuterung
Robert Seidel-Hof				*von Bachmattstrasse 20 bis Werdhölzlistrasse 7 u. Hohlstrasse*
F9/10	9	AT	1947	Robert Seidel (1850–1933) Kommunal- und Sozialpolitiker: Dozent an der ETH von 1905 bis 1929 und an der Universität von 1908 bis 1929
Rodungsweg				*von Grünwaldstrasse bis Grünwaldstrasse*
F5	10	HG		gerodeter Waldweg
Roggenstrasse				*von Limmatstrasse 267 bis Heinrichstrasse 200*
L10	5	IN	1912	In der Nähe der ehemaligen Stadtmühle, Sihlquai 306
Röhrenweg				*von Lettensteig bis Wasserwerkstrasse*
M10	10	WP	1895	Hinweis auf die Rohrleitungen des Pumpwerks Letten
Rolandstrasse				*von Langstrasse 111 bis Magnusstrasse 20*
L11	4	AS	1898	Männlicher Vorname
Rollengasse				*von Schipfe 25 bis Schwanengasse 6*
C3	1	LL	1865	Haus zur «Rolle» oder «Rollenschmitte», Strehlgasse 18, dessen Name auf einen Eigentümer namens Schellenberg zurückgeht, der «Rollen» oder «Schellen» im Wappen führte
Rolliweg				*von Kalchbühlstrasse 10 bis Stadtgrenze Kilchberg*
M19–N20	2	WO	1999	Flurname «Im Rolli», beim Grundstück der «Rolli» (Familienname)
Römergasse				*von Limmatquai 40 bis Zwingliplatz 1*
D3	1	RL	1637	Haus Nr. 11 wird schon 1401 zum «Römer» genannt
Römerhofplatz				*von Asyl-/Rütistrasse bis Klosbachstrasse*
P13/14	7	HO	1891	Haus zum «Römerhof», Klosbachstr. 93, 1899 abgetragen, einst Eigentum der Zürcher Familie Römer
Römerholzstrasse				*von Dreiwiesen-/Adlisbergstrasse bis Chutzenstrasse*
T12	7	HO	1956	Wald im Adlisberg, der wohl zum «Römerhof» in Hottingen gehörte; Johannes Römer verkaufte um 1707 hier Wald.
Röntgenplatz				*von Josefstrasse/Fabrikstrasse bis Röntgenstrasse*
L10	5	IN	1985	Siehe Röntgenstrasse

Planfeld	Kreis	Quartier	Jahr	Erläuterung

Röntgenstrasse   *von Langstrasse 187 bis Limmatstrasse 217*
L10   5   IN   1898   Wilhelm Conrad Röntgen (1845–1923) Entdecker (1895) der nach ihm benannten Strahlen; erhielt 1901 den Nobelpreis für Physik. Studierte 1866 bis 1869 an der ETH; Prof. an den Universitäten Hohenheim, Strassburg, Giessen, Würzburg und München.

Rosa Bloch-Weg   *von Langwiesstrasse bis Gertrud Kurz-Strasse*
M6   11   OE   1996   Rosa Bloch (1880–1922) Sozialistin und Kämpferin für Frauenrechte, organisierte 1918 die Hungerdemonstration vor dem Zürcher Rathaus; Mitglied des Oltener Aktionskomitees für den Landesgeneralstreik 1918; Mitbegründerin der Kommunistischen Partei der Schweiz 1921.

Röschibachsteig   *von Röschibachstrasse 55 bis Nordstrasse 249*
L9   10   WP   1930   Siehe Röschibachstrasse

Röschibachstrasse   *von Wipkingerbrücke bis Nordbrücke*
L9   10   WP   1893   Bachname: ein von einem Steilhang herabfliessender Bach unter Vergleich mit mundartl. «Röschi», Dachneigung

Röschibachweg   *von Röschibachsteig 1 bis Rosengartenstrasse 10*
L9   10   WP   1955   Siehe Röschibachstrasse

Rosenbühlstrasse   *von Susenbergstrasse 54 bis Krähbühlstrasse/Krähbühlweg*
Q11/12   7   FL   1913   Frei gewählte Bezeichnung, vielleicht Hausname

Rosengartenbrücke   *von Nordstrasse 249 bis Nordstrasse 280*
L9   10   WP   1973   Siehe Rosengartenstrasse

Rosengartenstrasse   *von Wipkingerplatz bis Rötelstrasse 101*
L9   10   WP   1866   Haus zum «Rosengarten» (Nr. 44), 1927 abgebrochen, dessen Name vielleicht von einem besonders schönen Blumengarten herrührt, vielleicht aber auf eine frühgeschichtliche Grabstätte hinweist

Rosengasse   *von Limmatquai 76 bis Hirschenplatz*
D2   1   RL   1564   Haus Nr. 5 wird seit 1510 als Wirtshaus zur «Rose» erwähnt

Planfeld	Kreis	Quartier	Jahr	Erläuterung

Röslibrunnenweg   *von Kinkelstrasse 59 bis Goetzstrasse 8*
N/O10   6   US   1918   Im 17. Jahrhundert besass ein Ulrich Rösli das Bad bei der Spanweid, das nach ihm «Röslibad» bezeichnet wurde. Die Badquelle, der «Röslibrunnen», befand sich im Gebiet des nach ihr benannten Weges.

Röslistrasse   *von Schaffhauserstrasse 2 bis Winterthurerstrasse 83*
N10   6   US   1878   Im 17. Jahrhundert besass ein Ulrich Rösli das Bad bei der Spanweid, das nach ihm «Röslibad» bezeichnet wurde. Die Badquelle, der «Röslibrunnen», befand sich im Gebiet des nach ihr benannten Weges.

Rosmarinweg   *von Viktoriastrasse 19 bis Dörflistrasse 4*
O7   11   OE   1948   Botanische Bezeichnung

Rossackerstrasse   *von Triemlistrasse 162 bis Schützenrain 25*
F13   9   AR   1933   Flurname «Rossäcker»: Vielleicht wurden in der Nähe abgegangene Pferde verscharrt.

Rossbergstrasse   *von Brunaustrasse 47 bis Mutschellenstrasse 27*
L16   2   EN   1902   Höhenzug über Arth und Goldau (1583 m)

Rosshalde   *von Rossackerstrasse 101 bis Bergwiesen*
F/G13   9   AR   1948   Frei gewählter Name: Halde bei den Rossäckern

Rosshauweg   *von Friedhofstrasse bis Unter Betentalweg*
C/D11   9   AT   1997   Flurname Rosshau: gerodetes Waldstück, das als Rossweide (Pferdeweide) genutzt wurde

Rössligasse   *von Schifflände 30 bis Oberdorfstrasse 32*
D4   1   RL   1790   Das Eckhaus Schifflände 30 seit 1429 bis 1890 Gasthaus zum «Rössli», dessen Tavernenschild von 1690 sich im Landesmuseum befindet (am Haus neuerdings eine Kopie)

Roswiesenstrasse   *von Dübendorfstrasse 25 bis Winterthurerstrasse 681*
R/S7   12   SW   1932   Flurname: Wiesen bei einer «Ros», Wassergrube zum Einlegen und Aufweichen der Hanf- und Flachsstengel; vgl. Hanfrose

Planfeld	Kreis	Quartier	Jahr	Erläuterung

Rotachstrasse — *von Zweierstrasse 182 bis Bertastrasse 49*
J/K13　　3　　WD　　1898　　Uli Rotach (gest. 1405)
Appenzeller Freiheitskämpfer, der sich in der Schlacht am Stoss (17. Juni 1405) durch grosse Tapferkeit ausgezeichnet haben soll

Rotbuchstrasse — *von Schaffhauserplatz bis Nordbrücke*
M9　　6+10　　US/WP　　1898　　Alte Rotbuche beim Haus Rötelstrasse 44

Rötelsteig — *von Nordbrücke bis Rosengartenstrasse 80*
M9　　10　　WP　　1894　　Siehe Rötelstrasse

Rötelstrasse — *von Schaffhauserstrasse 21 bis Käferholz-/Obere Waidstrasse*
M8–10　　6　　WP/US　　1878　　Flurname und Name eines Landgutes, Rötelstrasse 100/102: Rötel, Umdeutung aus einem unverstandenen «Rütel» oder «Reutel», der Verkürzung von urspr. «Rüwental» (15./16. Jahrhundert), «Reuental» (1675), einer ironischen Bezeichnung für geringe Güter, wobei «-tal» den eigentlichen Sinn verloren hat; gleichbedeutend ist «Jammertal»

Rötelterrasse — *von Obere Waidstrasse bis Im Rehsprung*
L/M8　　10　　WP　　1884　　Siehe Rötelstrasse

Rothstrasse — *von Rötelstrasse 48 bis Schaffhauserstrasse 89*
M9　　6　　WP/US　　1907　　Hans Roth (1831–1891)
Kantonsrat, Mitbegründer des Aktienbauvereins

Rotwandstrasse — *von Badenerstrasse 78 bis Zeughausstrasse 55*
L12　　4　　AS　　1869　　Haus zur «Roten Wand», 1873 abgetragen

Rousseaustrasse — *von Wasserwerkstrasse bis Nordbrücke*
M9/10　　6+10　　WP　　1913　　Jean-Jacques Rousseau (1712–1778)
Genfer Kulturphilosoph

Rübenweg — *von Witikonerstrasse 115 bis Kapfsteig 56*
R14/15　　7　　HI　　1930　　Botanische Bezeichnung

Ruchackerstrasse — *von Zelglistrasse 20 bis Zelgwiesenstrasse 27*
L6　　11　　AF　　1933　　Flurname: ein wegen seines rauhen, steinigen Grundes schwer zu bearbeitender Acker

Planfeld	Kreis	Quartier	Jahr	Erläuterung

Rückgasse
O15 8 RB 1892
von Feldeggstrasse 53 bis Mainaustrasse 50
Von der Seefeldstrasse aus betrachtet eine «rückwärtige» Gasse

Rüdenplatz
D3 1 RL 1756
von Limmatquai 40 bis Schoffelgasse 2
Beim Haus zum «Rüden», das seit 1349 als Trinkstube resp. Gesellschaftshaus der Gesellschaft zur Konstaffel dient, die einen «Rüden» im Wappen führt

Rudenzweg
H11 9 AT 1939
von Grundstrasse 20 bis Badenerstrasse 558
Gemeindeteil von Giswil, Obwalden, Heimatort des Bauherrn; die Ruine Rudenz in Giswil und der Turm in Flüelen erinnern an die Adelsfamilie von Rudenz, welcher der Junker Rudenz in Schillers Tell angehörte

Rüdigerstrasse
L15 3 WD 1907
von Staffelstrasse 6 bis Edenstrasse 8
Vorname, der in der Zürcher Ritterfamilie Manesse sehr häufig vorkam

Rudolf Brun-Brücke
C/D2 1   1951
von Limmatquai 94 bis Bahnhofquai/Uraniastrasse
Ritter Rudolf Brun (gest. 1360)
Schöpfer der Zunftverfassung und erster Bürgermeister 1336, Begründer des Bundes mit den Waldstätten 1351

Rudolfstrasse
P15 8 RB 1895
von Wildbachstrasse 15 bis Mühlebachstrasse 162
Männlicher Vorname

Ruedi Walter-Strasse
N5 11 OE 1996
von Binzmühlestrasse bis Neunbrunnenstrasse/Weisshau
Ruedi Walter (1916–1990)
Aus Basel stammender, aber jahrzehntelang in Zürich wirkender Volksschauspieler. Berühmt geworden als Partner von Margrit Rainer auf der Bühne und im Radio («Spalenberg 77a»); unvergesslich als Bäuerlein Heiri in der «Kleinen Niederdorfoper».

Ruggernweg
G6 10 HG 1918
von Michelstrasse 59 bis Heizenholz 15
Flurname (1474): Sammelform zu «Ruggen» = Rücken, rundliche Erhöhung

Ruhestrasse
L15 3 WD 1907
von Manessestrasse 200 bis Rüdigerstrasse 15
In der Nähe des ehemaligen Friedhofs Enge

Planfeld	Kreis	Quartier	Jahr	Erläuterung

Rümlangstrasse　　　　　*von Birchstrasse 627 bis Grenze Rümlang*
N2　　11　　SB　　1932　Landstrasse nach Rümlang

Rumpelhaldensteig　　　*von Rumpelhaldenweg bis Wannenweg*
L6/7　　10　　HG　　1997　Flurname Rumphalden: erhielt seinen Namen offenbar durch den benachbarten Hofnamen «Rumpump»; siehe auch Rumpumpsteig

Rumpelhaldenweg　　　*von Wannenweg bis Schafmattweg*
L6/7　　10+11　HG　　1997　Flurname Rumphalden: siehe Rumphaldensteig bzw. Rumpumpsteig

Rumpumpsteig　　　　　*von Seestrasse bis Kilchbergstrasse 15*
M18　　2　　WO　　1893　Flur- und Hausname (1520): wahrscheinlich urspr. Haus oder Wirtschaft mit lärmigen Bewohnern oder Gästen

Rundweg　　　　　　　*von Erlenweg bis Waidhofweg*
L/M3　　11　　SB　　1999　Wohl nach dem Verlauf des Weges

Russenbrünnelistrasse　　*von Oberleestrasse bis Sonderistrasse/Bergholzweg*
F4　　10　　HG　　1997　Hinweis auf den in der Nähe vermuteten Aufenthalt russischer Truppen während der Schlacht bei Zürich im September 1799

Russenweg　　　　　　*von Forchstrasse 270 bis Forch-/Lenggstrasse*
R15/16　　8　　HI　　1893　Zur Erinnerung an die Russen, die sich nach der zweiten Schlacht bei Zürich im September 1799 auf diesem Weg – der damaligen «Forchstrasse» – zurückzogen

Rüteliweg　　　　　　　*von Dangelweg bis Entlisbergweg*
L21　　2　　WO　　1956　Flurname: kleine Rüti

Rütihofstrasse　　　　　*von Geeringstrasse/Im oberen Boden bis Grenze Oberengstringen*
D6–E5　　10　　HG　　1918　Rütihof oder Birchrütihof (1292): Weiler, der in einer «Rüti» (= Reutung) angelegt wurde

Rütihofweg　　　　　　*von Rütihofstrasse 2 bis Hurdäckerstrasse 14*
E5　　10　　HG　　1986　Siehe Rütihofstrasse

| Planfeld | Kreis | Quartier | Jahr | Erläuterung |

Rütistrasse | | | | *von Römerhofplatz bis Dolderstrasse 90*
P/Q13　　7　　HO　　1650　　Flurname in der Gegend des Golfplatzes Dolder; die Rüti (gereutetes Waldgebiet) ist vermutlich identisch mit der Schwenden-Rüti (1413)

Rütiweg | | | | *von Lybensteinweg bis Geerenstrasse (Gde. Fällanden)*
W14　　7　　WT　　1988　　Flurname: gerodetes Waldstück

Rütiwiesweg | | | | *von Albisriederstrasse 259 bis südöstl. Sackgasse*
G12　　9　　AR　　1928　　Flurname: Wiesen in einer Rüti, gereutetem=gerodetem Waldgebiet

Rütschistrasse | | | | *von Rötelstrasse 73 bis Rötelsteig*
M9　　10　　WP　　1906　　Salomon Rütschi (1817–1894) Seidenindustrieller, Wohltäter

Saatlenfussweg | | | | *von Andreasstrasse bis Hagenholzstrasse 106*
Q5　　12　　SW　　1982　　Siehe Saatlenstrasse

Saatlenstrasse | | | | *von Schwamendingerplatz bis Andreasstrasse*
Q6/7　　12　　SW　　1899　　Flur- und Zelgname «Satellon» (14. Jahrhundert): Satlen ist ein ungefähres Ackermass, nämlich der Längsstreifen eines Ackers, der so breit ist, als der Wurf des Sämanns reicht

Saatlenzelg | | | | *von Unterfeldstrasse 100 bis nördl. Sackgasse*
P/Q6　　12　　SW　　1943　　Siehe Saatlenstrasse

Sackzelg | | | | *von Gutstrasse 227 bis Fellenbergstrasse 218*
H12　　9　　AR　　1934　　Zelgname: schmales sackförmiges Grundstück zwischen Wasserläufen

Sädleneggweg | | | | *von Hohensteinstrasse/Huebweg bis östl. Sackgasse*
E13–F14　9　　AR　　1997　　Flurname, siehe Sädlenweg

Sädlenweg | | | | *von Birmensdorferstrasse 603 bis südöstl. bei der Uetlibergbahn (Sackgasse)*
F/G14　　9　　AR　　1935　　Waldname, Mehrzahl von «Sädel»: altd. für Sitz, Lager; hier wohl Ort, wo sich die Vögel zur Nachtruhe hinsetzen, vgl. auch Ausdruck «Hühnersedel», der auch als Flurname vorkommt

Planfeld	Kreis	Quartier	Jahr	Erläuterung

Sagentobelbachweg — *von Bahnhof Stettbach bis Sportplatz Heerenschürli*
U8   12   SW   1996   Weg entlang des Sagentobelbaches (siehe auch Sagentobelstrasse) und der Allmend Stettbacherwiese. Die Fortsetzung auf Gemeindegebiet Dübendorf ist gleich benannt.

Sagentobelstrasse — *von Zürichbergstrasse bis Forrenweidstrasse*
S10   7   FL/HO   1997   Flurname: In der Beschreibung des Zürichberg-Zehntens heisst es, dass dieser vom «Matzenbühl» bis zum Kloster Zürichberg und neben diesem quer bis an «Widen» hinter dem Tobelhof zur «Sagen» geht. Um 1890 waren noch eichene Pfähle als Überreste eines Gebäudes zu sehen.

Sagentobelweg — *von Töbeliweg bis nördl. Sackgasse*
S10/11   7   HO   1997   Siehe Sagentobelstrasse

Salersteig — *von Oerlikonerstrasse 110 bis Schaffhauserstrasse 303*
O7   11   OE   1933   Siehe Salerstrasse

Salerstrasse — *von Schaffhauserstrasse 308 bis Tramstrasse 24*
O6/7   11   OE   1933   Alte, ausgestorbene Familie von Oerlikon

Sallenbachstrasse — *von Schaufelbergstrasse 64 bis westl. Sackgasse*
H13   3   WD   1954   Alte Familie von Wiedikon, seit dem 17. Jahrhundert hier ansässig

Salomon Vögelin-Strasse — *von Tannenrauchstrasse 46 bis Thujastrasse 41*
L17   2   WO   1939   Friedrich Salomon Vögelin (1837–1888)
Pfarrer; Prof. für Kunstgeschichte an der Universität von 1870 bis 1888, Initiant des Landesmuseums;
ferner sein Vater Anton Salomon Vögelin (1804–1880), Pfarrer, Professor am Carolinum und Stadtbibliothekar;
und sein Grossvater Salomon Vögelin (1774–1849), Pfarrer, Kirchenrat

Salvatorstrasse — *von Regensbergstrasse 59 bis Tramstrasse 64*
O7   11   OE   1933   Salvator lat. = Erlöser; in der Nähe der Herz-Jesu-Kirche

Salzweg — *von Eugen Huber-Strasse 151 bis Rosshauweg*
D10   9   AT   1895   Alte Weg- und Flurbezeichnung (1566): Weg auf das Weidland, wo dem Vieh Salz gegeben wurde

Planfeld	Kreis	Quartier	Jahr	Erläuterung

Samariterstrasse — *von Klosbachstrasse 110 bis Hölderlinstrasse 5*
P13–Q14   7   HO   1899   Bei der Schweizerischen Pflegerinnenschule

Sandacker — *von Schaffhauserstrasse 524 bis südöstl. Sackgasse*
O4   11   SB   1935   Flurname (1543): Acker mit sandigem Grund

Sandstrasse — *von Wuhrstrasse 5 bis Steinstrasse 68*
K/L14   3   WD   1896   Frei gewählt, unter Anlehnung an den Namen Steinstrasse

Säntisstrasse — *von nördl. Fröhlichstrasse 41 bis Münchhaldenstrasse 9*
P16   8   RB   1896   Säntisgebirge, im Appenzellerland (2504 m)

Saumackerstrasse — *von Hohlstrasse 551 bis Rautistrasse 106*
F10   9   AT   1915   Flurname: Acker, der an eine Grenze oder ein Gehölz stiess; Saum = Rand

Saumstrasse — *von Goldbrunnenplatz bis nordwestl. Bertastrasse 70 (Sackgasse)*
J13   3   WD   1894   Flurname: Acker am Rand der Flur gegen das «Streuried»

Schächenstrasse — *von Girhaldenstrasse 22 bis Schlierenberg*
E10   9   AT   1933   Schächental im Kanton Uri

Schäferweg — *von Meierholzstrasse bis Gänziloo*
J/K17   3   WD   1997   Frei gewählter Name eines Waldweges durch das Gänziloo

Schaffhauserplatz — *von Schaffhauser-/Hofwiesenstrasse bis Weinberg-/Rotbuchstrasse*
M/N9   6   US   1929   Siehe Schaffhauserstrasse

Schaffhauserstrasse — *von Kronen-/Stampfenbachstrasse bis Grenze Opfikon*
N10–O4   6+11   US/OE/SB   1878   Landstrasse nach Schaffhausen; im Gegensatz zur «Obern Strasse» nach Winterthur die «Untere Strasse» genannt

Schafmattstrasse — *von Einsteinbrücke bis Schafmattweg*
H/J6   10   HG   1973   Flurname (1688): Schafweide

Schafmattweg — *von Schafmattstrasse bis Wannenweg*
K6   10   HG   1956   Siehe Schafmattstrasse

Planfeld	Kreis	Quartier	Jahr	Erläuterung

Schanzackerstrasse — *von Möhrlistrasse 35 bis Letzistrasse 34*
O9/10   6   OS   1909   Flurbezeichnung und Name eines Bauerngutes, Frohburgstrasse 51, urspr. «Zantzacker» (1396): Umdeutung aus «Zandsacker», nach einem Familiennamen Zand (Zahn)

Schanzeneggstrasse — *von Am Schanzengraben 31 bis Stockerstrasse 62*
A/B4   2   EN   1877   Hausname Stockerstr. 62, in Nähe des Schanzengrabens

Schanzengasse — *von Stadelhoferstrasse 10 bis Zeltweg 20*
E4/5   1   RL/HO   1865   Die in der 1840er Jahren erstellte Strasse führt dem ehem. Geissbergbollwerk entlang.

Schanzengrabenpromenade — *von General Guisan-Quai bis Selnaustrasse 17*
B4   1   LL   1976   Neu erstellte Fusswegverbindung längs des Schanzengrabens

Schäppistrasse — *von Möhrlistrasse 57 bis Frohburgstrasse 64*
O10   6   OS   1908   Johann Jakob Schäppi (1819–1908)
Von Horgen; Sekundarlehrer, Führer der demokratischen Bewegung, Kantons- und Nationalrat, Gründer der Frauenfachschule; von 1887 bis zu seinem Tod in Oberstrass wohnhaft.

Schäppiweg — *von Frohburg-/Goldauerstrasse bis Hadlaubstrasse 121*
O10   6   OS   1910   Siehe Schäppistrasse

Schäracher — *von Wiesliacher 75 bis Chelleweg*
U16   7   WT   1978   Flurname: Acker mit vielen Schermäusen (= Maulwürfe), vgl. Schärenfeld

Schärenfeld — *von Schaffhauserstrasse 488 bis Brüttenweg 2*
O4   11   SB   1935   Flurname: Gelände mit vielen Schermäusen (= Maulwürfe)

Schärenmoosstrasse — *von Schaffhauserstrasse 498 bis Leutschenbachstrasse 105*
O/P4   11   SB   1911   Flurname: feuchtes Gelände mit Schermäusen (= Maulwürfe)

Schärrergasse — *von Limmattalstrasse 202 bis Regensdorferstrasse 9*
H7   10   HG   1904   Alte Wegbezeichnung «Schärrergässli» nach einem Anstösser namens Schärrer

Schauenbergstrasse — *von Zehntenhausplatz bis Glaubten-/Emil Klöti-Strasse*
J5-6   11   AF   1933   Höhenzug bei Elgg (893 m)

Planfeld	Kreis	Quartier	Jahr	Erläuterung

Schaufelbergerstrasse — *von Gutstrasse 145 bis Birmensdorferstrasse 430*
H13 3 WD 1949 Arnold Schaufelberger (1855–1944)
Sekundarlehrer in Wiedikon von 1876 bis 1925, Förderer des Natur- und Heimatschutzes

Scheffelstrasse — *von Nordbrücke bis Bucheggstrasse 38*
L/M9 10 WP 1902 Joseph Viktor von Scheffel (1826–1886)
Deutscher Dichter, Verfasser des Romans «Ekkehart» und vieler Lieder

Scheibenrain — *von Redingstrasse bis Hinterhagenweg*
L17 2 WO 1946 Alte Bezeichnung für den Hang gegen die Allmend, an welchem Schützenscheiben aufgestellt waren

Scheideggstrasse — *von Gablerstrasse 30 bis Bellariastrasse 56*
L15/16 2 EN/WO 1905 Verbreiteter Bergname, z.B. Aussichtsberg im Zürcher Oberland (1247 m)

Scheitergasse — *von Schifflände 12 bis Oberdorfstrasse 13*
D4 1 RL 1790 Urspr. «Schiterlisgass» (1509), benannt nach «Schiterlishus» (Nr. 2); dieser Hausname rührt von einem frühern Bewohner (Klewi Schiterli um 1470) her

Scherrstrasse — *von Rigiplatz bis Stapferstrasse 54*
O11 6 OS 1892 Thomas Scherr (1801–1870)
von Hohenrechberg/Württemberg; Pädagoge, Direktor des Lehrerseminars in Küsnacht von 1832 bis 1839

Scheuchzerstrasse — *von Sonneggstrasse 63 bis Irchelstrasse 32*
N9–11 6 OS/US 1883 Die Güter «Riedtli» und «Tobel» waren bis 1879 Eigentum der Zürcher Familie Scheuchzer, welcher auch der Zürcher Stadtarzt und Universalgelehrte Johann Jakob Scheuchzer (1672–1733) angehörte

Schienengasse — *von Schöneggstrasse 24 bis nördl. Neufrankengasse (Sackgasse)*
L11 4 AS 1892 Beim Vorbahnhof

Schienhutgasse — *von Hirschengraben 60 bis Künstlergasse 17*
D/E2 1 RL 1835 Haus Nr. 7 zum «Oberen Berg» oder «Schienhut», dessen vorkragendes Satteldach vermutlich zum Vergleich mit einem «Schienhut» (Strohhut) anregte

Blick von Westen gegen Vorbahnhof und Bahnhof.

Schifflände, bis zum Bau der Quaibrücke, 1882–84, Landeplatz der Dampfschiffe.

Planfeld	Kreis	Quartier	Jahr	Erläuterung
Schiffbauplatz				*von Hardstrasse bis Schiffbaustrasse*
K10	5	IN	1995	Platz vor der ehemaligen Schiffbauhalle der Maschinenfabrik Escher-Wyss
Schiffbaustrasse				*von Hardstrasse bis Technoparkstrasse*
K10	5	IN	1995	Strasse bei der ehemaligen Schiffbauhalle der Maschinenfabrik Escher-Wyss
Schifflände				*von Torgasse 3 bis Kirchgasse 1*
D4	1	RL	1581	Die Plätze an der Schifflände waren vor ihrer Auffüllung tiefe Buchten der Limmat und dienten als Landeplätze der Seeschiffahrt
Schiffländeplatz				*von Limmatquai 16 bis Schifflände 26*
D4	1	RL	1865	Die Plätze an der Schifflände waren vor ihrer Auffüllung tiefe Buchten der Limmat und dienten als Landeplätze der Seeschiffahrt
Schiffliwiesenweg				*von Waidhofweg bis Waidhofweg*
M3/4	11	SB	1999	Frei gewählter Name eines Waldweges
Schillerstrasse				*von Falkenstrasse 11 bis Goethestrasse*
E5	1	RL	1893	Friedrich von Schiller (1759–1805) Deutscher Dichter, Verfasser des Schauspiels «Wilhelm Tell»
Schimmelstrasse				*von Manessestrasse 20 bis Birmensdorferstrasse 67*
L13	3	WD/AS	1927	«Schimmelgut», dessen Gebäude 1927 abgetragen wurde; hier wurde 1767 der erste botanische Garten angelegt
Schindlersteig				*von Schaffhauserstrasse 18 bis Weinbergstrasse 145*
M/N10	6	US	1926	Siehe Schindlerstrasse
Schindlerstrasse				*von Kornhausstrasse 24 bis Schaffhauserstrasse 18*
M/N10	6	US/WP	1907	Caspar Schindler-Escher (1828–1902) Seidenfabrikant, bekannt wegen seiner Wohltätigkeit
Schipfe				*von Rathausbrücke/Strehlgasse bis Heiri-Steg*
C2/3	1	LL	1295	Alte Bezeichnung «Schüpfi» (1295): Uferverbauung, Landfeste. – Sie war der Schifflandeplatz für die Limmatschiffe

Planfeld	Kreis	Quartier	Jahr	Erläuterung

Schlatterweg
N9   6   US   1926   *von Schaffhauserstrasse 91 bis Im Birkenhof*
Leonhard Schlatter
Der erste namentlich bekannte Lehrer von Unterstrass wurde 1734 gewählt.

Schlehdornweg
L6   11   AF   1933   *von Käferholzstrasse 205 bis nordöstl. Sackgasse*
Botanische Bezeichnung

Schleifergasse
P14   7   HI   1895   *von Hegibachstrasse 19 bis nördl. Sackgasse*
Nach dem Beruf eines Anwohners

Schlierenberg
E10   9   AT   1951   *von Dachslernstrasse 61 bis Eugen Huber-Strasse 123*
Kleine Anhöhe bei Schlieren

Schlossergasse
D3   1   RL   1865   *von Neustadtgasse 7 bis Frankengasse 21*
Mehrere Schlosser übten damals hier ihr Handwerk aus

Schlossgasse
K13   3   WD   1880   *von Birmensdorferstrasse 141 bis Bühl-/Wiedingstrasse*
Haus zum «Schlössli» (Nr. 55), 1896 abgetragen

Schlösslistrasse
P11   7   FL   1911   *von Freudenbergstrasse 105 bis Susenbergstrasse 131*
Haus zum «Schlössli», Schlösslistr. 28, an dessen Stelle das 1513 von Anton Klauser erbaute Schlössli Susenberg stand

Schlössliweg
P11   7   FL   1939   *von Krönleinstrasse 41 bis Schlösslistrasse 27*
Haus zum «Schlössli», Schlösslistr. 28, an dessen Stelle das 1513 von Anton Klauser erbaute Schlössli Susenberg stand

Schluhenweg
L21   2   WO   1956   *von Albisstrasse bis Entlisbergweg*
Flurname, Nebenform zu «Schluch», Schlauch, längliche Vertiefung

Schlüsselgasse
C3   1   LL   1756   *von In Gassen bis St. Peterhofstatt*
Haus zum «Schlüssel» (Nr. 8) mit dem hübschen plastischen Hauszeichen von 1551. – Der Schlüssel ist Beizeichen von St. Peter, der die Schlüssel von Himmel und Hölle verwahrt.

Planfeld	Kreis	Quartier	Jahr	Erläuterung

Schmelzbergstrasse
E1   6+7   OS/FL   1870
von Rämistrasse 100 bis Gladbachstrasse 76
Flurname «Snellisperch» (1225): Umdeutung aus «Schnell(i)sberg», nach einem Eigentümer mit dem Zunamen Snell oder Schnell

Schmidgasse
D2   1   RL   1637
von Limmatquai 100 bis Niederdorfstrasse 35
1463 «Goldschmidgass». – Im 17. Jahrhundert übten ein Huf- und ein Kupferschmid hier ihr Gewerbe aus.

Schneckenmannstrasse
P/Q12   7   FL   1870
von Zürichbergstrasse 58 bis Bircher-Benner-Platz
Häusergruppe «Im Schneckenmann» (Nrn. 10–25), Zuname eines Schneckenzüchters oder -sammlers. (Im 17. Jahrhundert wurden Schnecken aus unserem Gebiet nach Italien ausgeführt).

Schneebelistrasse
F10/11   9   AT   1967
von Altstetterstrasse 190 bis Schneebeliweg
Alte Familie von Altstetten

Schneebeliweg
F10/11   9   AT   1967
von Schneebelistrasse 7 bis Rautistrasse 159
Alte Familie von Altstetten

Schneeglöggliweg
H11   9   AT   1935
von Badenerstrasse 515 bis südwestl. Edelweissstrasse (Sackgasse)
Botanische Bezeichnung

Schneggengasse
D3   1   RL   1916
von Marktgasse 3 bis Stüssihofstatt 17
Haus der Gesellschaft der Schildner zum Schneggen, Limmatquai 64/66

Schoeckstrasse
D5   1   RL   1974
von Utoquai bis Theaterstrasse 14
Othmar Schoeck (1886–1957)
Komponist, erster Träger des Zürcher Musikpreises 1943

Schoffelgasse
D3   1   RL   1790
von Rüdenplatz bis Münstergasse 15
Urspr. «Schaflingasse» (1308), nach der Familie Schafli, die hier wohnte, später abgeschliffen zu «Schaffelgasse» (1527) und schliesslich zu Schoffelgasse

Schönauring
M/N3   11   SB   1948
von Köschenrütistrasse 109 bis Köschenrütistrasse 139
Bauherrin: Genossenschaft Schönau

Planfeld	Kreis	Quartier	Jahr	Erläuterung
Schönauweg				*von Schönauring 92 bis Buchwiesen 22*
N3	11	SB	1952	Siehe Schönauring
Schönberggasse				*von Rämistrasse 67 bis Doktor Faust-Gasse*
O12/13	1	RL	1864	Haus zum «Oberen Schönenberg» (Nr. 15), Wohnhaus von Johann Jacob Bodmer (1698–1783) und des Malers Ludwig Vogel (1788–1879)
Schönbühlstrasse				*von Asylstrasse 14 bis Fehrenstrasse 18*
P13	7	HO	1881	Haus zum «Schönbühl» (Nr. 20), erbaut 1865
Schöneggplatz				*von Feldstrasse 144 bis Schöneggstrasse 31*
L11	4	AS	1972	Haus zur «Schönegg» (Schöneggstrasse 2), 1941 abgetragen
Schöneggstrasse				*von Langstrasse 133 bis Schöneggplatz*
L11	4	AS	1878	Haus zur «Schönegg» (Nr. 2), 1941 abgetragen
Schöneichstrasse				*von Schwamendingenstrasse 112 bis südl. Sackgasse*
P7	12	SW	1932	Frei gewählter Name
Schönleinstrasse				*von Zürichbergstrasse 7 bis Phönixweg*
F2	7	FL	1892	Johann Lukas Schönlein (1793–1864) Prof. für Medizin an der Universität von 1833 bis 1840
Schöntalstrasse				*von Stauffacherquai bis Werdstrasse 104*
L13	4	AS	1880	Haus zum «Schöntal» (Nr. 10)
Schörlistrasse				*von Ueberlandstrasse 99 bis Tramstrasse 144*
P6–Q7	12	SW	1932	Ludwig Schörli (gest. 1581) Zunftmeister zur «Schumachern» und Statthalter, einer der städtischen Obervögte von Schwamendingen
Schörliweg				*von Tramstrasse 144 bis Unterfeldstrasse 100*
P6	12	SW	1949	Siehe Schörlistrasse
Schreberweg				*von Krähbühlstrasse 84 bis Krähbühlsteig*
Q12	7	FL	1913	Daniel Gottlieb Moritz Schreber (1808–1861) Deutscher Arzt und Pädagoge, Förderer des Naturheilverfahrens und der «Schrebergärten»

Planfeld	Kreis	Quartier	Jahr	Erläuterung

Schreinerstrasse   *von Wengistrasse 30 bis Stauffacherstrasse 141*
L12   4   AS   1882   Beruf von Anwohnern

Schrennengasse   *von Zweierstrasse 188 bis Birmensdorferstrasse 225*
K13   3   WD   1880   Flurname «Schrann» (1353), «Schrennen» (1374): wohl Erdschrunde oder -spalte, vielleicht auch nach einem Steinbruch

Schubertstrasse   *von Weizenstrasse 7 bis Bachofnerstrasse 12*
M9/10   10   WP/US   1926   Franz Schubert (1797–1828)
Wiener Komponist der Klassik

Schulerweg   *von Witikonerstrasse 394 bis Loorenstrasse 11*
T/U15   7   WT   1933   Ein ehemaliger Schulweg

Schulhausstrasse   *von Lavaterstrasse 60 bis Engimattstrasse 6*
L15   2   EN   1877   Beim 1872 bis 1874 erstellten Schulhaus auf dem «Gabler»

Schulsteig   *von Schulstrasse bis Franklinstrasse 9*
N6   11   OE   1931   Siehe Schulstrasse

Schulstrasse   *von Gubelstrasse 23 bis Hofwiesenstrasse 354*
N6   11   OE   1898   Bei den Schulhäusern Halde

Schumacherweg   *von Glaubtenstrasse 81 bis Im Hagenbrünneli*
J5–K6   11   AF   1956   Karl Schumacher (1872–1939)
Entstammt einem alten, 1399 erstmals erwähntes Geschlecht von Affoltern; machte sich um das Gemeindeleben von Affoltern sehr verdient

Schuppisstrasse   *von Viktoriastrasse 22 bis Binzwiesenstrasse 9*
O7   11   OE   1929   Flurname (1415), aus Schuposs, Bauerngut von etwa 12 Jucharten, dem vierten Teil einer Hub

Schürbungert   *von Wehntalerstrasse 61 bis Ringstrasse 49*
N7/8   6+11   US/OE   1935   Flurname: Baumgarten mit Scheune oder Speicher

Schürgistrasse   *von Kreuzwiesen 26 bis Ueberlandstrasse*
R7   12   SW   1932   Flurname «Schürgis invang» (1329): (eingehegtes) Grundstück eines «Schürgi» benannten Besitzers. – Schürgi = Übername eines langsamen, linkischen Menschen

Planfeld	Kreis	Quartier	Jahr	Erläuterung

Schürliweg | | | | *von Holderbachweg 59 bis westl. Sackgasse*
H5 | 11 | AF | 1933 | Mundartl. für kleine Scheune

Schürwies | | | | *von Mutschellenstrasse 163 bis östl. Sackgasse*
M17/18 | 2 | WO | 1934 | Flurname: Wiese bei einer Scheune

Schützengasse | | | | *von Beatenplatz bis Gessnerallee 42*
C1 | 1 | LL | 1863 | In der Nähe befand sich bis zur Erbauung des Bahnhofs 1847 der Schützenplatz

Schützenmatt | | | | *von Käferholzstrasse 235 bis nordwestl. Sackgasse*
L6 | 11 | AF | 1950 | Matte beim alten Schützenplatz im «Althoos»

Schützenrain | | | | *von Triemlistrasse 33 bis Hagenbuchrain*
F13 | 9 | AR | 1932 | Hier standen die Zielscheiben des 1846 erbauten (alten) Schützenhauses

Schützeweg | | | | *von Limmatstrasse bis Heinrichstrasse*
L10 | 5 | IN | 1994 | Wollstückfärberei, Bleicherei und Appreturfabrik Schütze, erbaut 1893, abgetragen 1978

Schwalbenweg | | | | *von Regensbergstrasse 200 bis Affolternstrasse 111*
M6 | 11 | OE | 1933 | Zoologische Bezeichnung: Vogel

Schwamendingenstrasse | | | | *von Schaffhauserstrasse 335 bis Winterthurerstrasse 374*
O7 | 11+12 | OE/SW | 1898 | «Suamundinga», «Suamindinga» (9./10. Jahrhundert), «Swabindingen»: bei den Leuten eines alemannischen Siedlers Swabmunt

Schwamendingerplatz | | | | *von Winterthurerstrasse 525 bis Saatlen-/Herzogenmühlestrasse*
R7 | 12 | SB | 1977 | Siehe Schwamendingenstrasse

Schwandenacker | | | | *von Schwandenholzstrasse bis nördl. Schwandenwiesen 29 (Sackgasse)*
M3/4 | 11 | SB | 1972 | Flurname: Acker beim Schwandenholz; vgl. Schwandenholzstrasse

Schwandenholzstrasse | | | | *von Seebacherstrasse 129 bis Reckenholzstrasse/Wolfswinkel*
L4 | 11 | SB/AF | 1932 | Flurname: Schwanden, Mehrzahl zu Schwand = Hau, Kahlschlag in einem Gehölz

Planfeld	Kreis	Quartier	Jahr	Erläuterung

Schwandenwiesen   *von Köschenrütistrasse 55 bis Schwandenacker 33*
M4   11   SB   1957   Flurname: Wiesen beim Schwandenholz; vgl. Schwandenholzstrasse

Schwanengasse   *von Schipfe 7 bis Strehlgasse 14*
C3   1   LL   1769   Wirtshaus zum «Schwanen» (Nr. 2), vom 15. bis ins 18. Jahrhundert (1727) zum «Rindsfuss» genannt, 1969 abgetragen

Schwarzbächlistrasse   *von Leimbachstrasse bis Grenze Adliswil*
K21   2   LB   1985   Benannt nach dem Schwarzbach an der Stadtgrenze Adliswil (Bach in dunklem Tobel)

Schwarzenbachweg   *von Frankentalerstrasse 16 bis Limmattalstrasse 372*
F7   10   HG   1951   Ältere Familie von Höngg, der im 18. Jahrhundert das Gut «Bombach» gehörte

Schweighofstrasse   *von Uetlibergstrasse 300 bis Birmensdorferstrasse 427*
H14–J15   3   WD   1908   Flurname «Schweighof»: Hof, der nur oder hauptsächlich der Vieh- und Milchwirtschaft diente. – Der hier 1210 erstmals erwähnte Hof gehörte damals der St. Peterskirche, urspr. vermutlich der Abtei Fraumünster.

Schweigmatt   *von Schweighofstrasse 361 bis Schweighofstrasse 387*
H14   3   WD   1948   Bei der Schweighofstrasse, siehe dort

Schweizergasse   *von Bahnhofstrasse 81 bis Gessnerallee 34*
B/C1   1   LL   1863   Familie Schweizer oder Schwyzer, seit 1401 in Zürich verbürgert

Schweizerhofgasse   *von Limmatquai 70 bis Niederdorfstrasse 3*
D2/3   1   RL   1890   Haus zum «Schweizerhof» (Nr. 1), 1859 erbaut

Schwellistrasse   *von Birchstrasse 243 bis Köschenrütistrasse 55*
N3/4   11   SB   1952   An dieser Stelle wurde früher jeweils der Katzenbach geschwellt (gestaut)

Schwendenholzweg   *von Hohensteinstrasse bis Polenweg*
F15   3+9   AR   1956   Name eines Waldes, der Eigentum der Zürcher Ritterfamilie Schwend war, die im 15. Jahrhundert die Vogtei über Ringlikon ausübte

| Planfeld | Kreis | Quartier | Jahr | Erläuterung |

Schwendenweg   *von Brinerstrasse 10 bis Zweierstrasse 177*
K13   3   WD   1950   Die Zürcher Ritterfamilie Schwend besass im 15. Jahrhundert Grundbesitz und die niedere Gerichtsbarkeit in Wiedikon

Schwertstrasse   *von Limmattalstrasse 116 bis Brunnwiesenstrasse 19*
H8   10   HG   1918   «Schwertgut», Limmattalstrasse 79, im 17. Jahrhundert Eigentum der Familie Ott im bekannten Zürcher Gasthof zum «Schwert» am Weinplatz

Schwertweg   *von Limmattalstrasse 124 bis Brunnwiesenstrasse 25*
H8   10   HG   1932   Siehe Schwertstrasse

Schwingerstrasse   *von Kronenstrasse 32 bis südl. Gaugerstrasse (Sackgasse)*
M/N10   6   US   1908   «Schwingerhalle» der Schwingplatzgenossenschaft, 1907 erbaut

Sechseläutenplatz   *von Bellevueplatz bis Gottfried Keller-Strasse*
D5   1   RL   1947   Seit dem Abbruch der alten Tonhalle (1896) wird jeweils am Sechseläuten auf diesem Platz der «Böögg» als Symbol des Winters in Gegenwart der Zünfte verbrannt.

Seebacherstrasse   *von Schaffhauserstrasse 469 bis Binzmühlestrasse 400*
L5–O4   11   SB/AF   1911   Ehemaliges Dorf am Seebach (oder Katzenbach), dem Abfluss des Katzensees

Seebahnstrasse   *von Gerhardstrasse 1 bis Hohlstrasse 147*
K12–L13   3+4   WD/AS   1927   Führt die linksufrige Seebahn entlang

Seeblickstrasse   *von Widmerstrasse bis Seeblickweg*
M19   2   WO   1913   Frei gewählter Name

Seeblickweg   *von Kilchbergstrasse 132 bis Seeblickstrasse 50*
M19   2   WO   1913   Frei gewählter Name

Seefeldquai   *von Utoquai / Bellerivestrasse bis Zürichhorn*
O15–O16   8   RB   1887   Siehe Seefeldstrasse

Seefeldstrasse   *von Falkenstrasse 22 bis Grenze Zollikon*
E5   8   RB   1867   Flurname «Sevelde» (1273): einst Acker- und Weidland am See, das seit dem 17. Jahrhundert vorwiegend für Gartenbau benützt wurde

Planfeld	Kreis	Quartier	Jahr	Erläuterung
Seegartenstrasse				*von Bellerivestrasse bis Dufourstrasse 59*
O15	8	RB	1896	Haus zum «Seegarten», Seefeldstr. 66, 1895 abgetragen
Seehofstrasse				*von Utoquai 31 bis Seefeldstrasse 12*
O14	8	RB	1867	Haus zum «Seehof» (Nr. 22), 1929 abgetragen
Seeholzweg				*von Katzenseestrasse bis Seeholz Waldrand*
G3	11	AF	1933	Gehölz am Katzensee
Seerosenstrasse				*von Utoquai 43 bis Dufourstrasse 32*
O14	8	RB	1908	Haus zur «Seerose», Seefeldstr. 16, 1929 abgetragen
Seestrasse				*von Bleicherweg/Alfred Escher-Strasse bis Grenze Kilchberg*
A5, M14–N19	2	EN/WO	1877	Bezeichnung der 1834/45 in Seenähe angelegten Ausfallstrasse zur Unterscheidung von der auf der Höhe liegenden «alten» Landstrasse
Seewiesenstrasse				*von Dreiwiesenstrasse bis Grenze Dübendorf*
T12	7	HO	1956	Waldname: früher Wiesen am Seebächlein, die später wieder aufgeforstet wurden
Segantinisteig				*von Bergellerstrasse 39 bis Segantinistrasse 134*
G7	10	HG	1966	Siehe Segantinistrasse
Segantinistrasse				*von Gsteigstrasse 52 bis Regensdorferstrasse 95*
G/H7	10	HG	1949	Giovanni Segantini (1858–1899) Aus Italien stammender Maler, der von 1886 bis zu seinem Tod im Engadin lebte (Maloja, St. Moritz)
Segetenweg				*von Berghaldenstrasse 42 bis Drusbergstrasse 76*
T16	7	WT	1933	Flurname «Sägeten», aus mlat. saigata, Bezeichnung eines Ackermasses; vgl. auch «Am Sägertenbach»
Segnesstrasse				*von Meier-Bosshard-Strasse 3 bis Badenerstrasse 682*
F10	9	AT	1933	Segnespass von Elm nach Flims (2625 m)
Seidengasse				*von Sihlstrasse 4 bis Löwenplatz*
B2	1	LL	1863	In dieser Gegend befanden sich die im 17. Jahrhundert erbauten, heute restlos abgetragenen «Seidenhöfe», Wohn- und Geschäftshäuser einiger Seidenfabrikanten.

| Planfeld | Kreis | Quartier | Jahr | Erläuterung |

Seilergraben | | | | *von Hirschengraben 42/Neumarkt bis Central*
D1/2 | 1 | RL | 1780 | Um 1780 wurde der Stadtgraben zwischen Niederdorf- und Neumarkttor eingeebnet und den Seilern als Werkplatz übergeben.

Selnaubrücke | | | | *von Pelikanstrasse bis Brandschenkestrasse*
A3–B4 | 1 | LL | 1893 | Siehe Selnaustrasse

Selnaustrasse | | | | *von Brandschenkestrasse 10 bis Sihlstrasse 95*
A3 | 1 | LL | 1863 | «Seldenowe» (13. Jahrhundert), zusammengesetzt aus altd. selde = Wohnung, Herberge, und Au = Gelände am Wasser. Das ehemalige Zisterzienserinnenkloster Selnau wurde 1256 gegründet und 1525 aufgehoben.

Seminarstrasse | | | | *von Schaffhauserplatz bis Hofwiesenstrasse 89*
M9 | 6 | US/WP | 1909 | Beim Evangelischen Lehrerseminar Unterstrass, dessen Neubau an der Rötelstr. 40 im Jahre 1905 eingeweiht wurde

Sempacherstrasse | | | | *von Witikonerstrasse 24 bis Forchstrasse 225*
Q14/15 | 7 | HI | 1896 | Städtchen im Kanton Luzern; hier erfochten die Waldstätte am 9. Juli 1386 einen bedeutenden Sieg über das Heer Herzog Leopolds von Österreich. Siehe auch Winkelriedstrasse.

Sempersteig | | | | *von Hirschengraben 48 bis Künstlergasse*
E2 | 1 | RL | 1892 | Gottfried Semper (1803–1879)
Aus Dresden stammender Architekt, Prof. an der ETH von 1855 bis 1871, deren Hauptgebäude er in den Jahren 1861 bis 1863 errichtete

Sennhauserweg | | | | *von Fehrenstrasse 23 bis Rütistrasse 11*
P13 | 7 | HO | 1910 | Name eines Anstössers

Sieberstrasse | | | | *von Friesenbergstrasse 131 bis südl. Sackgasse*
J14 | 3 | WD | 1987 | Albert Sieber (1901–1974)
Stadtrat (1946–1970), Polizeivorstand

Siegfriedstrasse | | | | *von Seefeldstrasse 177 bis Wildbachstrasse 64*
P16 | 8 | RB | 1894 | Männlicher Vorname

Siewerdtstrasse | | | | *von Schaffhauserstrasse 374 bis Riedgrabenweg*
O16 | 11 | OE | 1927 | Friedrich Adolf Siewerdt (1837–1901)
Mitgründer der Werkzeug- und Maschinenfabrik Oerlikon

Planfeld	Kreis	Quartier	Jahr	Erläuterung

Signaustrasse *von Zollikerstrasse 37 bis Forchstrasse 40*
P14   8   RB/HI   1895   Flurname «Sigenouwe» (1283): Au eines Eigentümers namens Sigo, Kurzform von Sigfrid, Sigbert, Sigmund o.ä.

Sihlamtsstrasse *von Selnaustrasse 15 bis Freigutstrasse 40*
A3/4, M13   1   LL   1863   «Sihlamtsgebäude», Selnaustr. 17, für das städtische «Sihlamt» (Verwaltung des Sihlwalds) erstellt

Sihlberg *von Klopstockstrasse 1 bis westl. Sackgasse*
L14   2   EN   1952   Auf dem Gelände der Villa «Sihlberg», Brandschenkestr. 160

Sihlbrücke *von Sihlstrasse 99 bis Kasernen-/Badenerstrasse*
A2   1   LL   1885   Siehe Sihlstrasse

Sihlfeldstrasse *von Kalkbreite-/Zurlindenstrasse bis Hardplatz*
K11/12   3+4   WD/AS   1880   Urspr. das ebene Land zwischen Sihl und Hard, das meist Ackerland war. Es befanden sich hier zwei der drei Zelgen der Gemeinde Wiedikon.

Sihlhallenstrasse *von Langstrasse 122 bis Schöneggplatz*
L11   4   AS   1869   Haus zur «Sihlhalle», Schöneggstr. 1

Sihlhölzlibrücke *von Sihlhölzli-/Tunnelstrasse bis Stauffacherquai/Manessestrasse*
L13   2   LL   1893   Siehe Sihlhölzlistrasse

Sihlhölzlistrasse *von Selnaustrasse/Stauffacherbrücke bis Tunnelstrasse*
A3/4   1+2   LL/EN   1887   Zugang zum ehemaligen »Sihlhölzli», einer im 18. Jahrhundert auf einer Sihlinsel angelegten «Promenade». Das alte Sihlhölzli fiel der Verlegung der Sihl (1927) zum Opfer; der Sportplatz wurde 1931 angelegt

Sihlporte *von Talacker/Talstrasse bis Löwen-/Sihlstrasse*
A/B3   1   LL   1917   An dieser Stelle stand die 1661 erbaute und 1833 beseitigte «Sihlporte» (Stadttor).

Sihlpromenade *von Tunnelstrasse/Sihlhölzlibrücke bis Bederstrasse/Utobrücke*
L14   2   EN   1927   1927 erstellt längs der verlegten Sihl

Sihlquai *von Zollbrücke bis Escher-Wyss-Platz*
L10–N11   5   IN   1885   Quai längs der Sihl und der Limmat

Planfeld	Kreis	Quartier	Jahr	Erläuterung

Sihlquai-Nordrampe — *von Sihlquai bis Hardbrücke*
L9/10   5   IN   1972   Quai längs der Sihl und der Limmat

Sihlquai-Südrampe — *von Hardbrücke bis Sihlquai*
L9/10   5   IN   1972   Quai längs der Sihl und der Limmat

Sihlrainstrasse — *von Brunaustrasse 71 bis südl. Sackgasse*
L16   2   EN   1906   Flurname

Sihlstrasse — *von Bahnhofstrasse 69 bis Sihlbrücke*
A2–B3   1   LL   1863   Die Strasse führte längs des 1901 eingedeckten Sihlkanals, der verschiedene Mühlen, z.B. Stein- und Werdmühle, trieb. – «Sila» ist ein keltischer Flussname mit der Bedeutung «die Starke».

Sihlweidstrasse — *von Leimbachstrasse 210 bis östl. Sackgasse*
K21   2   LB   1973   Flurname: Weide an der Sihl

Sillerweg — *von Waserstrasse 61 bis Witikonerstrasse 242*
S15   7   HI   1934   Frei gewählte Ableitung vom Flurnamen «Sillerwies»

Sillerwies — *von Waserstrasse 61 bis nördl. Sackgasse*
S15   7   HI   1931   Flurname «Sillerwies», nach einem Eigentümer (Hans Siler, um 1418)

Silvrettaweg — *von Friedhofstrasse 59 bis Buchlernstrasse 102*
E11   9   AT   1951   Silvrettagruppe im Prättigau, deren höchster Gipfel der Piz Linard (3414 m) ist

Simmlersteig — *von Albisstrasse 33 bis Kilchbergstrasse 11*
M18   2   WO   1929   Hans Heinrich Simmler (1709–1786) Pfarrer in Wollishofen von 1736 bis 1746

Singlistrasse — *von Wieslergasse 24 bis Regensdorferstrasse 36*
G7   10   HG   1932   Flurname «Singlis Gut» (1335): nach einem Anwohner namens Singli (im 13. Jh. erwähnt)

Siriusstrasse — *von Hochstrasse 35 bis Gladbachstrasse 67*
O11   7   FL   1901   Fixstern

Soldanellastrasse — *von Badenerstrasse 555 bis südl. Sackgasse*
H11   9   AT   1933   Botanische Bezeichnung

Planfeld	Kreis	Quartier	Jahr	Erläuterung
Sommerauweg R/S15	7	HI	1937	*von Witikonerstrasse 198 bis In der Sommerau 11* Flurname: sonnige Au. Die Familie Sommerauer aus Hirslanden wird schon um 1400 erwähnt.
Sonderistrasse F4–H5	10	US	1956	*von Kappeliholzstrasse bis Regensdorferstrasse* Waldname: aus dem Gemeinwald ausgeschiedenes Sonder-(Privat-)Eigentum
Sonneggsteig N11	6	US	1909	*von Weinbergstrasse 72 bis Turnerstrasse 7* Zugang zur Sonneggstrasse
Sonneggstrasse N/O11	6	OS/US	1892	*von Universitätstrasse 9 bis Weinbergstrasse 72* Haus zum «Sonneneck» (Nr. 41), 1864 erbaut, 1940 abgetragen
Sonnenberghölzliweg R13/14	7	HI	1997	*von Biberlinstrasse bis Dienerhölzliweg* Weg durch den kleinen Wald am Sonnenberg in den Wald am Hirslanderberg
Sonnenbergstrasse Q13	7	HO	1886	*von Hegibachstrasse 115 bis Kurhausstrasse 28* Flurname und Name des 1893 bis 1896 erbauten Hotels «Sonnenberg», Aurorastrasse 101
Sonnenrain N4	11	SB	1944	*von Felsenrainstrasse 144 bis Buhnstrasse 14* Frei gewählter Name
Sonnhaldenstrasse Q14	7	HO	1899	*von Asylstrasse 81 bis Carmenstrasse 42* Frei gewählter Name
Sonntagsteig N/O11	6	OS	1907	*von Scheuchzerstrasse 22 bis Stapferstrasse 54* Führt zur Kirche Oberstrass, deren Bau 1907 beschlossen und in den Jahren 1908 bis 1911 ausgeführt wurde
Soodstrasse K21	2	LB	1897	*von Leimbachstrasse 66 bis Grenze Adliswil* Siedlung in der Gemeinde Adliswil; Sood = tiefe Wasserlache, tiefe, ruhige Stelle in der Sihl
Sophie Albrecht-Weg M6	11	OE	1996	*von Regina Kägi-Strasse bis Oberwiesenstrasse* Sophie Albrecht (1873–1952) Erste Inspektorin für Arbeiterinnenschutz des Kantons Zürich (1906/07)

Planfeld	Kreis	Quartier	Jahr	Erläuterung

Sophie Taeuber-Strasse *von Therese Giehse-Strasse bis Birchstrasse*
N6   11   OE   1996   Sophie Taeuber-Arp (1889–1943)
Architektin, Malerin, Plastikerin und Textilkünstlerin; zusammen mit ihrem späteren Mann Hans Arp Mitbegründerin der Dada-Bewegung in Zürich; Lehrerin an der Kunstgewerbeschule (1916–1929)

Sophienstrasse *von Asylstrasse 26 bis Ilgenstrasse 10*
P13   7   HO   1894   Weiblicher Vorname

Spanweidstrasse *von Beckenhofstrasse 64 bis St. Moritzstrasse 9*
N10   6   US   1907   Flurname (1306): Spannweid, wo man die Tiere «spannt», d.h. ihnen den Kopf mit einem Strick an einen Vorderfuss bindet, um das Fortlaufen zu verhindern. – Das 1364 erwähnte und 1894 abgetragene Siechen-, später Pfrundhaus an der «Spannweid» stand Ecke Beckenhof-/St. Moritzstrasse.

Spatenstrasse *von Salvatorstrasse 22 bis Friedackerstrasse 31*
O/P7   11   OE   1933   Frei gewählter Name

Spechtweg *von Witikonerstrasse 59a bis Kapfstrasse 19*
Q/R15   7   HI   1926   Zoologischer Name, Vogel

Speerstrasse *von Morgentalstrasse 65 bis Lettenholzstrasse 16*
L18   2   WO   1933   Berg zwischen Gaster und Toggenburg (1954 m)

Spelteriniweg *von Zeppelinstrasse 43 bis Guggachstrasse 23*
M8/9   6   WP   1932   Eduard Spelterini (1852–1931)
Schweizerischer Ballonpionier

Sperletweg *von Glattalstrasse 24 bis nordöstl. Sackgasse*
O3/4   11   SB   1922   Flurname «Spärbel» (1415), «Sperwel» (16. Jahrhundert): Der urspr. Name, der mannigfaltige Umdeutungen erfuhr, bedeutet «Sperber», somit ein Gelände, wo dieser Raubvogel häufig gesichtet wurde.

Spiegelgasse *von Münstergasse 26 bis Neumarkt 2*
D3   1   RL   1880   Haus zum «Spiegel» (Nr. 2). – «Hauszeichen»: Putto mit Hohlspiegel, an der Dachbüge gegen das Plätzchen beim Brunnenturm

Ladenfassade von 1903 im Jugendstil, Spiegelgasse 16.

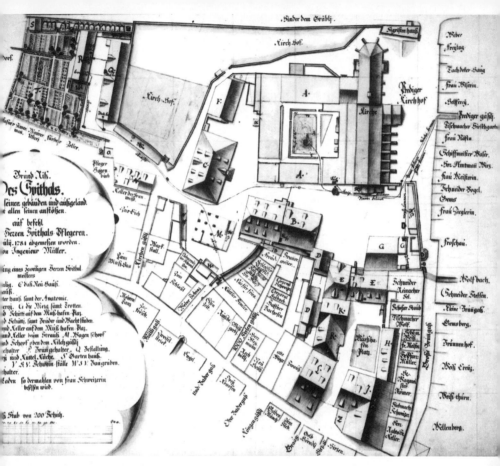

Spitalplan von Ingenieur Johannes Müller, 1784 (Original im Baugeschichtlichen Archiv der Stadt Zürich).

Planfeld	Kreis	Quartier	Jahr	Erläuterung
Spiegelhofstrasse				*von Hofstrasse 47 bis Hof-/Bergstrasse*
P12/13	7	FL/HO	1927	Haus zum «Spiegelhof», Bergstrasse 47, 49 (1650 «Spiegelhus»), wohl identisch mit «Spiegelbergs Gut» (1335 und 1525): Grundstück eines Angehörigen der Zürcher Familie Spiegelberg
Spielweg				*von Imfeldstrasse 28 bis Rousseaustrasse 59*
M10	10	WP	1913	Beim Spielplatz des Schulhauses Letten
Spielwiesenstrasse				*von Regensbergstrasse 135 bis südl. Sackgasse*
N7	11	OE	1933	Bei der Spielwiese des Schulhauses Liguster
Spillmannweg				*von Hadlaubstrasse 40 bis Freudenbergstrasse 101*
P11	7	FL	1951	Häusergruppe «Im Spillme», Freudenbergstrasse 92–96, nach einem frühern Bewohner namens Spillmann (um 1400 in Fluntern erwähnt)
Spindelstrasse				*von Allmendstrasse 140 bis nördl. Sackgasse*
K18/19	2	WO	1974	Hinweis auf Spinnerei Wollishofen
Spirgartenstrasse				*von Badenerstrasse 681 bis Eugen Huber-Strasse 36*
F10	9	AT	1953	Haus zum «Spirgarten» und Flurname (1730): Garten mit einem Speicher, mundartl. Spicher oder Spir
Spiserstrasse				*von Albisriederstrasse 248 bis Flurstrasse*
G11	9	AR	1932	Altes, ausgestorbenes Geschlecht von Albisrieden
Spitalbachweg				*von Letziweg bis Massholderweg*
O/P9	6	OS	1997	Bach entlang des Spitalbaches
Spitalgasse				*von Hirschenplatz bis Zähringerplatz*
D2	1	RL	1865	Hier befand sich bis ins 19. Jahrhundert das von Herzog Berchtold V. von Zähringen im 12. Jahrhundert gegründete Spital.
Spitzackerstrasse				*von Guggachstrasse 36 bis Langackerstrasse 27*
M/N8	6	US	1930	Flurname (1650): in einen Spitz auslaufender Acker
Splügenstrasse				*von Genferstrasse 11 bis Alfred Escher-Strasse 22*
M14	2	EN	1895	Splügenpass (2117 m), verbindet das Hinterrheintal mit Chiavenna

Planfeld	Kreis	Quartier	Jahr	Erläuterung

Spöndlistrasse
O11/12　6　OS　1988
von Schmelzbergstrasse 9 bis Universitätstrasse 22
Hans Konrad Spöndli (1790–1856)
Gynäkologe am Kantonsspital, Prof. an der Universität Zürich

Sportweg
J9　5+9　IN　1949
von Förrlibuckstrasse 230 bis Aargauerstrasse
Beim Sportplatz Hardau

Sprecherstrasse
F4/5　7　HO　1911
von Zeltweg 52 bis südwestl. Sackgasse
Hier befand sich früher die Klavierfabrik Sprecher.

Sprensenbühlstrasse
Q13　7　HO　1881
von Klosbachstrasse 119 bis Bergstrasse 116
Flurname «Spenzenbühl» (1302), «Spräntzenbül» (1527) und Häusergruppe am Heuelsteig: zu einem alten, aber seltenen und unklaren Personen- oder Übernamen Sp(r)änz gehörig

Spulenweg
K18　2　WO/LB　1897
von Höcklerbrücke bis Maneggbrücke
Bei der Spinnerei Wollishofen

Spyriplatz
O11　7　OS　1933
von Spyristrasse bis Gladbach-/Toblerstrasse
Siehe Spyristrasse

Spyristeig
P10　7　OS/FL　1916
von Hadlaubstrasse 42 bis Hanslin-Weg/Orelliweg
Siehe Spyri-Strasse

Spyristrasse
O11　6+7　OS/FL　1908
von Vogelsangstrasse 5 bis Hadlaubstrasse 41
Johanna Spyri (1827–1901)
Jugendschriftstellerin, Verfasserin der «Heidi»-Erzählungen

St. Annagasse
B2/3　1　LL　1790
von Pelikanstrasse 6 bis Uraniastrasse 31
St. Anna-Kapelle: die schon 1385 erwähnte und 1912 abgebrochene Kapelle stand auf dem Areal des heutigen St. Annahofes. Die 1910 erbaute St. Anna-Kapelle der Evangelischen Gesellschaft steht dagegen auf dem Gelände des 1864/1909 abgetragenen «Glockenhauses».

St. Jakobstrasse
L/M12　4　AS　1879
von Kanzleistrasse 5 bis Zeughausstrasse 31
Führte zum Friedhof St. Jakob, wo sich seit 1900 die St. Jakobskirche erhebt. Das ehem. Siechenhaus St. Jakob befand sich auf dem heutigen Areal des Konsumvereins.

Planfeld	Kreis	Quartier	Jahr	Erläuterung

St. Moritzstrasse — *von Kinkelstrasse 10 bis Röslistrasse 8*
N10   6   US   1878   Die St. Moritzkapelle in der Spanweid, 1895 abgetragen, stand in der Ecke Beckenhof-/St. Moritzstrasse.

St. Peterhofstatt — *von Augustinergasse bis Schlüsselgasse*
C3   1   LL   1257   Hofstatt der St. Peterskirche; siehe auch St. Peterstrasse

St. Peterstrasse — *von Zeugwartgasse bis Talacker 21*
B/C3   1   LL   1869   Die St. Peterskirche, obschon urkundlich erst 857 erwähnt, ist vermutlich die älteste Pfarrkirche Zürichs, deren Anfänge in die spätrömische Zeit zurückreichen dürften.

St. Urbangasse — *von Theaterstrasse 18 bis Stadelhoferstrasse 33*
D4–E5   1   RL   1880   Haus zum St. Urban, Stadelhoferstr. 23, 1933 abgetragen; C.F. Meyer wohnte von 1857 bis 1862 in diesem Haus, das 1790 von seinem Grossvater erbaut worden war.

Stäblistrasse — *von Vogelsangstrasse 44 bis östl. Sackgasse*
O11   6   OS   1903   Adolf Stäbli (1842–1901)
Aus Winterthur stammender Landschaftsmaler; weilte 1860 bis 1862 als Schüler bei Rudolf Koller in Zürich

Stadelhoferplatz — *von Theaterstrasse bis Stadelhoferstrasse*
E5   1   RL   1863   Siehe Stadelhoferstrasse

Stadelhoferstrasse — *von Falkenstrasse 27 bis Rämistrasse 8*
E4/5   1   RL   1790   «Stadilhove» (9. Jahrhundert): Hof mit herrschaftlichen Stadeln (Getreidescheunen, Wirtschaftsgebäuden) der Fraumünsterabtei

Stadthausquai — *von Bürkliplatz bis Münsterbrücke*
C4   1   LL   1865   Auf der Höhe des Bauschänzli befand sich das alte, 1887 abgebrochene Stadthaus (Amtshaus der Stadtverwaltung). Das neue «Stadthaus» (Nr. 17) wurde um 1900 von Gustav Gull erbaut.

Stadtweg — *von Zürichbergstrasse bis Grenze Dübendorf (Stettbach)*
S9/10   12   SW   1933   Fussweg von Stettbach nach der «Stadt» (Zürich)

Staffelhof — *von Gehrenholzstrasse 16 bis südwestl. Sackgasse*
J14   3   WD   1929   Gestaffelt angelegte Wohnsiedlung

Planfeld	Kreis	Quartier	Jahr	Erläuterung

Staffelstrasse — *von Manessestrasse 186 bis Rüdigerstrasse*
L15　3　WD　1906　Hinweis auf «Uto-Staffel»

Stampfenbachplatz — *von Walchestrasse 9 bis Stampfenbachstrasse 48*
N11　6　US　1909　Flur- und Bachname «Stamffebach» (946): Bach mit einer Stampfmühle = Stampfwerk zur Bearbeitung von Gerste, Ölkernen, Hanf- und Flachsstengeln u.ä.

Stampfenbachstrasse — *von Central bis Kronen-/Schaffhauserstrasse*
D1, N11　1+6　RL/US　1878　Flur- und Bachname «Stamffebach» (946): Bach mit einer Stampfmühle = Stampfwerk zur Bearbeitung von Gerste, Ölkernen, Hanf- und Flachsstengeln

Stampfenbrunnenstrasse — *von Dachslernstrasse 22 bis Friedhofstrasse 53*
E10　9　AT　1907　Flurname «Müli genannt Stampflibrunnen» (15. Jahrhundert), «Zelg im Stampfenbrunnen» (1566): nach einer Stampfmühle, vgl. Stampfenbachstrasse

Stapferstrasse — *von Nelkenstrasse 30 bis Universitätstrasse 101*
O11　6　OS　1883　Schon 1650 als Stapferweg erwähnt, vermutlich nach einem Eigentümer aus der Zürcher Junkerfamilie Stapfer

Starengasse — *von Bühlwiesenstrasse 7 bis Grünhaldenstrasse 45*
O5　11　SB　1935　Zoologische Bezeichnung: Vogel

Stationsstrasse — *von Seebahnstrasse 121 bis Birmensdorferstrasse 192*
K13　3　WD　1894　Zugang zum alten, 1927 abgetragenen Bahnhof Wiedikon

Staubstrasse — *von Seestrasse 331 bis Mutschellenstrasse 151*
L/M17　2　WO　1908　Jakob Staub (1837–1892)
Gemeindepräsident von Wollishofen von 1868 bis 1877

Staudenbühlstrasse — *von Himmeristrasse 37 bis nördl. Sackgasse*
M4　11　SB　1949　Flurname: mit Gebüsch bewachsener Hügel

Staudenweg — *von Schweighofstrasse 135 bis Zielweg*
J15　3　WD　1931　Botanische Bezeichnung

Stauffacherbrücke — *von Selnaustrasse bis Stauffacherplatz*
A3　4　LL　1897　Siehe Stauffacherstrasse

Planfeld	Kreis	Quartier	Jahr	Erläuterung

Stauffacherplatz — *von Stauffacherbrücke bis Stauffacher-/Morgartenstrasse*
A3, L/M13   4   AS   1898   Siehe Stauffacherstrasse

Stauffacherquai — *von Sihlbrücke/Badenerstrasse bis Sihlhölzlibrücke/ Manessestrasse*
A3, L/M13   4   AS   1902   Siehe Stauffacherstrasse

Stauffacherstrasse — *von Stauffacherplatz bis Bullingerplatz*
K11–L12   4   AS   1893   Werner Stauffacher (noch 1338 erw.)
Schwyzer Landammann (1313–1318); Führer der Schwyzer im Befreiungskampf; seine Gattin Gertrud stand ihm als mutige und weise Beraterin bei.

Steffenstrasse — *von Grubenackerstrasse 47 bis Grubenackerstrasse 67*
O5   11   SB   1933   Heinrich Steffen (1833–1890)
Gemeindepräsident von Seebach von 1859 bis 1883

Stegengasse — *von Wühre 13 bis Storchengasse 12*
C3   1   LL   1915   Haus zur «Stegen», Storchengasse 10

Steigholzweg — *von Eichhörnliweg bis Obere Waidstrasse*
K/L7   10   WP   1956   Frei gewählter Name

Steinackerweg — *von Schützenrain 6 bis Goldackerweg 4*
F13   9   AR   1928   Frei gewählter Name, unter Anlehnung an einen Flurnamen «Steihuser»

Steinbockgasse — *von Froschaugasse 9 bis westl. Sackgasse*
D2/3   1   RL   1865   Nr. 5 ist das Hinterhaus des Hauses zum «Steinbock», Rindermarkt 17

Steinbrüchelstrasse — *von Carl Spitteler-Strasse 24 bis Carl Spitteler-Strasse 58*
T15/16   7   WT   1951   Johann Jakob Steinbrüchel (1729–1796)
Chorherr und humanistisch-aufklärerisch gesinnter Lehrer am Carolinum, Übersetzer griechischer Dichtungen

Steinentischstrasse — *von Bederstrasse 51 bis Brandschenkestrasse 157*
L14   2   EN   1877   Haus zum «Steinernen Tisch», Brandschenkestrasse 146; hier stand ein Grenzkreuz des Stadtbannes, vgl. Kreuzplatz. – Der Name wird von einem Steintisch herrühren.

Planfeld	Kreis	Quartier	Jahr	Erläuterung
Steinhaldenstrasse				*von Schulhausstrasse 55 bis Waffenplatzstrasse 77*
L15	2	EN	1898	Flurname (1476): steinige Rebhalde
Steinhausweg				*von Obstgartenstrasse 36 bis Weinbergstrasse 73*
N11	6	US	1964	Frei gewählter Name
Steinkluppenweg				*von Schaffhauserstrasse 167 bis Allenmoosstrasse 52*
N7/8	6	US	1894	Flurname: «Chluppe(n)», Klammer, Zange; übertragen: enge Wegstelle zwischen Steinblöcken. – Die ältere Bezeichnung «Steingeböss» (15./16. Jahrhundert) hat den gleichen Sinn: eine enge Stelle, wo man beim Hindurchgehen anstösst.
Steinmühlegasse				*von Uraniastrasse 28 bis Löwenstrasse 16*
B2	1	LL	1890	Die «Steinmühle», Sihlstr. 28, abgetragen 1928, war eine schon im 13. Jahrhundert erwähnte Mühle am Sihlkanal.
Steinmühleplatz				*von Sihlstrasse bis Uraniastrasse*
B2	1	LL	1936	Siehe Steinmühlegasse
Steinstrasse				*von Schlossgasse 11 bis Manesseplatz*
K13/14	3	WD	1880	Flurname «Steinacker» (1525), «Auf dem Stein» (1570) und «Steinzelg»: Ackerland, mit Geröll (der Sihl) durchsetzt
Steinwiesenweg				*von Grünwaldstrasse bis Huberwiesenstrasse*
F5	10	HG	1997	Flurname: Wiesen mit steinigem Grund
Steinwiesplatz				*von Hottingerstrasse 21 bis Steinwiesstrasse*
F3/4	7	HO	1891	Siehe Steinwiesstrasse
Steinwiesstrasse				*von Zeltweg 12 bis Hofstrasse 35*
F3/4	7	HO	1880	Flurname: Wiesen mit steinigem Grund
Stelzenstrasse				*von Grenze Opfikon bis Schaffhauserstrasse 597*
P3	11	SB	1987	Flurname Stelzen: stelzenförmiges Grundstück; gemeint ist damit oft der auslaufende Teil eines Ackers oder einer Wiese von der Stelle an, wo diese von der regelmässigen Form eines Vierecks abweicht.

Planfeld	Kreis	Quartier	Jahr	Erläuterung

Stephan à Porta-Weg — *von Förrlibuckstrasse bis Hardturmstrasse*
J9　5　IN　1996　Stephan à Porta (1868–1947)
Unternehmer und Gründer einer gemeinnützigen Stiftung

Sternenstrasse — *von Mythenquai 28 bis Grütlistrasse 84*
M15　2　EN　1877　Gemeindewirtshaus zum «Sternen», Ecke Gabler-/Seestrasse, 1895 durch Neubau ersetzt

Sternwartstrasse — *von Schmelzbergstrasse 12 bis Gloriastrasse*
F1　7　FL　1883　Bei der in den Jahren 1861 bis 1864 von Semper erbauten Eidg. Sternwarte

Stettbacherrain — *von Stettbachstrasse 200 bis Engelbertstrasse 23*
T8　12　SW　1957　Frei gewählter Name, gebildet nach dem Ortsnamen Stettbach; vgl. Stettbachstrasse

Stettbachstrasse — *von westl. Stettbachweg (Sackgasse) bis Grenze Dübendorf (Stettbach)*
R7–S8　12　SW　1932　Führt zum Weiler Stettbach (Gemeinde Dübendorf): Bach bei den Wohnstätten

Stettbachweg — *von Winterthurerstrasse 524 bis Stettbachstrasse*
R7　12　SW　1966　Siehe Stettbachweg

Stierenriedweg — *von Margrit Rainer-Strasse bis Neunbrunnenstrasse*
M5　11　OE　1996　Flurname

Stierliweg — *von Badenerstrasse 310 bis Agnesstrasse 27*
J12　4　AS　1946　Weitverbreitete Familie von Aussersihl

Stiglenstrasse — *von Schaffhauserstrasse bis Glattalstrasse/Birchstrasse*
O3　11　SB　1966　Führt zum 1838 erbauten Haus «Hochstiglen», Schaffhauserstrasse 594

Stöckenackerstrasse — *von Fronwaldstrasse 130 bis Wolfswinkel*
J4　11　AF　1966　Flurname «Stöckenacker» (1558): Acker auf abgeholztem Waldboden

Stöckengasse — *von Zehntenhausstrasse 47 bis Fronwaldstrasse*
J4　11　AF　1930　Ableitung vom Flurnamen «Stöckenacker»

Planfeld	Kreis	Quartier	Jahr	Erläuterung

Stöckenhaldenweg
S–U14 7 WT 1984
von Eichhaldenweg bis Katzenschwanzstrasse
Halde oberhalb Stöckentobel; Tobel mit Holzschlägen

Stöckentobelstrasse
S14 7 HI 1930
von Witikonerstrasse (Schleife) bis Eschenhaustrasse
Name des Tobels: Tobel mit Holzschlägen

Stöckentobelweg
R15–S14 7 HI/WT 1939
von Wasersteig bis Loorenstrasse/An der Specki
Siehe Stöckentobelstrasse

Stöckenweg
S11 7 FL/HO 1997
von Forrenweidstrasse bis Köhlerstrasse
Flurname: abgeholzter Waldboden

Stockenwiesweg
V/W14 7 WT 1988
von Baalweg bis Geerenweg (Gde. Dübendorf)
Flurname Stockwiesen: gerodetes Stück Land, auf dem die Baumstrünke stehengelassen wurden

Stockerstrasse
B4/5 2 EN 1877
von General Guisan-Quai 22 bis Brandschenkestrasse 25
«Stockergut», zu dem u.a. das Haus zur «Palme», Bleicherweg 31, Wohnsitz von Oberrichter Bernhard Stocker (1807–1860), gehörte

Stodolastrasse
T15 7 WT 1963
von Carl Spitteler-Strasse 31 bis nordwestl. und südöstl. Sackgasse
Aurel Stodola (1859–1942)
Prof. für Maschinenbau an der ETH 1892 bis 1929

Stoffelstrasse
O5 11 SB 1932
von Bühlwiesenstrasse bis Bühleggweg
Berg bei Bäretswil (931 m), von Seebach aus gut sichtbar

Stolzestrasse
N10 6 OS/US 1907
von Ottikerstrasse 32 bis Goetzstrasse 4
Wilhelm Stolze (1798–1867)
Deutscher Stenograph, Begründer des Systems «Stolze»

Storchengasse
C3 1 LL 1771
von Münsterhof 16 bis Weinplatz 3
Gasthaus zum «Storchen» am Weinplatz, 1471 erstmals erwähnt

Stotzstrasse
J20 2 LB 1927
von Manegg-Promenade bis westl. Sackgasse
Flurname: steiler Abhang

Stotzweg
K20 2 LB 1951
von Leimbachstrasse 104 bis Manegg-Promenade
Siehe Stotzstrasse

Planfeld	Kreis	Quartier	Jahr	Erläuterung

Strandbadweg
M16 2 EN 1927
von Mythenquai 95 bis Seestrasse
Zugang zum 1922 erbauten Strandbad am Mythenquai

Strassburgstrasse
L13 4 AS 1950
von Werdplatz bis Zweierplatz
Zu Ehren der befreundeten Stadt Strassburg, wohin die Zürcher seit Jahrhunderten zur Bekräftigung regelmässig per Schiff die sog. Hirsebreifahrt unternehmen

Strehlgasse
C3 1 LL 1288
von Weinplatz 6 bis Rennweg 2
Haus zum «Strehl» (Nr. 8); Name von einem Anstösser, der «Strehler» hiess oder der den Beruf eines «Strehlmachers» (Kammachers) ausübte (um 1288 wird ein Ulrich genannt Strehler erwähnt)

Streitholzstrasse
O/Q8 6+12 OS/SW 1923
von Frohburgstrasse 202 bis Letziweg/Klosterholzweg
Flurname: Waldstück, um das ein Rechtsstreit geführt wurde

Streulistrasse
P/Q14 7 HO/HI 1896
von Konkordiastrasse 20 bis Hofackerstrasse 65
Name eines Anstössers

Strickhofstrasse
O9–Q8 6+12 OS/SW 1894
von Winterthurerstrasse 152 bis Streitholzstrasse
Der «Strickhof» (Nr. 39), ein ehemals dem Spital gehörendes Bauerngut, beherbergte von 1852 bis 1976 die Kantonale Landwirtschaftsschule. Flurname «am Strick» (1387): Grundstück an einem Fussweg, Pfad.

Studackerstrasse
M19 2 WO 1929
von Albisstrasse 104 bis Kalchbühlstrasse 72
Flurname: Acker, der an «Studen» (Gestäude) stösst

Stüdliweg
K11 4 AS 1931
von Hohlstrasse 175 bis Ernastrasse 7
Flurname «bi den Stüdlinen» (15./16.Jahrhundert): Stüdli = Wegpfosten, Wegmarkierungen an der «Heerstrasse», der heutigen Hohlstrasse

Stüssihofstatt
D3 1 RL 1840
von Limmatquai 66 bis Marktgasse/Niederdorfstrasse
Rudolf Stüssi (gest. 1443)
Zürcher Bürgermeister; 1443 gefallen in der Schlacht bei St. Jakob an der Sihl während des Alten Zürichkrieges

Planfeld	Kreis	Quartier	Jahr	Erläuterung
Stüssistrasse N9	6	US	1894	*von Langmauerstrasse 46 bis Irchelstrasse 18* Heinrich Stüssi (1842–1900) Zürcher Staatsschreiber von 1876 bis 1900; wohnte von 1883 bis 1890 an dieser Strasse
Südstrasse Q16	8	RB	1892	*von Zollikerstrasse 167 bis südl. Flühgasse 70* Lage und Richtung der Strasse
Sumatrasteig N11	6	US	1941	*von Stampfenbachstrasse 68 bis Sumatrastrasse 25* Zugang zur Sumatrastrasse
Sumatrastrasse N11	6	US	1895	*von Weinbergstrasse 37 bis Sonneggstrasse 73* Villa «Sumatra», Sumatrastrasse 20/22
Sunnige Hof S/T8	12	SW	1943	*von Probsteistrasse 130 bis Probsteistrasse 150* Bauherrin: Siedlungsgenossenschaft «Sunnige Hof»
Susenbergstrasse P10	6+7	FL/OS	1888	*von Hof-/Tobelhofstrasse bis Germania-/Freudenbergstrasse* Flurname (1346): Siedlung eines Mannes namens Suso
Süsslerenstrasse G12	9	AR	1944	*von Mühlezelgstrasse 35 bis Ginsterstrasse 39* Flurname: Mehrzahl zum Baumnamen «Süessler» = Baum, der besonders süsse Früchte trägt
Süsslerenweg G12	9	AR	1944	*von Ginsterstrasse 39 bis Fellenbergstrasse 272* Flurname: Mehrzahl zum Baumnamen «Süessler» = Baum, der besonders süsse Früchte trägt
Sustenstrasse E10	9	AT	1933	*von Stampfenbrunnenstrasse 12 bis Girhaldenstrasse 29* Sustenpass (2262 m), verbindet das Reuss- mit dem Haslital
Sustenweg E10	9	AT	1933	*von Sustenstrasse 5 bis Eugen Huber-Strasse 64* Siehe Sustenstrasse
Synagogengasse D2/3	1	LL	1999	*von Froschaugasse 4 bis Rindermarkt* Standort der Synagoge der jüdischen Gemeinde im Mittelalter

Interpretation von Palladios «Vier Büchern zur Architektur» (1570). Einfamilienhaus an der Südstrasse 41, von Architekt Dolf Schnebli.

Ein Stadtzürcher Riese, die Tamboureneiche auf der Allmend.

Planfeld	Kreis	Quartier	Jahr	Erläuterung
Talacker B3	1	LL	1661	*von Paradeplatz bis Sihlporte* Flurname (1259): ein in der Niederung liegender Acker; Strasse 1661 erstellt
Talbächliweg D10	9	AT	1966	*von Dunkelhölzlistrasse 12 bis nordwestl. Sackgasse* Name des benachbarten Thalbächli
Talchernsteig F7	10	HG	1930	*von Winzerstrasse 89 bis Limmattastrasse 305* Siehe Talchernstrasse
Talchernstrasse F/G7	10	HG	1933	*von Limmattalstrasse 289 bis Talchernsteig* Flurname «Talacker» (1474); die Mehrzahlform Talackeren mundartl. erleichtert zu «Talcheren»
Talstrasse A3–C4	1	LL	1841	*von Bürkliplatz bis Sihlporte* Im Talacker-Quartier
Talweg M19	2	WO	1999	*von Kalchbühlstrasse bis Stadtgrenze Kilchberg* Talmulde, Geländevertiefung zwischen der Widmerstrasse und der Hornhalde
Talwiesenstrasse J13–K14	3	WD	1895	*von Binzstrasse bis Birmensdorferstrasse 285* Flurname: Wiesen in einer Niederung
Tambourenweg K15	3	WD	1978	*von Giesshübelstrasse 69 bis Albisgütliweg* Führt zum alten Übungsplatz der Trommler bei der Tamboureneiche
Tannenrain M4	11	SB	1999	*von Schwandenholzstrasse bis Waidhofweg* Waldweg am Rain im tannenbestandenen Schwandenholz
Tannenrauchstrasse L17	2	WO	1895	*von Mutschellenstrasse 114 bis Albisstrasse 60* Haus zum «Tannenrauch», Kilchbergstrasse 6, 1939 abgetragen. Name vielleicht von einer nebelähnlichen Ausdünstung eines Tannengehölzes
Tannenstrasse E1	1+6	RL/OS	1883	*von Leonhardstrasse 29 bis Rämi-/Universitätstrasse* Haus zur «Tanne», Sonneggstrasse 3, 1930 abgetragen
Tannenweg C11/12–D12	9	AT	1997	*von Rosshauweg bis Mannshäuliweg* Weg im Tannenwald

Planfeld	Kreis	Quartier	Jahr	Erläuterung

Technoparkstrasse   *von Pfingstweidstrasse 30 bis Hardturmstrasse*
K10/9   5   IN   1994   Strasse entlang dem 1993 eröffneten Technopark

Tellstrasse   *von Dienerstrasse 26 bis Lagerstrasse 101*
L12   4   AS   1881   Wilhelm Tell
Von Bürglen, legendärer Urner Freiheitsheld; nach Berichten des 15. Jahrhunderts soll er nach den bekannten Zwischenfällen (Apfelschuss) den Landvogt Gessler (um 1291?) in der Hohlen Gasse bei Immensee erschossen haben.

Tessinerplatz   *von Seestrasse bis Gotthard-/General Wille-Strasse*
A5, M14   2   EN   1953   Als Zeichen der Verbundenheit mit dem Tessin, das im Jahre 1953 sein 150jähriges Bundesjubiläum feierte; der Platz hiess früher Alfred Escher-Platz (wegen der Lage des Bahnhofs Enge an der Gotthard-Eisenbahnstrecke).

Teufwiesenstrasse   *von Reckenholzstrasse bis Wolfswinkel*
J3–K4   11   AF   1933   Flurname «Tüfwiesen»: in der Niederung liegende Wiesen

Theaterplatz   *von Gottfried Keller-Strasse bis Goethestrasse*
E5   1   RL   1898   Platz vor dem 1891 erbauten Stadttheater (Opernhaus)

Theaterstrasse   *von Falkenstrasse 13 bis Bellevueplatz*
D/E5   1   RL   1898   Führt zum 1891 erstellten Stadttheater (Opernhaus)

Therese Giehse-Strasse   *von Max Frisch-Platz bis Binzmühlestrasse*
N5/6   11   OE   1996   Therese Giehse (1898–1975)
Schauspielerin, kam 1933 als jüdische Emigrantin aus Deutschland ans Schauspielhaus Zürich («Mutter Courage», «Der Besuch der alten Dame», «Die Physiker»); sie liegt auf dem Friedhof Fluntern begraben.

Thermengasse   *von Weinplatz 3 bis Schlüsselgasse 18*
C3   1   LL   1985   Benannt nach den dort gefundenen römischen Thermen

Thomasweg   *von Zentralstrasse 153 bis Zurlindenstrasse 222*
K12   3   WD   1915   Vorname des Bauherrn

Thujastrasse   *von Mutschellenstrasse 70 bis Friedhof Manegg*
L17   2   WO   1898   Botanische Bezeichnung

Planfeld	Kreis	Quartier	Jahr	Erläuterung

Thurgauerstrasse — *von Dörflistrasse 90 bis Grenze Opfikon*
O6　11　OE　1955　Zu Ehren des östlichen Nachbarkantons, der seit Jahrhunderten mit Zürich in engster Verbindung steht

Thurwiesenstrasse — *von Rotbuchstrasse 56 bis Rötelstrasse 85*
M9　10　WP　1879　Umgedeutet aus dem Flurnamen «Durwis» und «Dürwis» (15./16. Jahrhundert): eine trockene, «dürre» Wiese

Tièchestrasse — *von Bucheggplatz bis Emil Klöti-Strasse/Stadtspital Waid*
L8　10　WP　1947　Max Tièche (1878–1938)
Arzt, Gründer und Leiter der ersten städtischen Dermatologischen Poliklinik; Prof. an der Universität Zürich

Tiefenhöfe — *von Bahnhofstrasse 17 bis Bleicherweg 2*
C4　1　LL　1865　Verschiedene im 17. Jahrhundert erbaute Häuser zum «Tiefenhof», von welchen einzig noch der «Hintere Tiefenhof» (Nr. 6) erhalten blieb

Tischlerweg — *von Dachslernstrasse 97 bis südl. Sackgasse*
D9　9　AT　1933　Flurname «Tistler» (1430), «Teistler» (1730), «Deischler» (1850): Die urspr. Namensform weist auf ein Gelände mit (Sumpf-)Disteln hin

Titlisstrasse — *von Berg-/Dolderstrasse bis Sonnenbergstrasse 31*
Q13　7　HO　1908　Höchster Berg der Titliskette bei Engelberg (3239 m)

Tobeleggstrasse — *von Bauherren-/Bläulistrasse bis Ackersteinstrasse 157*
H8　10　HG　1933　Landhaus zum «Tobelegg», Limmattalstr. 81, 1579 von Hans Konrad Escher erbaut

Tobeleggweg — *von Kloster Fahr-Weg bis Limmattalstrasse 111*
H8　10　HG　1932　Landhaus zum «Tobelegg», Limmattalstr. 81, 1579 von Hans Konrad Escher erbaut

Tobelhofstrasse — *von Hof-/Susenbergstrasse bis Grenze Dübendorf (Gockhausen)*
Q12–S11　7　HO　1880　Hof über dem Sagentobel, 1370 erstmals erwähnt

Tobelholzweg — *von Kappeliholzstrasse bis Schauenbergstrasse*
H5/6　10+11　AF/HG　1997　Flurname: Wald am Bachtobel

Planfeld	Kreis	Quartier	Jahr	Erläuterung

Töbeliweg *von Tobelhofstrasse bis Sagentobelweg*
S11   7   HO   1997   Verkleinerung von Tobel, siehe Tobelhofstrasse

Tobelsteig *von Holderbachweg 4 bis südl. Sackgasse*
H5   11   AF   1933   Im Holderbachtobel

Toblerplatz *von Tobler-/Kraftstrasse bis Krähbühl-/Freudenbergstrasse*
P11/12   7   FL   1927   Siehe Toblerstrasse

Toblerstrasse *von Spyriplatz bis Keltenstrasse 34*
O11-Q12   7   FL/OS   1927   Gustav Adolf Tobler (1850–1923)
Prof. für Elektrotechnik an der ETH; Förderer kultureller und gemeinnütziger Institute

Tödistrasse *von General Guisan-Quai 30 bis Brandschenkestrasse 33*
A4–B5, M13/14   2   EN   1877   Markanter Berg im Glarnerland (3601 m)

Töpferstrasse *von Uetlibergstrasse 134 bis westl. Sackgasse*
K15   3   WD   1952   Bei der Tonwarenfabrik Bodmer

Torgasse *von Limmatquai 4 bis Oberdorfstrasse 2*
D4   1   RL   1737   Führte zum 1812 abgetragenen Oberdorftor

Tramstrasse *von Schaffhauserstrasse 347 bis Saatlenstrasse 208*
O/P6   11+12   OE/SW   1898   Bei den Depots der damaligen Zürich–Oerlikon–Seebach-Strassenbahn, der heutigen VBZ

Traubenstrasse *von Richard Wagner-Strasse 8 bis Seestrasse 69*
M15   2   EN   1891   Führte zur Wirtschaft zur «Trauben», Grütlistrasse 53, abgetragen 1925

Traugottstrasse *von Hardstrasse 312 bis östl. Sackgasse*
L10   5   IN   1899   Männlicher Vorname

Treichlerstrasse *von Hofstrasse 18 bis Schönbühlstrasse 15*
P13   7   HO   1906   Johann Jakob Treichler (1822–1906)
Politiker, Prof. der Rechtswissenschaften an der Universität von 1872 bis 1895 und an der ETH von 1876 bis 1895

Trichtenhausenfussweg *von Berghaldenstrasse 86 bis Trichtenhausenstrasse*
U16   7   WT   1933   Siehe Trichtenhausenstrasse

Planfeld	Kreis	Quartier	Jahr	Erläuterung

Trichtenhausenstrasse
U15/16   7   WT   1932

von Loorenstrasse 18 bis Grenze Zollikon (Trichtenhausen)
Ortsname «Truhtilhusa» (946): die Häuser des Truchtilo, Verkleinerungsform eines Namens mit dem altd. Stamm «trucht» = (Krieger-)Schar

Trichtisalweg
V16   7   WT   1988

von Trichtenhausenstrasse bis nordöstl. Sackgasse
Flurname «Trichtisal»: sprachliche Angleichung des früheren «Richtishol» und «Richtisahl» an das benachbarte «Trichtenhausen»

Triemlifussweg
H13   3+9   AR   1985

von Gutstrasse 159 bis Parkplatz bei Birmensdorferstrasse 488
Flurname, allenfalls ausgegangen vom dortigen Bachnamen «Trüebbach» mit späteren verderbten Schreibweisen

Triemlihalde
G14   9   AR   1951

von SZU Haltestelle Triemli bis Läufeweg
Siehe Triemlistrasse

Triemlistrasse
F13   9   AR   1928

von Albisriederstrasse 392 bis Birmensdorferstrasse 511
Der unklare Flurname scheint ausgegangen zu sein von einem dortigen Bachnamen «Trüebenbach» (15./16. Jahrhundert), zusammengezogen zu «Trüembach» (1551 und mehrfach im 17. und 18. Jahrhundert). Vermutlich unter Einfluss der benachbarten Ackerbezeichnung «Trüebli» (wohl nach einem Eigentümer namens Trüb, Trübli) treten früh verderbte, verwirrende Schreibungen auf: «Trimbach, Trüemlibach, Trüemli» u.ä.. Neben «Trüemli» tritt um 1800 die heutige Form «Triemli» noch zurück. – Triemli, Triemen ist ein alter bodenständiger Ausdruck der Hausweberei für die Endfäden des Zettelaufzuges, die undurchschossen, ohne Eintrag bleiben.

Trittligasse
D4   1   RL   1790

von Oberdorfstrasse 28 bis Winkelwiese 6
Hinweis auf die «Trittli», mundartl. für die Treppenstufen der steil ansteigenden Gasse

Trottenstrasse
K9   10   WP   1910

von Nordstrasse 280 bis Hönggerstrasse 142
Benannt nach der «Lehentrotte», Nordstrasse 331, die zum «Lehengut» gehörte. – Vgl. Lehenstrasse

Trottweg
J4   11   AF   1933

von Zehntenhausstrasse bis Wehntalerstrasse 550
Benannt nach der Trotte beim Haus Wehntalerstrasse 552

Planfeld	Kreis	Quartier	Jahr	Erläuterung
Tüffenwies				*von Meierwiesenstrasse 20 bis Grünauring 51*
F/G8	9	AT	1935	Flurname (1566): Wiese in einer Niederung
Tuggenerstrasse				*von Seefeldstrasse 129 bis Höschgasse 56*
P15	8	RB	1910	Alte, seit etwa 1400 erwähnte Familie von Riesbach
Tuggenerweg				*von Tuggenerstrasse 10 bis Wildbachstrasse 10*
P15	8	RB	1934	Alte, seit etwa 1400 erwähnte Familie von Riesbach
Tulpenstrasse				*von nördl. Tulpenweg (Sackgasse) bis Saatlen-/Auhofstrasse*
Q7	12	SW	1932	Botanische Bezeichnung
Tulpenweg				*von Tulpenstrasse 8 bis westl. Sackgasse*
Q7	12	SW	1976	Botanische Bezeichnung
Tunnelstrasse				*von Alfred Escher-Strasse bis Sihlhölzlistrasse/Sihlhölzlibrücke*
A4/5, M14	2	EN	1927	Führt seit 1927 durch den 1875 erbauten ehem. Eisenbahntunnel der linksufrigen Seebahn
Turbinenplatz				*von Technoparkstrasse bis Schiffbaustrasse*
K10	5	IN	1995	Siehe Turbinenstrasse
Turbinenstrasse				*von Pfingstweidstrasse 31 bis südwestl. Sackgasse*
K10	5	IN	1902	Der Bau von Turbinen (damals (Dampfturbinen) wurde 1902 von der Maschinenfabrik Escher-Wyss aufgenommen.
Turnersteig				*von Turnerstrasse 24 bis Stapferstrasse 35*
N10/11	6	OS	1907	Die Turnerstrasse führte damals zum «Turnschopf» (Turnhalle) des Schulhauses an der Röslistrasse
Turnerstrasse				*von Scheuchzerstrasse 11 bis Röslistrasse 14*
N10	6	OS/US	1878	Sie führte damals zum «Turnschopf» (Turnhalle) des Schulhauses an der Röslistrasse
Tuschgenweg				*von Kleeweidstrasse 3 bis nördl. Stotzweg (Sackgasse)*
K20	2	LB	1938	Flur- und Bachname: mit Umstellung der Konsonanten aus Tugste(n), der Verkürzung aus Tugstein; somit Stelle, wo sich Tuffstein vorfindet

Planfeld	Kreis	Quartier	Jahr	Erläuterung

Ueberlandstrasse *von Winterthurerstrasse 310 bis Grenze Dübendorf*
P7–R6 12 OE/SW 1921 Ausfallstrasse, die damals «über (freies) Land» führte

Uetliberghalde *von Uetlibergstrasse 354 bis Frauentalweg 97*
J16 3 WD 1972 Siehe Uetlibergstrasse

Uetlibergstrasse *von Manesseplatz bis Kolbenhofstrasse*
J16–K15 3 WD 1894 Die ehem. Burg wird 1210 erwähnt als «Uotelenburg»; daher Berg des Uotilo, verkleinernd für «Uoto», Kurzform eines Namens wie «Uodalrich» (Ulrich)

Uetlibergweg *von Uetlibergstrasse bis Gratstrasse*
H17 3 WD 1887 Siehe Uetlibergstrasse

Uhlandstrasse *von Scheffelstrasse 5 bis Guthirtstrasse 10*
L9 10 WP 1928 Ludwig Uhland (1786–1862)
Deutscher Dichter und Literarhistoriker

Ulmbergstrasse *von Seestrasse 6 bis Parkring 21*
A5 2 EN 1881 Flurbezeichnung und Name eines Landgutes, Parkring 61

Ulmenweg *von Ringstrasse 72 bis Berninastrasse 93*
N7 11 OE 1952 Botanische Bezeichnung

Ulrichstrasse *von Forchstrasse 135 bis nördl. Hofackerstrasse 19 (Sackgasse)*
Q14/15 7 HI 1895 Männlicher Vorname

Unionstrasse *von Schönbühlstrasse 8 bis Sophienstrasse 9*
P13 7 HO 1892 Frei gewählter Name

Universitätstrasse *von Rämi-/Tannenstrasse bis Winterthurerstrasse 4*
O11/12 6 OS 1883 Die Universität war bis zum Neubau eines eigenen Gebäudes (1914) im Südflügel der Eidg. Technischen Hochschule untergebracht.

Unter Betentalweg *von Rosshauweg bis Ober Betentalweg*
B/C11 9 AT 1997 Flurname

Unterdorfplatz *von Horensteinstrasse bis Katzenseestrasse*
H/J3 11 AF 1933 Das Unterdorf war die Siedlung nördlich der Kirche in der Nähe des Seeholzes.

Planfeld	Kreis	Quartier	Jahr	Erläuterung

Untere Zäune | | | | *von Hirschengraben 20 bis Spiegelgasse 18*
D/E3　1　RL　1288　Die Unteren und Oberen Zäune – zwischen dem «Brunnenturm» und dem «Steinhaus» an der Kirchgasse – waren in Form zaunartigen Pfahlwerks Bestandteil einer ältern Stadtbefestigung (10./12. Jahrhundert).

Unterer Kalberhauweg *von Rosshauweg bis Algierstrasse*
E11/12　9　AT　1997　Flurname

Unterer Pfaffhauserweg *von Pfaffhauserweg bis Buchenrainstrasse (Gde. Dübendorf)*
V13　7　WT　1988　Unterer Weg nach Pfaffhausen (Gemeinde Fällanden)

Unterer Selnauweg *von Stöckentobelstrasse bis Stöckentobelweg*
S14　7　HI　1997　Flurname: «Sellnau»

Unterfeldstrasse *von Riedgrabenweg bis Saatlenstrasse 265*
P6　12　SW　1943　Flurname: Feld beim Unterried

Untergraben *von Bachtobelstrasse 64 bis Bachtobelstrasse 84*
J/K15　3　WD　1937　Flurname (1570): Gelände bei einem alten Entwässerungsgraben

Unterholzstrasse *von Streitholzstrasse bis Frohburg-/Hubenstrasse*
P7/8　12　SW　1956　Flurname: Waldteil am Fuss des Berges

Unterholzweg *von Waldhüslistrasse bis Unterholz-/Hubenstrasse*
Q9–P7　6+12　SW　1993　Flurname: Waldteil am Fuss des Zürichbergs

Untermoosstrasse *von Altstetterstrasse 296 bis Friedhof Albisrieden*
F11/12　9　AR　1932　Flurname «Under den Mosen» (1430): unterhalb oder zwischen den Mösern

Unterwerkstrasse *von Schaffhauserstrasse 524 bis Grenze Opfikon (Bahnlinie)*
O4　11　SB　1924　Unterwerk (Transformatorenstation) der SBB

Uraniastrasse *von Bahnhofquai/Rudolf Brun-Brücke bis Sihlporte*
B/C2　1　LL　1905　Sternwarte «Urania», 1905 bis 1907 erbaut von Gustav Gull

Urselweg *von Kalkbreitestrasse bis Kanzleistrasse 137*
K12　4　WD/AS　1934　Mundartl. Form von Ursula

Planfeld	Kreis	Quartier	Jahr	Erläuterung
Usteribrücke B1	1	LL	1866	*von Gessnerallee 15 bis Gessnerallee 28* Siehe Usteristrasse
Usteristrasse B/C2	1	LL	1863	*von Bahnhofstrasse 79 bis Usteribrücke* Johann Martin Usteri (1763–1827) Zürcher Dichter (berühmtestes Lied «Freut euch des Lebens»)
Utobrücke L15	2+3	EN	1893	*von Beder-/Lessingstrasse bis Giesshübel-/Manessestrasse* Uto, literarischer Name des Üetliberges; vgl. Uetlibergstrasse
Utoquai D4/5, N/O14	1+8	RL/RB	1887	*von Limmatquai 16 bis Seefeld-/Bellerivestrasse* Uto, literarischer Name des Üetliberges; vgl. Uetlibergstrasse
Veilchenstrasse Q14	7	HO	1881	*von Lilienstrasse 4 bis Jupiterstrasse* Botanische Bezeichnung
Venusstrasse N7	11	OE	1933	*von Albin Zollinger-Platz bis Gubelstrasse 19* Römische Göttin der Liebe, auch Name eines Planeten
Verena Conzett-Strasse L13	4	AS	1962	*von Morgartenstrasse 29 bis Schimmelstrasse 6* Verena Conzett (1861–1947) Förderin sozialer Bestrebungen
Verenastrasse L18	2	WO	1931	*von Butzenstrasse 42 bis Lettenholzstrasse 42* Weiblicher Vorname
Vetterliweg E/F11	9	AT	1933	*von Eugen Huber-Strasse 15 bis Zwischenbächen 131* Name eines Anstössers
Viaduktstrasse K/L10	5	IN	1908	*von Josefstrasse 205 bis Geroldstrasse* Führt dem Eisenbahnviadukt entlang
Viktoriastrasse O7	11	OE	1933	*von Winterthurerstrasse 255 bis Schwamendingenstrasse 56* Weiblicher Vorname
Viktoriaweg O7	11	OE	1933	*von Viktoriastrasse 13 bis Winterthurerstrasse 278* Weiblicher Vorname

Planfeld	Kreis	Quartier	Jahr	Erläuterung

Vogelsangstrasse   *von Haldenbachstrasse bis Rigiplatz*
O11   6   OS   1883   Flurbezeichnung und Name einer Häusergruppe: hochgelegenes Gehölz als Aufenthalt der Singvögel

Vogtsrain   *von Gsteigstrasse 13 bis Kappenbühlstrasse*
H7   10   HG   1918   Flurname: Grundstücke, die einem Höngger Untervogt gehört haben

Volkmarstrasse   *von Weinbergstrasse 92 bis Turnerstrasse 26*
N10/11   6   US   1903   Gustav Volkmar (1809–1893)
Professor für Theologie an der Universität von 1858 bis 1893

Voltastrasse   *von Gloriastrasse 58 bis Toblerstrasse 36*
O/P12   7   FL   1901   Graf Alessandro Volta (1745–1827)
Italienischer Physiker; nach ihm wird die Einheit der elektr. Spannung benannt

Vorderberg   *von Gloria-/Bergstrasse bis Gladbach-/Kraftstrasse*
P12   7   FL   1972   Der an der Zürichbergstrasse liegende Teil des alten Dorfes Fluntern. (Die vordere der drei alten Bergstrassen.) Siehe auch Mittel- und Hinterberg.

Vorhaldenstrasse   *von Am Wettingertobel bis Hohenklingensteig*
G8   10   HG   1932   Flurname für Grundstücke «vor der Halde(n)», am Fuss des Hanges

Vulkanstrasse   *von Max Högger-Strasse bis Grenze Schlieren*
E–G9   9   AT   1933   Römischer Gott des Feuers und der Schmiedekunst, auch Bezeichnung für «feuerspeiende» Berge

Waaggasse   *von Münsterhof 7 bis Züghusplatz*
C3   1   LL   1865   Zunfthaus zur «Waag», Münsterhof 8

Wachtelstrasse   *von Rainstrasse 35 bis Speerstrasse 19*
L18   2   WO   1913   Zoologische Bezeichnung: Vogel

Wachterweg   *von Laubiweg bis Seminarstrasse 112*
M9   6   WP   1932   Rudolf Wachter (1835–1919)
Pfarrer in Wipkingen von 1871 bis 1898, Verfasser der Chronik von Wipkingen

Planfeld	Kreis	Quartier	Jahr	Erläuterung

Waffenplatzstrasse
L15/16 2 EN 1882
von Bederstrasse 97 bis Brunaustrasse 62
Führt zum «Waffenplatz» auf der Allmend

Wagnergasse
O14 8 RB 1881
von Delphinstrasse 5 bis Ottenweg 33
Beruf eines Anstössers

Waidbadstrasse
K7/8 10 HG 1965
von Emil Klöti-Strasse bis Waidbergweg
Zugang zum Bad Waidberg

Waidbergweg
J7/8 10 HG 1956
von Am Hönggerberg bis Eichholzweg
Siehe Waidstrasse

Waidfussweg
K8/9 10 WP 1940
von Breitensteinstrasse 58 bis Obere Waidstrasse
Siehe Waidbergweg

Waidhofweg
M3–L4 11 SB 1999
von Schwandenholzstrasse bis Schiffliwiesenweg
Flurname: Weid, wohl Weg zum Weidhof (heute Reckenholzstrasse)

Waidmattweg
K16–17 3 WD 1997
von Islerstrasse bis Meierholzstrasse
Lage am Rand des Weidegebietes beim Gänziloo

Waidstrasse
L9 10 WP 1879
von Hönggerstrasse 76 bis Wibichstrasse 93
Flur- und Hausname: Weidland am Käferberg. Die Häuser zur «Waid», Obere Waidstr. 123/125, wurden um 1830 zu einem vielbesuchten Gasthaus eingerichtet, seit 1907 Krankenheim Waid, 1962/63 durch Neubauten ersetzt.

Waisenhausstrasse
C1 1 LL 1863
von Beatenplatz bis Bahnhofplatz 5
Das Amtshaus I am Bahnhofquai wurde 1770 als Waisenhaus erbaut; diesem Zwecke diente es bis 1911. Damals wurde durch Abgraben des Hügels der ehem. Keller als Untergeschoss (mit Vorbau) freigelegt.

Walchebrücke
N12 1   1913
von Bahnhofquai/Museumstrasse bis Neumühlequai/ Walcheplatz
In dieser Gegend stand die «Paradiesmühle», die 1658 in eine «Walchi» (Tuchwalke) umgewandelt wurde; abgebrochen in den 1860er Jahren.

Planfeld	Kreis	Quartier	Jahr	Erläuterung

Walcheplatz | | | | *von Neumühlequai/Walchebrücke bis Walchetor/Walchestrasse*
N12 | 1 | RL/US | 1909 | Siehe Walchestrasse

Walchestrasse | | | | *von Walcheplatz bis Wasserwerkstrasse 9*
N11 | 1+6 | US | 1909 | In dieser Gegend stand die «Paradiesmühle», die 1658 in eine «Walchi» (Tuchwalke) umgewandelt wurde; abgebrochen in den 1860er Jahren.

Walchetor | | | | *von Walcheplatz bis Stampfenbachstrasse 19*
N12 | 1 | RL | 1909 | Siehe Walchestrasse

Walchetreppe | | | | *von Neumühlequai bis Walchestrasse*
N12 | 1 | RL | 1909 | Zugang zur Walchestrasse

Waldgartenstrasse | | | | *von Frohburg-/Hubenstrasse bis Hüttenkopfstrasse*
P7–Q8 | 12 | SW | 1956 | Quartier- resp. Hausname; Haus zum «Waldgarten», Frohburgstr. 336, 1855 erbaut

Waldgartenweg | | | | *von Frohburgstrasse 320 bis östl. Sackgasse*
P7 | 12 | SW | 1959 | Quartier- resp. Hausname; Haus zum «Waldgarten», Frohburgstr. 336, 1855 erbaut

Waldhausstrasse | | | | *von Hof-/Tobelhofstrasse bis Kurhausstrasse 19*
Q12 | 7 | HO | 1921 | Strasse beim Waldhaus Dolder

Waldhüslistrasse | | | | *von Batteriestrasse/Hanslin-Weg bis Streitholzstrasse*
Q9 | 6+12 | OS/SW | 1956 | «Waldhüsli», ein vom Verschönerungsverein um 1890 erstelltes Unterkunftslokal

Waldkauzweg | | | | *von Loorenkopfweg bis Katzentischstrasse*
T/U13 | 7 | HO | 1997 | Zoologische Bezeichnung

Wäldlistrasse | | | | *von Asylstrasse 35 bis Ilgenstrasse 16*
P13 | 7 | HO | 1889 | Landgut zum «Wäldli», Asylstrasse 24, 1953 durch einen Neubau ersetzt; seit 1868 Altersasyl

Waldmannstrasse | | | | *von Rämistrasse 23 bis nordwestl. Sackgasse*
D/E4 | 1 | RL | 1885 | Hans Waldmann (gest. 1489)
| | | | | Zürcher Bürgermeister, Feldherr und Staatsmann; von seinen Gegnern gestürzt und am 6. April 1489 hingerichtet

Stampfenbachplatz mit dem Haus Walchetor und dem Walcheturm.

Messe Zürich, Ausstellungs- und Kongresszentrum, Wallisellenstrasse 49.
Architekten W&W, Walter Wäschle und Urs und Rolf Wüst.

Planfeld	Kreis	Quartier	Jahr	Erläuterung

Waldmeisterweg
L/M6 6 US 1925
von Birchdörfli 66 bis Wehntalerstrasse 202
Botanische Bezeichnung

Waldschulweg
R14 7 HI 1928
von Kapfsteig 69 bis Biberlinstrasse 42
Bei der 1914 eröffneten städtischen Waldschule an der Biberlinstrasse

Waldstrasse
L6 11 AF 1930
von Käferholzstrasse 259 bis südwestl. Sackgasse (Waldrand)
Führt ins Käferholz

Wallisackerweg
T14 7 WT 1997
von Eschenhaustrasse bis Stöckentobel
Flurname Wallisacker: wohl zum früheren Besitzernamen «Wal», das bedeutet ursprüngl. «Walch», «Welscher»

Wallisellenstrasse
P6 11+12 OE/SW 1913
von Albert Näf-Platz bis Ueberlandstrasse 215
Strasse nach Wallisellen, urspr. «Wolasselda» (9. Jahrhundert), «Walaseldon» (1153): bei den «Selden» (Wohnstätten) der Walchen, d.h. eine Siedlung der vorgermanischen, romanisierten Bevölkerung

Waltersbachstrasse
N11 6 US 1889
von Stampfenbachstrasse 106 bis Beckenhofstrasse 17
Bachname (1292): nach einem Anwohner namens Walter

Waltersteig
N11 6 US 1894
von Wasserwerkstrasse 12 bis Stampfenbachstrasse 109
Am Waltersbach

Wannenholzstrasse
K/L6 11 AF 1933
von Althoosstrasse 21 bis Althoosstrasse 30
Waldname: Gehölz bei der «Wannen», vgl. Wannenweg

Wannenweg
K6–L7 10 HG/WP 1946
von Im Rehsprung (Unterer Spielplatz) bis ETH Hönggerberg
Flurname «In der Wannen» (1474): Mulde, rundliche Vertiefung

Wannerstrasse
K15 3 WD 1979
von Giesshübelstrasse 45 bis Tambourenweg
Friedrich Wanner (1830–1903)
Architekt, Erbauer des Hauptbahnhofes und des Bankgebäudes der Schweiz. Kreditanstalt

Wartauweg
G7 10 HG 1932
von Vorhaldenstrasse 18 bis Imbisbühlstrasse 257
Restaurant «Wartau», Limmattalstrasse 184

Planfeld	Kreis	Quartier	Jahr	Erläuterung

Wartstrasse
Q14 7 HO 1899

von Eidmattstrasse 60 bis Jupiterstrasse 35
Der Bezug der von einer Genosssenschaft erbauten Häuser an dieser Strasse verzögerte sich derart, dass die verbitterten Hausbesitzer beschlossen, der damaligen Privatstrasse den Namen «Wartstrasse» zu geben.

Wasersteig
R15 7 HI 1903

von Waserstrasse bis Raintobelweg 1
Siehe Waserstrasse

Waserstrasse
R/S15 7 HI 1892

von Forchstrasse 271 bis Witikonerstrasse 256
Johann Heinrich Waser (1742–1780)
Pfarrer an der ehem. Kreuzkirche, Volkswirtschafter und Statistiker; wurde von seinen Gegnern wegen angeblichem Vaterlandsverrat hingerichtet

Wässerlingweg
J7 10 HG 1918

von Emil Klöti-Strasse bis Einsteinstrasse
Flurname «Wässerling»: Gelände mit Quellen

Wasserschöpfi
J13/14 3 WD 1936

von Friesenbergstrasse 145 bis Birmensdorferstrasse 364
Flurname (1483): Ort an Quelle oder Bächlein, wo eine Einrichtung bestand, um Wasser zu schöpfen

Wasserwerkstrasse
M10 6+10 US/WP 1892

von Stampfenbachstrasse 75 bis Höngger-/Dammstrasse
Beim 1878 erbauten Wasserpumpwerk Letten

Wattstrasse
N6 11 OE 1933

von Affolternstrasse 10 bis Binzmühlestrasse 41
James Watt (1736–1819)
Englischer Maschinenfabrikant, Erfinder der Dampfmaschine

Weberstrasse
L13 4 AS 1891

von Stauffacherquai 46 bis Hallwylplatz
Julius Weber (1853–1886)
Gemeindeingenieur von Aussersihl von 1876 bis 1886

Wechselwiesenstrasse
R/S7 12 SW 1933

von Roswiesenstrasse 123 bis Schürgistrasse
Flurname (1520): Wiesen, die von zwei Bauern jahrweise wechselnd genutzt wurden

Wegackerstrasse
K19/20 2 LB 1902

von Frymannstrasse 54 bis Leimbachstrasse 82
Flurname

Planfeld	Kreis	Quartier	Jahr	Erläuterung
Weggengasse C3	1	LL	1637	*von Weinplatz 6 bis St. Peterhofstatt 12* Das Eckhaus Weinplatz 6 war von 1404 bis 1870 das Zunfthaus der Bäckerzunft zum «Weggen»
Wehntalerstrasse H4–M7	6+11	US/OE/AF	1875	*von Schaffhauserstrasse 128 bis Grenze Regensdorf* Landstrasse ins Wehntal, «Waninctale» (828): nach dem alemannischen Siedler «Waninc», dessen Name sich auch im Dorfnamen Weningen erhalten hat
Wehrenbachhalde R/S15	7	HI	1960	*von Eierbrechtstrasse 56 bis nordöstl. Sackgasse* Halde oberhalb des Wehrenbaches. «Werrenbach» (1347), Bach, der wegen der daran liegenden Mühlen (Trichtenhausen, Hirslanden) schon früh mit Wehren versehen wurde
Wehrlisteig J8	10	HG	1947	*von Kettberg 20 bis Waidbergweg* Ulrich Wehrli (1794–1839) Von Höngg; Gesanglehrer, Komponist des Sempacherliedes
Weibelackerstrasse R/S9	12	SW	1956	*von Hüttenkopfstrasse bis Franzosenweg* Waldname: dem Weibel von Schwamendingen gehörende Äcker, heute wieder aufgeforstet
Weibelackerweg S9–T7	12	SW	1956	*von Ueberlandstrasse 418 bis Weibelackerstrasse* Waldname: dem Weibel von Schwamendingen gehörende Äcker, heute wieder aufgeforstet
Weichengasse L11	4	AS	1892	*von Neufrankengasse 6 bis nördl. Sackgasse* Hinweis auf die nahe Eisenbahn
Weiherholzstrasse S13	7	HO	1936	*von Adlisbergstrasse bis Katzentischstrasse* Waldname: Gehölz mit oder an einem Weiher
Weihersteig L8	10	WP	1894	*von Rosengartenstrasse 40 bis Obere Waidstrasse 11* Höfe zum «Obern» und «Untern Weiher», 1935 und 1942 abgetragen
Weinbergfussweg N/O11	1+6	RL/US/OS	1884	*von Weinbergstrasse 26 bis Sonneggstrasse 31* Siehe Weinbergstrasse

Planfeld	Kreis	Quartier	Jahr	Erläuterung

Weinbergstrasse   *von Central bis Schaffhauserplatz*
D1, N10   1+6   RL/US   1878   Landgut zum «Weinberg» (Nr. 29), 1905 überbaut; die ganze Halde über der Stampfenbachstrasse war bis weit ins 19. Jahrhundert mit Rebbergen bedeckt.

Weineggstrasse   *von Drahtzugstrasse 35 bis Buchenweg/Kartausstrasse*
Q15   8   RB   1868   Flurbezeichnung (1501) und Name einer Häusergruppe am Burgweg: Egg, Vorsprung am Burghölzli mit Weinbau

Weineggweg   *von Weineggstrasse 52 bis Kartausstrasse 55*
Q15   8   RB   1932   Flurbezeichnung (1501) und Name einer Häusergruppe am Burgweg: Egg, Vorsprung am Burghölzli mit Weinbau

Weingartenweg   *von Ackersteinstrasse 200 bis Meierhofplatz*
H8   10   HG   1918   Haus zum «Weingarten», Limmattalstrasse 109

Weingasse   *von Limmatquai 74 bis Niederdorfstrasse 7*
D2   1   RL   1890   Es gab an diesem Gässchen eine Walliser und eine Zürcher Weinstube.

Weinplatz   *von Storchengasse bis Rathausbrücke*
C3   1   LL   1630   Von 1630 bis 1674 diente dieser Platz als Markt für einheimische Weine.

Weisshau   *von Neunbrunnenstrasse bis Höhenring 29*
N5   11   SB   1936   Flurname: Holzschlag, der – vielleicht wegen der dort blühenden Blumen – weiss erschien

Weite Gasse   *von Schifflända 8 bis Oberdorfstrasse 9*
D4   1   RL   1486   Die breiteste Quergasse im Oberdorfquartier

Weitlingweg   *von Marchwartstrasse 50 bis Entlisbergstrasse 48*
L19   2   WO   1931   Wilhelm Weitling (1808–1871)
Deutscher Schneidergeselle, Vertreter eines Sozialismus von eigener, religiös-idealistischer Ausprägung; 1843 in Zürich wegen Atheismus bestraft und ausgewiesen

Weizenstrasse   *von Nordstrasse 104 bis Kornhausstrasse 43*
M10   10   WP   1911   Abzweigung der Kornhausstrasse

Planfeld	Kreis	Quartier	Jahr	Erläuterung

Welchogasse | | | | *von Schaffhauserstrasse 347 bis Edisonstrasse*
N/O6　11　OE　1933　Männlicher Vorname; 1295 wird ein Welcho von Oerlikon erwähnt. – Welcho ist wohl gleichbedeutend wie «Walcho» = der Welsche.

Weltistrasse | | | | *von Waffenplatzstrasse 34 bis Rieterstrasse 15*
L15　2　EN　1915　Johann Welti-Hausheer (1844–1928)
Kantonsrat und Gemeinderat von Enge, Besitzer des «Weltigutes», Bederstrasse 120

Wengistrasse | | | | *von Langstrasse 4 bis Feldstrasse 24*
K/L12　4　AS　1884　Niklaus Wengi (gest. 1549)
Schultheiss von Solothurn, verhinderte 1533 durch sein Dazwischentreten den Bürgerkrieg zwischen Alt- und Neugläubigen in Solothurn

Werdgartengasse | | | | *von Schöntalstrasse 24 bis nordöstl. Sackgasse*
L13　4　AS　1880　Name der Häuser Nrn. 13 und 16; 1938 abgetragen; vgl. Werdstrasse

Werdgässchen | | | | *von Strassburgstrasse 9 bis Morgartenstrasse 30*
L13　4　AS　1869　Werd, Gelände am Wasser, Halbinsel oder Insel, hier zwischen Sihl und Wiediker Dorfbach

Werdhölzlistrasse | | | | *von Hohlstrasse 665 bis Badenerstrasse 734*
E10–F9　9　AT　1933　Wäldchen auf dem Werd (Insel) in der Limmat

Werdinsel | | | | *von Winzerhalde 16 bis Winzerhalde 97*
F7/8　10　HG　1991　«Werd»: Gelände am Wasser, Insel oder Halbinsel, hier zwischen Limmat und Giessenkanal

Werdmühleplatz | | | | *von Uraniastrasse 4 bis Werdmühlestrasse*
C2　1　LL　1911　Siehe Werdmühlestrasse

Werdmühlestrasse | | | | *von Bahnhofstrasse 80 bis Beatenplatz*
C2　1　LL　1865　Zwischen zwei Armen des Sihlkanals, der sich im Zuge der Werdmühlestrasse in die Limmat ergoss, stand bis 1901/02 die seit dem 14. Jahrhundert erwähnte «Werdmühle».

Planfeld	Kreis	Quartier	Jahr	Erläuterung
Werdplatz L/M13	4	AS	1955	*von Stauffacher-/Werdstrasse bis Strassburgstrasse* Werd, Gelände am Wasser, Halbinsel oder Insel, hier zwischen Sihl und Wiediker Dorfbach
Werdstrasse A2/3, L13 3+4		AS	1869	*von Badenerstrasse/Sihlbrücke bis Aegertenstrasse 29* Werd, Gelände am Wasser, Halbinsel oder Insel, hier zwischen Sihl und Wiediker Dorfbach
Werikonweg N10	6	US	1927	*von Röslistrasse 29 bis Langmauerstrasse 30* Flurname «Werikons Acker» (1315): Acker eines Bauern, der nach seinem Herkunftsort Werikon bei Uster benannt wurde
Werkgasse O14	8	RB	1879	*von Dufourstrasse 47 bis Seefeldstrasse 46* Nach dem Steinhauer-Werkplatz eines Anstössers
Wernerstrasse L18	2	WO	1910	*von Rainstrasse 31 bis Speerstrasse 28* Werner von Wollishofen (gest. 1324) Chorherr zu Zürich und Beromünster
Westbühlstrasse M20	2	WO	1930	*von Nidelbadstrasse 94 bis Zwängiweg* Frei gewählter Name
Weststrasse K13	3	WD	1892	*von Manessestrasse 28 bis Sihlfeldstrasse 32* Lage und Richtung der Strasse
Wetlistrasse Q15	7	HI	1909	*von Hammerstrasse 119 bis Forchstrasse 210* Alte Familie von Hirslanden und Hottingen
Wettingerwies E4	1	RL	1932	*von Promenadengasse 18 bis Zeltweg 10* Flurname: Wiese auf dem «Geissberg» (Hohe Promenade), 1469 vom Kloster Wettingen erworben
Wettsteinstrasse M18	2	WO	1899	*von Zellerstrasse bis Kilchbergstrasse 25* Heinrich Wettstein (1831-1895) Direktor des Seminars Küsnacht von 1875 bis 1895; Erziehungsrat von 1881 bis 1895
Wibichstrasse L8	10	WP	1908	*von Rötelstrasse 101 bis Waidstrasse/Wolfgrimweg* Wibicho, der alemannische Siedler, nach dem das Dorf Wipkingen seinen Namen trug

Planfeld	Kreis	Quartier	Jahr	Erläuterung

Wickenweg
E11 9 AT 1946
von Algierstrasse 14 bis Zwischenbächen 91
Botanische Bezeichnung

Widdergasse
C3 1 LL 1790
von Rennweg 1 bis Augustinergasse 20
Das Eckhaus Rennweg 1 zum «Widder» war von 1401 bis 1798 Zunfthaus der Metzger

Widmerstrasse
M19 2 WO 1894
von Seestrasse 483 bis Albisstrasse 150
Frühere Eigentümer des Hauses Nr. 1

Widumweg
G7 10 HG 1932
von Limmattalstrasse 236 bis Michelstrasse 10
Flurname (1328) altd. «widamo», dazu das Tätigkeitswort «wid(e)men», ausstatten; Widum ist somit ein Ausstattungsgut, vor allem der Kirche

Wiedingsteig
K14 3 WD 1915
von Austrasse 22 und 16 bis Wiedingstrasse 46
Die Wiedinge sind die abhängigen Leute oder die Nachkommen des alemannischen Siedlers Wiedo, nach dem das Dorf Wiedikon seinen Namen trug.

Wiedingstrasse
K14 3 WD 1897
von Schlossgasse/Bühlstrasse bis Haldenstrasse 20
Die Wiedinge sind die abhängigen Leute oder die Nachkommen des alemannischen Siedlers Wiedo, nach dem das Dorf Wiedikon seinen Namen trug.

Wiesendangerstrasse
J/K13 3 WD 1919
von Aemtlerstrasse 75 bis Saumstrasse 50
Ulrich Wiesendanger (1827–1893)
Sekundarlehrer in Aussersihl/Wiedikon von 1867 bis 1893, Erziehungsrat von 1881 bis 1893

Wiesenstrasse
O14/15 8 RB 1870
von Seefeldstrasse 62 bis Mühlebachstrasse 76
Die 1870 erstellte Strasse führte durch eine unüberbaute Wiese

Wieslergasse
G7 10 RB 1918
von Imbisbühlstrasse 1 bis Regensdorferstrasse 22
Flurname (1644): entstellt aus Wyssler, Grundstück eines Eigentümers namens Wyss

Wiesliacher
U16 7 WT 1977
von Trichtenhausenstrasse 130 bis Carl Spitteler-Strasse 108
Flurname: Wisacher (1528), Acker, der zuweilen auch als Wiese genutzt wurde

Planfeld	Kreis	Quartier	Jahr	Erläuterung

Wildbachstrasse — *von Höschgasse 80 bis Seefeldstrasse 201*
P15/16   8   RB   1868   Der mittlere Lauf des Wehren- resp. Hornbaches heisst wegen seiner «Wildheit», die vor seiner Korrektion wiederholt zu Überschwemmungen führte, Wildbach.

Wildenstrasse — *von Regensdorferstrasse 74 bis Wildenweg*
F/G7   10   HG   1963   Flurname: Wesfall eines Familien- oder Übernamens Wild; somit Eigentum der Familie Wild

Wildenweg — *von Limmattalstrasse 366 bis Friedhof Hönggerberg*
F6/7   10   HG   1932   Flurname: Wesfall eines Familien- oder Übernamens Wild; somit Eigentum der Familie Wild

Wildfangweg — *von Dreiwiesenstrasse bis Forsthausstrasse*
T12   7   HO   1997   Flurname Wildfang: eingezäuntes Grundstück, das entweder längere Zeit unkultiviert geblieben war oder einem Besitzer namens «Wild» gehörte

Wilfriedstrasse — *von Steinwiesstrasse 40 bis Hottingerplatz*
P13   7   HO   1896   Wilfried Treichler (1854–1946)
Mitbegründer des Lesezirkels Hottingen

Wilhelmstrasse — *von Limmatstrasse 317 bis südl. Sackgasse*
L10   5   IN   1900   Männlicher Vorname

Winkelriedstrasse — *von Universitätstrasse 91 bis Büchnerstrasse 21*
O11   6   OS   1883   Hier urspr. Name eines Hauses, bekannt nach dem Unterwaldner Arnold von Winkelried, der durch seinen Opfertod den Ausgang der Schlacht bei Sempach, 9. Juli 1386, zugunsten der Eidgenossen beeinflusste

Winkelstrasse — *von Althoosstrasse 5 bis Althoosstrasse 28*
L6   11   AF   1930   Winkelförmige Strassenführung

Winkelwiese — *von Kirchgasse 50 bis südl. Trittligasse (Sackgasse)*
E3/4   1   RL   1841   Flurname: Wiese beim Haus zum «Winkel», Kirchgasse 50

Winterthurerstrasse — *von Universitätstrasse 120 bis nördl. Ueberlandstrasse (Sackgasse)*
O10–S7   6+11+12   OS/US/OE/SW   1883   Die 1837–1839 erbaute «neue» Landstrasse nach Winterthur

Planfeld	Kreis	Quartier	Jahr	Erläuterung

Winzerhalde   *von Winzerstrasse 6 bis Bombachhalde*
F7–G8   10   HG   1959   Ableitung von Winzerstrasse

Winzerstrasse   *von Europabrücke/Am Wasser bis Limmattalstrasse 341*
F7–G8   10   HG   1932   Umbenannt aus Weinbergstrasse, die durch die Rebberge an der «Klinge» führte

Wipkingerbrücke   *von Escher-Wyss-Platz bis Wipkinkerplatz*
L9   5+10   IN   1893   Siehe Wipkingerweg

Wipkingerplatz   *von Höngger-/Rosengartenstrasse bis Höngger-/Breitensteinstrasse*
L9   10   WP   1973   Siehe Wipkingerweg

Wipkingerweg   *von Rosengartenstrasse 3 bis Dorfstrasse 27*
L9   10   WP   1931   Gemeindename «Wibichinga» (9. Jahrhundert): die Leute des Alemannen Wibicho

Wirzenweid   *von Drusbergstrasse 36 bis Blaumeisliweg 6*
S15/16   7   HI   1938   Flurname: Weid eines Eigentümers namens Wirz

Wissmannstrasse   *von Rothstrasse 26 bis Laubiweg*
M9   6   WP/US   1922   Johann Jakob Wissmann (1843–1903)
Pfarrer zu St. Peter von 1888 bis 1903, bedeutender Vertreter der freisinnigen Theologie, Kirchen- und Erziehungsrat

Witellikerstrasse   *von Forchstrasse 336 bis Grenze Zollikon*
R16   8   HI/RB   1894   Witellikon: Siedlung in der Gemeinde Zollikon, urspr. Witalinghofen, einer der seltenen Fälle, wo zu einem lateinischen Namen (Vitalis) eine Ableitung mit der deutschen Silbe -ing gebildet wurde: auf den Höfen des Vitalis und seiner Leute

Witikonerstrasse   *von Klusplatz bis Grenze Fällanden*
Q14–V15   7   HI/WT   1880   Gemeindename «Witinchova» (946): die Höfe des Alemannen Wito und seiner Leute

Wohllebgasse   *von Schipfe 10 bis Pfalzgasse 2*
C2/3   1   LL   1790   Haus zum «Wohlleb» (Nr. 13), nach dem gleichlautenden Familiennamen eines Bewohners (um 1357 erwähnt)

Planfeld	Kreis	Quartier	Jahr	Erläuterung

Wolfbachstrasse | | | | *von Hottingerstrasse 9 bis Steinwiesplatz*
E/F3 7 HO 1881 Der Wolfbach, der im Adlisberg entspringt und früher offen durch die Stadt zur Limmat floss, trägt seinen Namen erst seit dem 17. Jahrhundert. Offenbar wurden in seiner Nähe Wölfe gesichtet, die damals zuweilen bis in die nächste Umgebung der Stadt vordrangen.

Wolfbachtobelweg *von Dolderstrasse/Bungertweg bis Tobelhof/Adlisbergstrasse*
Q12/13 7 HO 1927 Siehe Wolfbachstrasse

Wolfgrimweg *von Wibichstrasse 94 bis Im Rehsprung*
L8 10 WP 1932 Wolfgrim Gefolgsmann Kaiser Karls III., erhielt von diesem im Jahre 881 den Weiler Wipkingen zur Nutzniessung

Wolfswinkel *von Reckenholz-/Schwandenholzstrasse bis Zehntenhausstrasse 118*
J/K4 11 AF 1979 Flurname: Grundstück, auf welchem früher Wölfe gesichtet wurden; vgl. Wolfbach

Woloweg *von Morgentalstrasse 31 bis Rainstrasse 40*
L18 2 WO 1937 Wolo, Name des alemannischen Siedlers, nach dem Wollishofen («Woloshoven») seinen Namen trägt

Wonnebergstrasse *von südl. Südstrasse bis Südstrasse 80*
Q16/17 8 RB 1914 Landgut zum «Wonnenberg», Südstrasse 32, um die Mitte des 17. Jahrhunderts erbaut

Wotanstrasse *von Jupiterstrasse 26 bis Streulistrasse 60*
Q14 7 HI 1908 Der höchste germanische Gott

Wühre *von Münsterbrücke bis Weinplatz 2*
C3 1 LL 1642 Altd. «Wuor, Wüere» = Wuhr, Wehr, eine Uferverbauung zur Sicherung des Ufers

Wuhrstrasse *von Manessestrasse 72 bis Gotthelfstrasse 53*
K13/14 3 WD 1894 Hinweis auf die «Wuhre» (Verbauung zur Sicherung des Ufers) in der Sihl, die vor ihrer Verlegung (1927) in der Nähe der Wuhrstrasse vorbeifloss

Planfeld	Kreis	Quartier	Jahr	Erläuterung

Wunderlistrasse
K8   10   WP   1927

von Lehenstrasse 43 bis Rebbergstrasse 1
Paul Wunderli (1852–1885)
Eigentümer des Gutes zur «Waid», der für die Verschönerung der Waid grosse Opfer gebracht hat

Würzgrabenstrasse
G9   9   AT   1964

von Aargauerstrasse 180 bis Europabrücke
Flurname: Graben bei der «Würtzenwis», vgl. Würzwies

Würzwies
G8   9   AT   1935

von Tüffenwies bis nördl. Sackgasse
Flurname «Würtzenwis» (1560): nasser (Moos-)Boden, in dem sich Wurzelstöcke eines einstigen Baumbestandes erhalten haben, oder nach einem Eigentümer, welcher der Zürcher Familie Wirz, mundartlich «Würz», angehörte

Wydäckerring
G13   9   AR   1950

von Letzigraben/Altweg bis Letzigraben 245
Flurname: Acker, der an den von Weidenbäumen umsäumten Bach stösst

Wydenstrasse
K/L12   4   AS   1931

von Pflanzschulstrasse 99 bis Herman Greulich-Strasse 70
Flurname Wydenacker; vgl. Wydäckerring

Wydlerweg
F12   9   AR   1932

von Altstetterstrasse 336 bis nordöstl. Sackgasse
Alte, schon im 15. Jahrhundert erwähnte Familie von Albisrieden

Wyssenbühlsteig
L/M15   2   EN   1910

von Steinhaldenstrasse 69 bis Scheideggstrasse 26
«Wyssinenbüel» (1405), alte Bezeichnung für den heutigen «Rietberg»: Bühl, der einst einem Eigentümer namens Wyss gehörte

Wyssgasse
L12/13   4   AS   1878

von Grüngasse 18 bis Badenerstrasse 97
Name eines Anstössers

Zähringerplatz
D2   1   RL   1947

von Predigerplatz/Brunngasse bis Mühlegasse
Siehe Zähringerstrasse

Zähringerstrasse
D1/2   1   RL   1877

von Zähringerplatz/Mühlegasse bis Central
Herzog Berchtold V. von Zähringen (gest. 1218) Inhaber der Reichsvogtei Zürich, der gegen Ende des 12. Jahrhunderts das Spital zum Heiligen Geist stiftete; vgl. auch Spitalgasse

Planfeld	Kreis	Quartier	Jahr	Erläuterung

Zanggerweg — *von Langmauerstrasse 70 bis südl. Sackgasse*
N9   6   US   1926   Rudolf Zangger (1804–1877)
Gemeindepräsident von Unterstrass von 1843 bis 1861

Zederstrasse — *von Plattenstrasse 19 bis Pestalozzistrasse 12*
F2, O/P12 7   FL   1904   Eine alte Zeder steht beim Eckhaus Plattenstrasse 19.

Zehnderweg — *von Weinbergfussweg bis Haldeneggsteig 5*
N11   6   US   1894   Ulrich Zehnder (1798–1877)
Von Oberengstringen; Arzt; Bürgermeister resp. Regierungspräsident des Kantons Zürich von 1844 bis 1866. Er war der erste Bürgermeister, der nicht aus der Stadtbürgerschaft stammte.

Zehntenhausplatz — *von Jonas Furrer-Strasse bis Schauenberg-/Zehntenhausstrasse*
J5   11   AF   1969   Siehe Zehntenhausstrasse

Zehntenhausstrasse — *von Zehntenhausplatz bis Horensteinstrasse/Wolfswinkel*
J4   11   AF   1933   «Zehntenhaus» (Nr. 8) mit der Zehntensscheune des Klosters Wettingen, das in Affoltern die Zehnten bezog

Zeisigweg — *von Morgentalstrasse 55 bis Wachtelstrasse 14*
L18   2   WO   1931   Zoologische Bezeichnung: Vogel

Zelghalde — *von Zelgwiesenstrasse 11 bis nördl. Binderweg*
L5/6   11   AF   1944   Frei gewählte Ableitung vom Flurnamen «Zelgli»; vgl. Zelglistrasse

Zelglistrasse — *von Kügeliloostrasse 26 bis Binzmühlestrasse 363*
L6   11   AF   1930   Flurname «Zelgli»: kleine Zelge; vgl. Zelgstrasse

Zelgmatt — *von Zelglistrasse 4 bis Ruchackerstrasse*
L6   11   AF   1935   Frei gewählte Ableitung vom Flurnamen «Zelgli»; vgl. Zelglistrasse

Zelgstrasse — *von Manessestrasse 52 bis Gotthelfstrasse 41*
K/L13   3   WD   1891   Flurname «Steinzelg»: Zelg = (eingezäuntes) Abteil in der Dreifelderwirtschaft; jede der drei Zelgen wurde im Kehr mit Korn (Winterfrucht), dann Hafer (Sommergetreide) bepflanzt, während sie im 3. Jahr brach lag und als Weide benützt wurde.

Zahnärzte-Glashaus von Architekt Theo Hotz. Daneben die Zeder, die mit grossem Aufwand während der Bauzeit geschützt wurde.

Erster Flug eines Zeppelin-Luftschiffes über Zürich.

Planfeld	Kreis	Quartier	Jahr	Erläuterung
Zelgwiesenstrasse				*von Kügeliloostrasse 26 bis Hürststrasse 40*
L5/6	11	AF	1933	Frei gewählte Ableitung vom Flurnamen «Zelgli»; vgl. Zelglistrasse
Zellerstrasse				*von Wettsteinstrasse 1 bis Johannastrasse 1*
M18	2	WO	1893	Name eines Anstössers
Zeltweg				*von Heimplatz bis Kreuzplatz*
E/F4, O13/14	1+7	RL/HO		Der «Kreuzbühl» hiess früher (im 13. Jahrhundert) «Zeltersbüel»; der benachbarte Weg wird daher urspr. «Zeltersweg» geheissen haben nach dem Namen einer ausgestorbenen Zürcher Familie.
Zentralhof				*von Bahnhof-/Poststrasse bis Fraumünsterstrasse/Kappelergasse*
C4	1	LL	1875	Im damals entstehenden Geschäftszentrum am Paradeplatz; Sitz der Post nach 1835
Zentralstrasse				*von Birmensdorferstrasse 126 bis Fritschistrasse 3*
K12	3	WD	1880	Im Zentrum der ehem. Gemeinde Wiedikon
Zeppelinstrasse				*von Schaffhauserstrasse 89 bis Hofwiesenstrasse 94*
M8/9	6	US/WP	1908	Zur Erinnerung an den ersten Besuch des Luftschiffes Zeppelin am 1. Juli 1908
Zeughausstrasse				*von Kasernenstrasse 25 bis Kanonengasse/Hohlstrasse*
A1/2, L/M12	4	AS	1869	Bei den 1866 erbauten Zeughäusern
Zeugwartgasse				*von In Gassen 18 bis St. Peterstrasse 1*
C3	1	LL	1878	Ehem. Verwalter des Zeughauses; Hinweis auf die frühern Zeughäuser In Gassen 17, 18
Zeunersteig				*von Röschibachstrasse 69 bis Nordstrasse 227*
L9	10	WP	1930	Siehe Zeunerstrasse
Zeunerstrasse				*von Habsburgstrasse 17 bis Röschibachstrasse 68*
L9	10	WP	1898	Gustav Zeuner (1828–1907) Prof. für Mechanik und Wärmelehre an der ETH von 1855 bis 1871
Ziegeleiweg				*von Birmensdorfer-/Talwiesenstrasse bis Höfliweg 24*
J13	3	WD	1946	In der Nähe der späteren Zürcher Ziegeleien

Planfeld	Kreis	Quartier	Jahr	Erläuterung

Ziegelhüttenstrasse
R8–S9   12   SW   1993
von Hüttenkopfstrasse bis Weibelackerstrasse
Strasse zur alten Ziegelhütte in Schwamendingen

Ziegelstrasse
L18   2   WO   1896
von Albisstrasse 84 bis Speerstrasse 50
Frei gewählter Name

Zielackerstrasse
F11   9   AT/AR   1933
von Bachwiesenstrasse bis Rautistrasse 113
Flurname: Acker am Ziel, d.h. an der March (Gemeindegrenze gegen Albisrieden)

Zielweg
G/H15   3   WD   1900
von Bachtobelstrasse bis Panoramaweg/Döltschiweg
Flurname: nach einem älteren Flurnamen «Zileten» (Akkerzeile) umgedeutet in Anlehnung an einen Schiessplatz

Zimmergasse
O14   8   RB   1867
von Kreuzstrasse 40 bis Wiesenstrasse 5
Ein Anwohner übte den Beruf des Zimmermanns aus

Zimmerlistrasse
J11   4   AS   1930
von Eglistrasse 25 bis Knüslistrasse 5
Emil Zimmerli (1832–1910)
Gemeinderat von Aussersihl, der seiner Gemeinde in verschiedenen Behörden während Jahrzehnten grosse Dienste geleistet hat

Zinistrasse
L11/12   4   AS   1908
von Dienerstrasse 64 bis nordöstl. Rolandstrasse (Sackgasse)
Name des Bauherrn

Zinnengasse
C3   1   LL   1880
von Wühre 7 bis Storchengasse 2
Haus zur «Grünen Zinne» (Nr 2); es besass früher einen Vorbau mit Zinne

Zollbrücke
M11–N12 1+5   IN   1885
von Museumstrasse bis Sihlquai/Zollstrasse
Siehe Zollstrasse

Zollikerstrasse
P14–Q17 8   RB   1892
von Kreuzplatz bis Grenze Zollikon
Alte Landstrasse nach Zollikon und dem rechten Seeufer

Zollingerweg
P/Q13   7   HO   1973
von Wolfbachtobelweg bis westl. Sackgasse
Friedrich Zollinger (1858–1931)
Als Kantonaler Erziehungssekretär von 1900 bis 1930 Förderer des Schulwesen; Gründer der Zunft Hottingen 1897

Planfeld	Kreis	Quartier	Jahr	Erläuterung
Zollstrasse M11	5	IN	1893	*von Sihlquai/Zollbrücke bis Langstrasse 187* Beim Zollamt, das sich im Eilgut-Gebäude der Schweiz. Bundesbahnen befand
Zöllystrasse L10	5	IN	1915	*von Sihlquai 331 bis Escher-Wyss-Platz* Heinrich Zölly (1862–1937) Maschineningenieur; Direktor der Escher Wyss AG, Erfinder der Zölly-Dampfturbine
Zooweg R9	7+12	FL/SW	1957	*von Klosterweg 36 bis Hüttenkopfstrasse* Fussweg zum Zoologischen Garten
Zschokkestrasse L8/9	10	WP	1898	*von Rosengartenstrasse 27 bis Waidstrasse 33* Heinrich Zschokke (1771–1848) Von Aarau; Schriftsteller und Politiker
Zűghusplatz C3	1	LL	1975	*von Bahnhofstrasse 28 bis In Gassen /Waaggasse* Hinweis auf die benachbarten ehemaligen Zeughäuser In Gassen und am Paradeplatz
Zum Sillerblick S15	7	WT	1933	*von Witikonerstrasse 261 bis nördl. Sackgasse* Frei gewählter Name unter Anlehnung an die Flurbezeichnung Sillerwies
Zur frohen Aussicht O10–S7	6	OS	1920	*von Hadlaubstrasse 115 bis südl. Sackgasse* Frei gewählter Name
Zürichbergstrasse F2	7	FL	1876	*von Rämistrasse 74 bis Hüttenkopfstrasse/Stadtweg* «Zürychberg» (1188), Berg bei Zürich. – Die Wurzel des Namens «Zürich» erscheint auf einem römischen Grabstein des 2. Jahrhunderts n.Chr., den ein «praepositus stationis Turicensis» (Vorsteher der Zollstation) seinem Söhnlein gesetzt hat. Aus dem Eigenschaftswort Turicensis lässt sich ein ursprünglicher Ortsname Turicum erschliessen, den die rätoromanische Sprache als Turitg (-tsch) bewahrt hat. Er ist gebildet aus einem Personennamen Turos und einer Ableitungssilbe -iko und bedeutet die «Siedlung des Turos». Sowohl Stamm als Endung weisen auf venetisch-alträtischen Ursprung, was deutlich damit zusammenhängt, dass diese durch Lage und Beschaffenheit beherrschende Siedlungsstelle von Natur dazu bestimmt war, seit Urzeiten den Verkehr aus dem Südosten über die Bergpässe

Planfeld	Kreis	Quartier	Jahr	Erläuterung

Rätiens und die Wasserstrasse des Walen- und Zürichsees aufzunehmen und weiterzuleiten. Beim Übergang vom römischen in germanischen Mund ist der Akzent von Turicum gesetzmässig auf die Anfangssilbe verlegt worden. Durch die ebenso gesetzmässige Lautverschiebung sind zwischen 500 und 700 die beiden harten Konsonanten zu Reiblauten geworden, also t zu z und k zu ch, so dass der italienische Verfasser eines geographischen Handbuches um 700 den alten Namen in neuer, deutscher Form vernahm und ihn als Ziurichi wiedergab. Im 8. Jahrhundert wird dann mehrfach auch der Zürichgau genannt. Ganz gleich gehen z.B. das elsässische Zabern auf lateinisches tabernae (Herberge) und die zürcherischen Ortsnamen mit der Endung -ach auf galloromische Bildungen aus einem Personennamen und der Silbe -aco zurück: Bülach auf Puliaco, Seuzach auf Sauciaco und Küsnach(t) auf Cossiniaco. Die mittelalterlichen Kanzlisten, deren Amtssprache das Latein war, schrieben nicht den volkstümlichen Namen, sondern führten die vordeutsche unverschobene Form weiter, die freilich umgestaltet wurde: Turegum, Tigurum.

Zürichholzstrasse
N7 11 OE 1919

von Albin Zollinger-Platz bis Malvenstrasse 11
Urspr. ein kleines Wäldchen beim Allenmoos, auch «Oerliker Hölzli» genannt

Zurlindenstrasse
J12–L13 3 WD 1880

von Manessestrasse 46 bis Albisriederstrasse 15
Ausgestorbene Familie von Wiedikon, die im Haus zur «Linde» gewohnt haben soll

Zwängiweg
M20 2 WO 1911

von Albisstrasse bis Lettenstrasse (Gde. Kilchberg)
Flurname «Zwengibrunnen» (1511) und «Zwengi»: langer, schmaler Landriemen, zwischen zwei alten Wegen «eingezwängt»

Zweiackerstrasse
U15/16 7 WT 1964

von Trichtenhausenstrasse 49 bis Kienastenwiesweg 2
Flurname «Zwyacher» (1542). Zwy mhd. Form für Zweig, daher ein von «Studen» (Gesträuchern) umsäumter Acker

Zweierplatz
L13 4 AS 1909

von Badener-/Zweierstrasse bis Birmensdorferstrasse
Flurname «Zwigeren» (1478), urspr. Zwijeren: Ableitung von «zwijen», Bäume zweigen (pfropfen), also ein Baumgarten

Planfeld	Kreis	Quartier	Jahr	Erläuterung

Zweierstrasse — *von Zweierplatz bis Bühlstrasse/Schlossgasse*
K13　3+4　AS/WD　1869　Flurname «Zwigeren» (1478), urspr. Zwijeren: Ableitung von «zwijen», Bäume zweigen (pfropfen), also ein Baumgarten

Zwielplatz — *von Limmattalstrasse 223 bis Am Wettingertobel 36*
G7–H8　10　HG　1932　Hausname «Auf dem Zwiel»; Twiel, Zwiel aus altd. tuihal = Rand einer Hangstufe, Erhöhung

Zwingliplatz — *von Münstergasse bis Grossmünsterplatz*
D3　1　RL　1865　Siehe Zwinglistrasse

Zwinglistrasse — *von Kanonengasse 29 bis Langstrasse 116*
L12　4　AS　1898　Ulrich Zwingli (1484–1531)
Von Wildhaus im Toggenburg; Reformator der Zürcher Kirche; fiel in der Schlacht bei Kappel im Kampf gegen die katholisch gebliebenen Orte

Zwirnerhalde — *von Zwirnerstrasse 239 bis südwestl. Sackgasse*
K19　2　LB　1965　Siehe Zwirnerstrasse

Zwirnerstrasse — *von Höcklerbrücke bis Leimbachstrasse 22*
K18　2　LB　1897　In der Nähe der Spinnerei Wollishofen

Zwischenbächen — *von Feldblumenstrasse bis südl. Vetterliweg (Sackgasse)*
E11　9　AT　1946　Flurname: Gelände zwischen Dorfbach und Stampfenbrunnenbächlein

Zwyssigstrasse — *von Eugen Huber-Strasse 6 bis Rautistrasse 113*
F11　9　AT　1934　Alberik Zwyssig (1808–1854)
Von Bauen am Vierwaldstättersee; Komponist des Schweizerpsalms

Zypressenstrasse — *von Aemtlerstrasse 152 bis Hohlstrasse 189*
J/K12　3+4　AS　1897　Botanischer Name; Baum, als Symbol der Trauer und Wehmut von jeher bei Grabstätten angepflanzt

Abbildungsverzeichnis/Bildnachweis
(BAZ= Baugeschichtliches Archiv der Stadt Zürich)

Seite 4:	BAZ, Giorgio Hoch, 1999
Seite 35:	BAZ, R. Guler, 1883
Seite 36:	Entsorgung & Recycling Zürich, 1989, 1991
Seite 49:	BAZ, Giorgio Hoch, 1975
Seite 45:	BAZ, Wolf-Bender, 1929
Seite 63:	BAZ, kol. Stich von J.B. Jsenring um 1860
Seite 64:	BAZ, (Plan 1817/18)
Seite 77:	BAZ, TAZ, 1938
Seite 78:	BAZ, E. Linck, 1906
Seite 91:	BAZ, Art. Inst. Orell Füssli, Zürich
Seite 92:	BAZ, W. Pleyer, 1931
Seite 105:	BAZ, F. Ruef-Hirt, 1931
Seite 106:	BAZ, Wolf-Bender, 1936
Seite 119:	BAZ, 1963
Seite 120:	BAZ, 1988
Seite 133:	BAZ, Wolf-Bender, 1936
Seite 134:	BAZ, Giorgio Hoch, 1982
Seite 137:	BAZ, 1972
Seite 138:	BAZ, Wolf-Bender, 1939
Seite 149:	BAZ, W.A. Lehmann, 1971
Seite 150:	BAZ, um 1900
Seite 163:	BAZ, Giorgio Hoch, 1999
Seite 164:	BAZ, 1995
Seite 179:	BAZ, Giorgio Hoch, 1999
Seite 180:	BAZ, A. Garcin um 1868
Seite 191:	BAZ, Giorgio Hoch, 1999
Seite 192:	BAZ, um 1910
Seite 205:	Stadtarchiv der Stadt Zürich, 1910
Seite 206:	BAZ, Landolt-Arbenz
Seite 219:	BAZ, E. Spelterini, 1903
Seite 220:	BAZ, Landolt Arbenz
Seite 235:	BAZ, Giorgio Hoch, 1999
Seite 236:	BAZ, J. Müller
Seite 247:	BAZ, Giorgio Hoch, 1999
Seite 248:	BAZ, J. Hanhart
Seite 261:	BAZ, Wolf-Bender, 1939
Seite 262:	BAZ, Giorgio Hoch, 1999
Seite 275:	BAZ, Giorgio Hoch, 1999
Seite 276:	BAZ, Postkarte, 1908
Seite 290:	BAZ, Tiefbauamt der Stadt Zürich, 1913

Firmen, die zum Gelingen der Publikation beigetragen haben

Der Buch-Architekt

**Wir bringen Gedrucktes in Form.
Sprechen Sie mit uns über Ihre Ideen!**
Wir offerieren das ganze Leistungsspektrum von industriell gefertigten Grossauflagen bis zu exklusiven Einzelstücken. Kompetenz, Vielseitigkeit und Kreativität bedeuten uns viel. Die Synergie aus dem Fachwissen der Handwerkskunst und der Effizienz der industriellen Fertigung ermöglicht die wirtschaftliche Produktion anspruchsvollster Buchkunstwerke.

Buchbinderei Burkhardt AG
Isenrietstrasse 21
CH-8617 Mönchaltorf
Telefon 01 949 44 44
Telefax 01 949 44 55
E-Mail buchbinderei@bubu.ch
www.bubu.ch

Firmen, die zum Gelingen der Publikation beigetragen haben

Hans Rohr

Antiquariat – Buchhandlung – Verlag
«Neuhaus» Oberdorfstrasse 5, 8024 Zürich

Die 1921 gegründete Firma ist seit 1932 im Oberdorf, seit 1956 im «Neuhaus» dem Geburts- und Sterbehaus der «Bäbe» (Barbara) Schulthess (1745–1818), der Freundin von J.W. Goethe und Johannes Caspar Lavater. In ihrem Nachlass wurde 1910 eine Abschrift des «Ur-Meister» (Wilhelm Meisters theatralische Sendung) gefunden.

Das Antiquariat pflegt neben Literatur, Philosophie, Geschichte, besonders Helvetica und Turicensia, Schweizer Mundarten.

Der Verlag verlegt Bücher über Stadt und Kanton Zürich, Neujahrsblätter der Antiquarischen Gesellschaft in Zürich, Zürcher Mundart-Bücher (Wörterbuch), Schriften zur Zürcher Universitätsgeschichte, Schweiz und der Osten Europas.
Die Buchhandlung pflegt neben obigen Gebieten besonders die Geisteswissenschaften (Philosophie, Antike, Sprachwissenschaften, Germanisik). Neben dem «Neuhaus» ist die bekannte Filmbuchhandlung untergebracht.

Firmen, die zum Gelingen der Publikation beigetragen haben

FOTOROTAR AG
Druck · Kommunikation · Verlag

Gewerbestrasse 18
CH-8132 Egg/ZH

Telefon 01/986 35 35
Telefax 01/986 35 36
ISDN 01/986 35 90
Modem 01/986 35 91
E-Mail Info@fotorotar.ch

- Grafik
- Satz
- Druck
- Wertschriften
- Verlag

Damit Ihre Termine nicht ins Schleudern geraten

Firmen, die zum Gelingen der Publikation beigetragen haben

Orell Füssli Kartographie AG

© Hersteller des offiziellen Stadtplans von Zürich
und 16 weiterer Stadtpläne der Schweiz
Verlag und Vertrieb: Photoglob AG, Zürich

Empfiehlt sich als Dienstleister in

- Schulkartographie
- Atlaskartographie
- Thematische Atlanten
- Satellitenkarten
- Stadtpläne
- Wanderkarten
- Strassenkarten
- Geologische Karten

Einsatz eines modernen Systems von Intergraph. Mit den beiden MapSetter4000 und MapSetter6000 bieten wir High-End Scan- und Belichtungsservice mit Auflösungen bis zu 3600 dpi und Formaten bis 118 x 160 cm.
Moderne Softwarepakete ermöglichen eine optimale Bildverarbeitung sowie Konversionen für den Datenaustausch.

Orell Füssli Kartographie AG
Dietzingerstrasse 3
CH-8036 Zürich

Tel: 01- 451 20 40
Fax: 01- 451 20 45
E-Mail: info@orellkarto.ch

**Digitale Kartographie-Dienstleistungen
Scan- und Belichtungsservice
GU für Druckprodukte
Beratung, Schulung
Intergraph Cartographic Consultant**

Neumarkt mit Jupiterbrunnen.

Dank

Dank gebührt als erstem dem Buchhändler und Verleger Hansruedi Rohr, der mir die Herausgabe des Bandes entsprechend meinen Vorstellungen überlassen hat und ohne den die Neuherausgabe der «Strassennamen der Stadt Zürich» seinen kontinuierlichen Absatz in den kommenden Jahren nicht finden würde. Zu danken gilt es des weiteren den Institutionen, die mit ihren Beiträgen einen publikumsfreundlichen Preis ermöglicht haben. Ferner der Orell Füssli Kartographie AG, der den 1:20 000 Plan dem Vermessungsamt zur Verfügung stellte, um den – jeweilen zusammen mit dem Strassennamenbuch publizierten – mit den früheren Vororts- und heutigen Kreisgrenzen versehenen Stadtplan zu ermöglichen.

Ohne die speditive und sehr kollegiale Zusammenarbeit mit dem Vermessungsamt der Stadt Zürich (Stadtgeometer André Oprecht und des für den digitalen Kataster zuständigen Mitarbeiter Heinrich Maag) wäre das Ziel, wirklich nur noch eine **gemeinsame Liste** und einen mit den neuen Strassen- und Wegnamen sowie den nachgeführten Quartier- und Vorortsgrenzen bearbeiteten neuen 1:20000 Plan dem Leser und der Leserin zur Verfügung zu stellen, nicht möglich gewesen. Bis am Schluss hat die Sekretärin der Kommission für Strassenbenennung, Charlotte Koch, dafür gesorgt, dass alle hängigen Stadtratsbeschlüsse noch beschlussfertig gemacht und somit auch im Strassenbenennungsbuch ihren Niederschlag finden konnten.

Das gepflegte Outfit des neuen Strassennamenbuches verdanken wir dem Typographen Jörg Kellenberger (Digi Serv AG), Fällanden, der Druckerei Fotorotar, Egg, und der Buchbinderei Burkhardt, Mönchaltorf. Ohne einen besonderen Einsatz der im Stadtarchiv beschäftigten Mitarbeiter aus Einsatzprogrammen wären die Faltpläne nicht in so kurzer Zeit in die lieferbaren Bände gesteckt worden.

Im Hause selbst gilt der grosse Dank dem Informatiker des Stadtarchivs, Dr. Roger Peter, der mit grossem Engagement auch diese Publikation des Archivs druckfertig vorbereiten konnte. Esther Fuchs, Giorgio Hoch und Dr. Pietro Maggi vom Baugeschichtichen Archiv für die gekonnte Illustration des Buches. Und schliesslich gilt mein Dank vor allem meinem 1.Adjunkten, Dr. Robert Dünki, der zusammen mit Adjunktin Dr. Anna Pia Maissen, Dr. Claudia Caduff und Max Schultheiss (wissenschaftliche Mitarbeiterinnen und Mitarbeiter am Stadtarchiv) sowie Dr. Thomas Arnold Hammer vom Schweizerdeutschen Wörterbuch viele der noch offenen Erklärungen zu den in jüngster Zeit offiziell benannten Waldstrassen und -wegen für diese Neuausgabe der «Strassennamen der Stadt Zürich» beibringen konnten.

Zürich, im Herbst 1999

Der Stadtarchivar

Dr. Fritz Lendenmann

Neuere Publikationen des Stadtarchivs Zürich

Schönauer, Roman G.
Von der Stadt am Fluss zur Stadt am See: 100 Jahre Zürcher Quaianlagen. 99 S. ill. Zürich: Stadtarchiv, 1987. *(vergriffen).*

Lendenmann, Fritz & Hürlimann, Martin
Bier und Bierbrauen in Zürich; Begleitpublikation zur gleichnamigen Ausstellung im Haus «zum untern Rech». 31 S. ill. Zürich: Stadtarchiv, 1989.

Dünki, Robert
Verfassungsgeschichte und politische Entwicklung Zürichs 1814–1893.
Ein Beitrag des Stadtarchivs Zürich zum Gottfried-Keller-Jahr 1990. 56 S. ill.
Zürich: Stadtarchiv, 1990.

Lendenmann, Fritz & Maggi, Pietro
Der öffentliche Verkehr in Zürich 1830–1930; Begleitpublikation zur gleichnamigen Ausstellung im Haus «zum untern Rech». 84 S. ill.
Zürich: Stadtarchiv, 1991.

Lendenmann, Fritz & Blattmann, Lynn & Caduff, Claudia & Geiser, Hanni & Maissen, Anna Pia
Theater? Theater!; Archivbestände zur Theatergeschichte im Stadtarchiv Zürich;
Begleitpublikation zur gleichnamigen Ausstellung im Haus «zum untern Rech». 84 S. ill.
Zürich: Stadtarchiv, 1991.

Blattmann, Lynn
Frauenspuren; archivalische Quellen und Literatur zur Züricher Frauengeschichte im Stadtarchiv Zürich. 81 S. ill. Zürich: Stadtarchiv & Büro für Gleichstellung von Frau und Mann der Stadt Zürich, 1991.

Lendenmann, Fritz & Maggi, Pietro & Haas, Beat
Hundert Jahre Gross-Zürich; 60 Jahre 1. Eingemeindung 1893; Begleitpublikation zur gleichnamigen Ausstellung im Stadthaus Zürich. 275 S. ill. Zürich: Stadtarchiv & Baugeschichtliches Archiv, 1993.

Lendenmann, Fritz & Maggi, Pietro & Haas, Beat
Hundert Jahre Gross-Zürich; 60 Jahre 2. Eingemeindung 1934; Begleitpublikation zur gleichnamigen Ausstellung im Haus «zum untern Rech». 179 S. ill. Zürich: Stadtarchiv & Baugeschichtliches Archiv, 1994.

Dünki, Robert
Pfarrbücher, Bürgerbücher und Genealogische Verzeichnisse im Stadtarchiv Zürich. 336 S.
Zürich: Stadtarchiv, 1995.

Guyer, Paul & Saladin, Gutram & Lendenmann, Fritz
Die Strassennamen der Stadt Zürich. 3. Aufl. 296 S. ill. Zürich: Verlag Hans Rohr & Stadtarchiv, 1999.

Ausserhalb der Schriftenreihe des Stadtarchivs:
Lendenmann, Fritz & Gessner, Bibi
Zürcher Szenen; Bilder des Zürcher Theaterfotografen Edi Baur 1950–1986; Begleitpublikation zur gleichnamigen Ausstellung im Stadthaus Zürich. 176 S. Bildband.
Glattbrugg: Züri Woche Verlag, 1994.

Lendenmann, Fritz & Gessner, Bibi
Eine grosse Zeit; das Schauspielhaus Zürich in der Ära Wälterlin 1938/39–1960/61.
176 S. Bildband. Zürich: Orell Füssli Verlag, 1995.